經濟學經典 一口氣讀完30本

走過
感受大
震撼！

Catch The Essence Of
30 Classics On Economics One Re

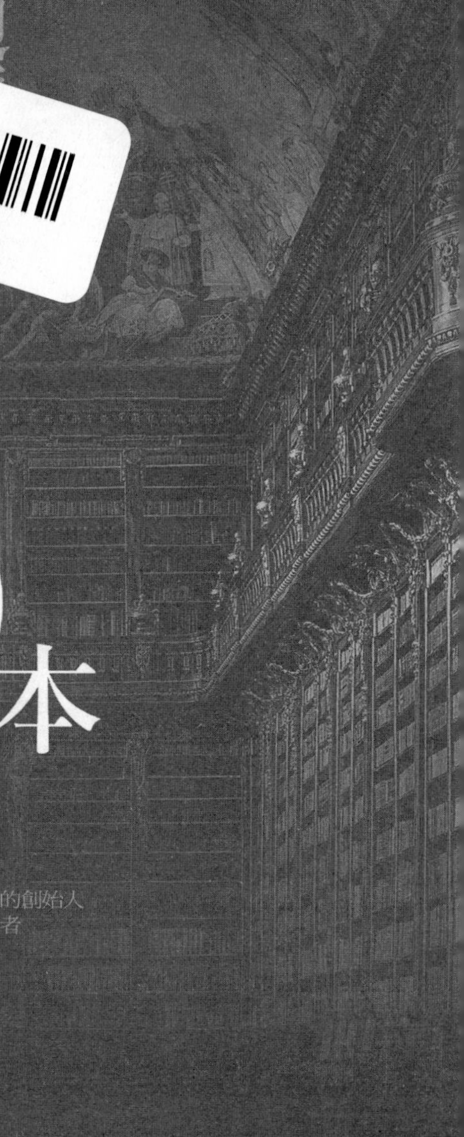

《賦稅論》威廉・佩第：現代經濟學的創始人
《英國得自對外貿易的財富》湯瑪斯・孟：晚期重商主義的典型代表
《經濟表》弗朗索瓦・魁奈：重農學派的創始人
《國富論》亞當・史密斯：經濟自由主義理論的主要創建者
《人口原理》湯瑪斯・羅伯特・馬爾薩斯：倍受爭議的經濟學家
《政治經濟學概論》吉恩・巴蒂斯特・薩伊：資產階級庸俗政治經濟學的創始人
《政治經濟學及賦稅原理》大衛・李嘉圖：古典政治經濟學理論的完成者
《資本論》卡爾・馬克思：馬克思主義的創始人
《經濟學原理》阿爾弗雷德・馬歇爾：新古典經濟學派的創始人
《福利經濟學》亞瑟・賽西爾・庇古：舊福利經濟學創始人
《經濟發展理論》約瑟夫・阿洛伊斯・熊彼得：「創新理論」的提出者
《財富的分配》約翰・貝茨・克拉克：「邊際生產力學說」的創始人
《有閑階級論》托爾斯丹・本德・凡勃倫：制度學派的創始人
《商業循環問題及其調整》威斯雷・C・米契爾：凡勃倫的得意門生
《制度經濟學》約翰・康芒斯：舊制度經濟學派的三大巨擘之一
《就業、利息和貨幣通論》約翰・梅納德・凱恩斯：現代宏觀經濟學的創始人
《經濟政策和充分就業》阿爾文・哈威・漢森：凱恩斯學派創始人
《來自競爭的繁榮》路德維希・艾哈德：「經濟奇跡之父」
《壟斷競爭理論》愛德華・張伯倫：現代西方壟斷經濟學的代表人物之一
《繁榮與蕭條》戈特弗里德・哈伯勒西方經濟週期理論的集大成者
《博弈論與經濟行為》約翰・馮・諾依曼：博弈論與電腦思想的奠基人
《富裕社會》約翰・肯尼斯・加爾佈雷思：新制度經濟學派重要的代表人物之一
《經濟學》保羅・A・薩繆爾森：享譽世界的經濟學家
《經濟成長的階段》沃爾特・惠特曼・羅斯托：經濟成長階段理論的提出者
《資產累積與經濟活動》詹姆斯・托賓：後凱恩斯主義的主要代表者之一
《國際生產與跨國企業》約翰・鄧寧：「國際生產折中理論」的提出者
《成長的極限》唐奈拉・梅多斯：「成長極限論」的提出者之一
《停滯性通貨膨脹》霍華德・謝爾曼：激進政治經濟學派的主要代表人物之一
《家庭論》加里・貝克爾：一九九二年諾貝爾經濟學獎得主
《投資策略》華倫・巴菲特：最偉大的投資者

宋學軍 / 著

前言

經濟學是一門研究人類經濟行為和現象的社會科學。二十世紀英國著名的經濟學家凱恩斯寫道：經濟學家的想法，無論正確與否，其作用比我們想像的還要重要。

提起經濟學，很多人認為它離我們很遠。其實，經濟學就在我們身邊，我們每天都在不知不覺中，運用經濟學中的各種原理解決著各種問題。

隨著對經濟學學習的不斷深入，在聽新聞和讀報紙時，你將對當前的時事有更深的理解。面臨經濟決策時，你發現自己越來越多地應用到正在學習的經濟學。

「吃不窮，穿不窮，算計不到要受窮」這句俗語就是經濟學在生活中的一個典型應用。比如油鹽醬醋中就包含著經濟學——花多少錢、買什麼樣的品牌、用多長時間等。

我們每個人不可能都成為經濟學家，甚至也不可能專門從事經濟工作，但是我們需要瞭解一些經濟學的知識。

經濟學看似一門深奧難懂的學問，事實上，它是與生活息息相關的，儘管許多經濟學家以數學公式及計量模型來描述經濟現象，但它終究必須回到現實的生活領域中來。

學習一些經濟學知識，對於我們每個人來說都是有必要的——經濟學可以為我們提供分析問題的角度和解決問題的途徑。

在經濟學裏，時間是個帶有決定性的因素。假設某個自由職業者，他平均每個小時可以賺取十元，那麼當有人欲以每月二千元的薪金雇用他時，他就應該計算一下。按照實際工作時間來算，如果平均每小時超過十元，那麼這是划算的；反之則不划算。

人們的經濟行為都是以追求利益最大化為目的的，而每個人的消費選擇都要受到與他們收入成正比的預算限制，實際上消費者總是選擇他們負擔的起的最佳物品。買盜版的消費者實際上就是自發地遵循了這個最基本的經濟法則——價格只是價值的外在尺度，價格只能在某種程度上反映價值，卻不等於價值。盜版價格（成本）比正版的低得多，但兩者的使用價值（效用）卻相差不大。盜版品最大的優點是價格低廉，這正是盜版使用者存在的最主要原因。

現在經濟學也常被應用到成功學、家庭學、婚姻學等與我們密切相關的領域中。比如，一個女人在選擇一個男人時，實際上是在做一筆投資……

從現代經濟學的創始人威廉・配第一六六二年發表《賦稅論》以來，已有近三個半世紀了，這期間，經濟學理論在不斷地在豐富和發展，湧現出了一大批經濟學大師和經濟學的經典著作。

本書共選取了三十本最有影響力的經濟學經典著作，並對這些經典著作進行了簡明扼要的陳述，以期給讀者帶來最大的效益。

目錄 CONTENTS

《賦稅論》

威廉・佩第：現代經濟學的創始人

所有物品都是由兩種自然單位——土地和勞動來評定價格，換句話說，我們應該說一艘船或一件上衣值若干面積的土地或若干數量的勞動。

——佩第

威廉·佩第（William Petty，一六二三—一六八七），英國著名的資產階級經濟學家、統計學家，被馬克思譽為「英國政治經濟學之父」，是現代經濟學的創始人。

佩第出生於英國漢普郡一個布商家庭，曾在商船上當過服務員，後來，進入一所耶穌學院學習拉丁語、希臘語、法語和數學。

從一六四四年起，佩第先後在阿姆斯特丹、巴黎和牛津等大學學醫。期間，他與在巴黎避難的英國哲學家霍布斯結成莫逆之交，並且，他還經常參加自然科學家的莫爾塞尼學會（法國科學院的前身）的學術活動。此時，他受到了很多的教育，思想發生了很大的變化，為他以後創立政治經濟學打下了深厚的基礎。

一六五一年，佩第獲牛津大學醫學博士學位，並進入倫敦醫學院執教。同時，他被選為佈雷塞諾斯學院副校長和牛津大學解剖學教授。在霍布斯的影響下，佩第還經常參加倫敦哲學會的活動，從中也學到了不少的知識。

一六五二年，佩第出任英國駐愛爾蘭總督克倫威爾的隨軍醫生。後來，佩第棄醫從政，擔任了愛爾蘭土地分配總監，自己分得五萬英畝土地，之後，當選為愛爾蘭國會議員。斯圖亞特王朝復辟後，佩第曾一度引退，只參加與自然科學有關的學術活動。

國王查理二世執政後，非常賞識佩第的才華，封他為男爵。從這時起，佩第加入了新貴族的行列。後來，詹姆斯二世繼位，佩第提出改革愛爾蘭稅制的建議，並請求出任愛爾蘭測量總監。遭到拒絕後，佩第專心於研究和著述，不再過問政治。

一六八七年，佩第在倫敦病逝。

在佩第的一生中，經歷了英國資產階級革命，並親眼目睹了資本主義是如何逐步發展起來的。這一切，對他的思想影響甚大，因此，他的著作大都是直接針對實際經濟問題寫的，研究和解決的主要問題是：第一，如何建立一種新的財政稅收制度，以更好地適應資本主義政治和經濟發展的需要；第二，如何加強對愛爾蘭的殖民統治；第三，將英國與其他國家比對，證明英國在人口、地理、產業等方面具有的優越條件；第四，為英國成為世界貿易強國出謀劃策。

佩第知道自己在進行一項新的研究工作，但當時他還沒有意識到自己正在創立政治經濟學這一新的學科。在研究過程中，佩第把英國和愛爾蘭稱為「政治動物」、「政治機器」，認為政治與人體或動物一樣，也有一定的結構、比例關係和運動規律，它們是自然進化的結果，並且將永遠持續下去，因此，人們應該努力地發現它們，並按照它們自身的發展規律對它們進行控制。

佩第受到培根、霍布斯經驗哲學的影響，反對傳統的、空泛的思辨方法和說教，他主張在研究和解決問題時，要用經驗中得到的證據或準確的統計資料，而不能靠書本上的教條或主觀臆斷。佩第把這種新方法稱為「政治解剖」或「政治算術」。正由於受這些思想的影響，佩第在經濟問題的研究過程中，突破重商主義的狹隘眼界，研究的重點不僅是觀察流通領域中呈現的現象，而且還深入生產領域內部，對其本質進行研究，尋求經濟運行的內在規律。

佩第最先提出了商品的交換價值取決於商品的生產所耗費的勞動的觀點，因此，被奉為英國資產階級古典政治經濟學的創始人。

佩第在經濟學上的最主要貢獻，在於他為近代經濟學的發展奠定了堅實的基礎。佩第的經濟學說反映的是從重商主義向古典政治經濟學過渡的時代，他最先認識到商品價值的泉源是勞動，商品價值是由生產商品時所耗費的勞動時間所決定的，以此說明了商品價值量、勞動生產率以及社會分工之間的關係。佩第否定了重商主義的許多觀點，第一次提出了科學地研究社會經濟現象的方法，他還最早提出了「稅收原則」一詞，並提出了「公平」、「確定」、「簡便」、「節省」的賦稅四原則。

佩第的主要作品有：《賦稅論》、《獻給英明人士》、《貨幣略論》、《愛爾蘭政治解剖》、《政治算術》等。此外，佩第還發表和留下許多有關醫學、數學、物理學、機械及統計學方面的著述和筆記。

《賦稅論》是佩第在西方財政學史和政治經濟學史上負有盛名的主要代表作。在書中，佩第主要討論了國家的財政稅收問題，在深入探究的過程中，還涉及到了商品的價格、工資、地租、貨幣以及利息等政治經濟學的基本理論問題。《賦稅論》的主要內容可以分為六點，以下我們將逐一介紹。

公共經費的各種項目及增加的原因

一、國家公共經費的項目

佩第把國家的經費，分為以下六個項目：第一，軍事費，即國防、維持國內及海外和平所需的費用；第二，行政官員的俸祿，其中包括審理各種糾紛的司法經費以及懲處和防止犯罪的經費；第三，管理宗教事務所需的經費；第四，經辦各類學校所需的經費；第五，對孤兒的撫養費，以及對各種失去或沒有工作的人的補助費；第六，修築公路、疏浚河流、建築橋樑港口以及興辦其他公共福利事業所需的經費。

二、引起公共經費增加的原因

佩第認為，引起各種公共經費增加的原因有很多，但歸結起來，主要有以下幾點：

第一，民眾設法逃稅，進而使徵收經費時需要花費大量的人力與物力的；

第二，國家強迫人民在一定時期用貨幣繳納稅款，而不允許在最適宜的季節用實物交納，進而增加了購買的程序；

第三，徵收權含糊不清；

第四，貨幣缺少，並且鑄幣混亂；

第五，人口稀少，特別是勞動者和工匠嚴重缺乏；

第六，對人口、財富和產業情況缺乏瞭解，造成糾正計算錯誤或追繳新增稅額引起的無謂開支的增加。

對於這些情況，**政府應該採取措施，儘量消除這些原因，以減少公共經費，減輕人們的負擔。**

三、應該增加的兩項經費

佩第認為，只有兩項公共經費應該增加，它們是：一是救濟貧民的經費，其中，包括建立老人和殘障人士的收容所、各種醫院和孤兒收容所所需的經費；二是公共事業的經費，保證貧民得到固定的職業。**佩第認為，與其讓無職業者去乞討、行竊或流落其他國家，還不如讓他們從事諸如建築無用的金字塔之類的勞動，因為這能使勞動者得到訓練，養成服從和勞動的習慣，也有利於維護本國的形象。**

人民不願負擔賦稅的原因以及貨幣流通

一、人們不願負擔賦稅的原因

在佩第看來，人民之所以不願意負擔賦稅，是因為：第一，君主徵收的賦稅超過正常的需要；第二，課徵不公平；第三，君主把徵收的貨幣花費於宴樂排場、贈給寵臣等不必要的開支上；第四，君主不瞭解人口、產業及財富狀況，不瞭解人民的負擔能力，也不清楚適當的徵稅季節，進而安排了很多容易引起人們不滿的稅收；第五，徵稅權模糊不清；第六，人民負擔的行政官員的經費過多；第七，國家強制一切租稅要用貨幣繳納，而不能以實物代替。

在佩第看來，上述這些原因都是可以消除的。

二、貨幣流通

接下來，佩第談到了貨幣流通的規律，他認為，足夠的貨幣流通量與發展生產、減少失業是有密切關聯的。

佩第指出，經營一國產業所需要的貨幣，要有一定的比例，太多或者太少都是有害的。零星買賣結算所需的銅幣數量，由本國的人口數量及交換的次數來決定，同時，還取決於銀幣的基本價值。同樣道理，產業必需的貨幣數量也由交換次數及支付額的大小來決定。如果有財產登記簿和銀行，就可以減少流通中需要的實際的貨幣數量。

因此，如果徵稅過多，就會使得流通中的貨幣量減少，以致難以滿足經營國內產業的需要。這將使人民缺乏就業的機會，最終不利於本國的發展。

徵稅方法：地租、租金和利息的性質

一、徵稅方法

佩第認為，有效地籌集公共經費的方法，主要有以下三種：第一，劃出一部分領土，作為國王的領地；第二，對地主的地租徵稅；第三，從房屋租金中課稅。

二、地租、租金和利息的性質

接著，佩第分析了土地和房屋的租金、利息（也可以稱之為貨幣的租金）的神秘性質，並對商品和土地的價格等方面的問題進行了分析。

地租和租金

如果一個人能夠用自己的種子和雙手，在一塊土地上栽培穀物，那麼，從他的收穫物中扣除種子、自己食用和換取衣服等所需的穀物之後，剩下的穀物就是這塊土地一年的地租。像這樣，形成歉收和豐收循環週期的若干年（例如七年）的平均數，就是用穀物表示的一般地租。至於這些穀物或地租用貨幣表示能有多少，就要看另一個專門從事貨幣生產和鑄造的人，在同一時間內生產和鑄造的貨幣，除去自己費用之外還剩下多少。換句話說，就是**相同的人數在同一時間裏所生產的白銀純產量，就是穀物純收穫量的價格**。透過這種方法，也可以規定黃金和白銀之間的換算關係。

由於外在的原因和自身的特性，白銀比黃金更適宜充當衡量各種物品的價值的尺度，但是，白銀重量的衡量和成色的評定比較困難，而且其價格經常漲落，所以，在充當價值尺度時也不大理想。這就迫使人們努力尋找其他的自然標準和尺度，最終，**人們認為，所有物品的價值都是由土地和勞動這兩種自然單位評定的**。根據這一標準，一塊土地的自然價值，相當於祖父孫三代人同時生存年數（在英格蘭約為二十一年）的地租。

當穀物需要量增大時，其價格也會隨之上漲，同時，它也會帶動地租和地價的上漲。一方面，靠近人口稠密地方的土地，比距離遠而土質相同的土地，能產生更多的地租；另一方面，穀物及各種商品的價格，會隨著貨幣數量的變化而變化。如果發現了更豐富的銀礦，使得現在獲得二盎司的白銀和以前獲得一盎司同樣容易，那麼，一蒲式耳穀物將由過去售價五先令上升為十先令，這就是所謂的勞動決定價格。

利息

當人們把貨幣借給別人時，就會給自己的使用帶來不便，因此，貸方需要對借方的不便進行補償，就是所謂的利息。在一般情況下，**利息的自然標準是，至少要等於用借到的貨幣買到的土地所產生的地租。**因此，以法律限制利息，是不科學的，也不會產生多大的作用。

各種徵稅籌款方法

在書中，佩第詳細分析了各種名目的稅收，主要有：關稅、人頭稅、彩票、罰款、獨佔、什一稅等等。

一、關稅

所謂關稅，是對輸入或輸出一國領土的貨物所課的稅。對關稅的徵收標準有兩種：

對出口貨物徵收的關稅

在對出口貨物徵收關稅時，應該使外國人所需要的英國商品的售價，在計算出口商品的合理利潤之後，要比他們從別的地方購買同類產品便宜一些，這樣做是為了擴大出口，以增加本國商品在國際市場上的競爭能力；

對進口貨物徵收的關稅

在對進口貨物徵收關稅時，應該使最終消費品的售價略高於國內同類商品的價格，這樣做，是為了保護國內產業。同時，**使那些易於引起奢侈或犯罪的非必需品的價格，高到足以限制人們購買這些東西，但對於需要進一步加工的商品，應從輕課稅。**

荷蘭人非常勤勞，生活節儉，操作技術熟練，它們國家對進口商品所收的運費、稅款及保險費較少，因而，在毛織業方面勝過英國人。英國若採用禁止羊毛出口作為報復，只會加重本國的損失，不會對荷蘭有什麼影響。因此，英國最明智的做法是，將荷蘭較優秀的勞動者吸引過來，或派本國人們到他們那裏去學習，以引進他們的技術，或者取消沉重的課稅，罷免那些無能的官吏，以降低食物的價格。

二、人頭稅

所謂人頭稅，就是對人的數量課的一種稅，它主要分為兩種：

課於每一個居民身上的單純的人頭稅

這種徵收方式的缺點是不公平，因為對窮人來說，稅負太重了，但它的好處是，徵收方便，花費較小，並且能夠準確計算徵收的數額，並刺激所有的父母讓他們的子女從事各種有益的職業。

按照每個人的官職和資格所徵的稅

這種辦法是根據每個人的榮譽稱號的不同（如公爵、侯爵、伯爵等），按照稱號的級別所課的稅。這種方式的好處是比較公平，因為稱號越高的人，可能越有錢，就應該對他們多徵稅，以減少窮人的負擔。

三、彩票

發行彩票，只能使個別人發財，受惠的只是個人。因此，**如果政府允許公開發行彩票，就應該規定彩票的數額，以免民眾受到欺騙，或者彩票發行得過於頻繁。**發行彩票這種措施，宜於用來徵收對公私兩方面都有好處的事業的經費，比如，疏通河流、建設橋樑、修築公路等對公眾發行的彩票。

四、罰款

佩第認為，土地為財富之母，而勞動則為財富之父，並且，勞動為能動的要素，沒有勞動，就不會創造財富。因此，他認為，**國家以死刑、切斷肢體、監禁、當眾侮辱、體罰及嚴刑拷打等方式來處罰罪犯，是不合理也不划算的，這樣做，無異於自降實力、自毀發展。**佩第建議，國家應該把這些刑罰改為能增加勞動和公共財富的罰款。

五、獨佔

所謂獨佔，就是獨自佔有販賣權。具有獨佔權的人，可以按照自己喜歡的條件和價格，出售或轉讓他所控制的商品。佩第所謂的獨佔，其實就是我們現在的專利，設立獨佔的目的，就是保護發明權等。

六、什一稅

按徵收地點的不同，什一稅可以分為兩種：

在農村

在農村，什一稅的徵收對象，是土地上的直接產物，如穀物、果蔬、家畜以及剛剪下來的羊毛等等，它們通常是用實物形式繳納的；

在大城市

大城市裏的什一稅，是在農村什一稅的基礎上徵收的。農民將土地上的直接產物交給教會後，教會將它們轉賣給工匠，工匠們對這些東西加工後再出賣，從中賺取一定的利潤。而什一稅，就是對這一部分利潤徵的稅。因此，城市中的什一稅，是用貨幣的形式繳納的。

但是，不管是在農村還是在大城市中，什一稅的徵收都會隨著勞動的增加而增加。因此，佩第認為，把徵收的什一稅指定為支付給教會（如牧師的俸祿）以至全國的公共經費，是最公平、最合理的做法。

在歐洲各國，政府的籌款方法有很多，它們主要有：

第一，國家也像銀行一樣，經營貨幣取得利息；

第二，國家透過向外貸款和經營當鋪，來獲得收入；

第三，國家作公共的保險人，從中收取手續費；

第四，國家控制煙草、鹽等特定商品的販賣權，並將其全部收入歸入國庫；

第五，國家充當公共募捐人，透過這種方式來救濟貧困的人們；

第六，國家設立並維持劇場和公共娛樂場所，取得利潤；

第七，國家對房屋保險收取保險費，也可以得到一大筆收入；

第八，國家用公共經費建築並保養的橋樑、堤道及輪渡碼頭，對過往的車輛、船隻徵收通行稅；

第九，國家對人們的各種財產，其中包括不動產、動產、官職、特權以及無形財產徵稅。

論貨幣價值的提高與貶低

在佩第看來，國家採用提高貨幣名目價值的辦法（也就是將一定重量的標準銀，分割成比以前更多的枚數而不改變其貨幣名稱，或者用同樣質地的鑄幣來代表更大的價值等），其實質是國家以一種強硬的辦法向人民課稅，或是國家侵吞它所欠人民的債款。這些措施對所有依靠養老金、固定租金、年金、津貼等固定的貨幣收入來維持生活的人來說，是一種沉重的負擔。

如果政府把僅值一先令的銀幣，規定為有二先令的購買力，後果可想而知，所有商品的價格都將上漲一倍以上。並且，如果政府宣佈，勞動者的工資不得隨著貨幣名目價值的提高而提高，那麼，這種法令會使勞動者損失至少一半的工資，相當於對他們多徵收了一倍以上的稅。因此，這種措施既不公平也不科學，在現實中很難行的通，這是因為，一下子將生活水準降低一大截，人們是很難適應的。所以，從這個意義上來說，政府一定要注意，千萬不要制定此類的法律，這只能引起人們的反抗情緒，不會帶來任何好處。

並且，佩第從資產階級的利益出發，認為對勞動的工資規定最高限額的做法是合情合理的，勞動者只應該得到適當的生活物資，而不能有太多的剩餘資產。在佩第看來，**如果勞動者的工資過高，那**

麼，他們實際所做的工作，就少於得到那些工資所必須付出的勞動量。因此，這種做法會讓社會損失了同等數量的勞動所創造的產品，不利於社會的發展。

總之，佩第認為，不管是提高或者降低貨幣的價值，對人民來說，都不是一件好事情，因為它們在無形中都能增加人們的稅務負擔。並且，這種做法實際上也是國家趨於衰弱的象徵，因為它用虛幻的東西欺騙公眾，極大地損害了政府在民眾心目中的形象。

國內消費稅

一、對消費稅的理解

要評價一個人是否真正富有，就要看他在物質生活方面的實際享受。對消費課稅，就是指當某種必需品成熟到能夠消費時，才對它們進行課稅。因此，**當一個人越富有，享受的越多時，他所要繳納的消費稅就越多。**政府應該編制一份天然產品及人工製品的目錄，詳細列出各個消費階層所消費的商品種類，然後，計算每件商品進入消費之前需花費的勞動或費用，這樣就可以確定每種消費品應交的稅額。

二、關於出口商品的消費稅

佩第認為，對於那些出口的商品，不應徵收國內消費稅，因為它們並不以實物形式在國內消費。但是，當貨物出口後，國外進口商無力支付債務，只能用自己的貨物抵消時，如果先前出口的貨物沒有課稅，現在就必須補繳消費稅。不過，如果運回的是金塊，並且這些金塊是用來鑄造貨幣的話，就沒有必要徵稅，因為貨幣會帶來繳納消費稅的其他商品。但是，如果運回的金塊用於製造餐具等用品，就應該像其他的貨物一樣，補繳消費稅。

三、徵收國內消費稅的理由

之所以對國內消費進行徵稅，其理由是：第一，每個人按其實際享受繳稅，是合情合理的；第二，消費稅容易徵收，並且，它也不會增加窮人的負擔的，因為消費稅是與消費額成正比的；第三，消費稅可促使人們勤儉，因此，從某種意義上來說，它也不失為一種富國之法；第四，透過繳納消費稅，人們就不會對同一物品繳納雙倍或二次稅。

除了《賦稅論》外，佩第在論述各種實際的經濟問題時，還涉及到了政治經濟學的不少基本理論和範疇。他對經濟學的貢獻主要包括：第一，提出了自然價格、政治價格和市場價格等概念，並解釋了它們之間的相互關係，其中，包含了勞動價值論的萌芽；第二，初步分析了貨幣的性質及職能，把握住了貨幣流通速度的概念；第三，提出了工資是勞動的價格，工資必須等於或者能夠維持工人生存所必需的生活物資，以及工資與地租互為消長的觀點；第四，把地租看作全部勞動產品扣除工資和生產原物料價值之後的餘額，在地租這一形式上，指明了剩餘價值的來源和剝削性質；第五，從土地距離市場的遠近，說明地租量的變化，其中，還涉及到了級差地租的問題；第六，在佩第的論述中，雖然利息是從地租引出的，透過地租來論證利息量的高低及利息的合法性，但有時，佩第認為利息會隨貨幣量的增減而消長，並試圖探討利息的變化規律。

《英國得自對外貿易的財富》
湯瑪斯・孟：晚期重商主義的典型代表

我們的貨物，如果是用我們的船隻運出去的，也是可以大大提高價值的，因為這樣我們不但會得到貨物在本國的售價，還可以加上商人的利潤，保險的費用，以及將它們運往海外的費用。

——湯瑪斯・孟

湯瑪斯・孟（Thomas Mun，一五七一——一六四一），英國著名經濟學家，晚期重商主義的典型代表，是當時的一個大商業資本家、英國東印度公司的董事、政府貿易委員會委員以及貿易差額理論的創造者和宣導者。

重商主義產生於資本主義發展的初期，它主要反映資本原始累積的需要，代表了商業資產階級利益對資本主義生產方式進行的最初的理論探討。重商主義的主要思想是：金銀貨幣是財富的惟一形態，對外貿易是累積財富的惟一泉源；外貿要「少買多賣」，使貨幣流入多於支出；國家要對經濟生活進行干預，以保證上述目標的實現。

重商主義分為兩個階段，早期重商主義和晚期重商主義。早期重商主義以守財奴的眼光看待金銀，強調「少買」，以保證貨幣的流入大於支出，因此，它又被稱為「貨幣差額論」或「重金主義」。晚期重商主義則強調「多賣」，透過輸出大於輸入的貿易「順差」，來增加本國金銀的累積，因此，又被稱為「貿易差額論」或「真正的重商主義」。

湯瑪斯・孟的主要作品是《貿易論——論英國與東印度公司的貿易：答對這項貿易的常見的各種反對意見》，也就是後來的《英國得自對外貿易的財富》。

在湯瑪斯・孟生活的時代，英國的資本主義商業已有很大的發展，依照早期重商主義原則制訂的國家政策，已經適應不了社會發展的需要。因此，在《英國得自對外貿易的財富》中，湯瑪斯・孟率先提出了「貿易差額論」，對「貨幣差額論」進行了有系統的批判。他認為，貨幣只有投入流轉才能賺取利潤，而對內貿易不能使國家致富，因此，應該將資本向外輸出，使之在國外賺取利潤，以增加本國的財富。湯瑪斯・孟的經濟思想對英國及西歐一些國家產生了巨大的影響，很多國家的經濟政策中都帶有明顯的晚期重商主義的特徵。他寫的《英國得自對外貿易的財富》一書，一直被看作是重商主義的「聖經」。

對外貿易是國家致富的惟一手段

湯瑪斯‧孟認為，國內貿易不能使國家致富，這是因為，在國內貿易中，不管是買或賣，金錢始終在本國內流動，總額是不會增加的，因此，要想增加國內財富，就必須要進行對外貿易。並且，在進行對外貿易時，我們必須要遵守這樣的原則：每年賣給外國人的貨物，必須要比我們消費他們的多，也就是說，收入要大於支出。

關於以上的觀點及其實行的措施，湯瑪斯‧孟作了如下的解釋。

一、增加出口、減少外貿消費的措施

第一，增加自然財富，爭取人為財富。湯瑪斯‧孟認為，自然財富就是從本國自己生產的日用品和必需品中節省下來，用於輸出國外去的商品，而人為財富，則是用本國加工製造的工業品和利用外國商品經營貿易而獲得的財富。在對外貿易中，他主張應該首先充分利用本國得天獨厚的自然條件，努力發展自然財富。比如，鼓勵人們開墾荒地、發展漁業，生活中要勤儉節約、力戒浪費，這樣，就可以減少外貿進口，增加出口，以增加本國的財富。其次，要爭取人為財富，發揮本國人們的聰明才

智，生產出更多更好銷路更寬廣的產品，以擴大出口。

第二，在進行生產前，要對國外市場進行考察，儘量生產出能夠滿足外國消費者需要的產品，並且，盡可能地降低成本，具備價格上的優勢，以增強本國商品的競爭力，拓寬銷路。

第三，努力發展本國的航運事業，在對外貿易繁忙的地方設立貿易場所和貨棧，發展轉口貿易。這樣，不僅能夠得到商業利潤等貿易收入，還可以得到保險費、運費和關稅等非貿易的收入。這一做法，在與偏僻地區和遙遠的國家進行貿易時，尤其有利。

第四，用免稅的辦法，鼓勵本國實業家從外國進口原材料，製成工業品後再出口。透過這樣的方式，不僅可以增加商品輸出，還可以增加就業機會，提高本國人民的就業率。在本書中，湯瑪斯・孟以加工生絲為例，指出，在三十多年中，僅在倫敦這一行業的工人已由原來的三〇〇人增加到現在的一四〇〇〇人。

第五，對進口的最終消費品，要課以重稅，而對出口的商品要少收稅或者不收稅，這樣，就可以減低本國商品的價格，擴大在國外的銷路。對於那些輸入的中間產品，也就是說進口後經過加工還要輸出的產品，也應予以照顧。

第六，無論是自然財富還是人為財富，都應盡力獲得最大效果。這是因為，在英國，靠技藝為生的人占著大多數，他們是國家力量和財富的主要來源，因此，在人數眾多且有多數人擁有高超技藝的地方，商業一定會很繁盛。國家應該鼓勵他們努力生產製成品，而不是原料，就能獲取更多的價值。

二、透過資本輸出賺取利潤，也就是用錢生錢

早期的重商主義認為，金銀從本國流出，就是財富的喪失，湯瑪斯・孟反對這種觀點，他主張應該將金銀輸出國外，以此來推動對外貿易的發展。

在湯瑪斯・孟看來，把金錢保存在國內不僅不能增加財富，還會使物價提高。而在價格較低時用閒置的金錢買進更多的外貨，等價格上漲時再將這些貨物輸出國外去銷售，就能賺取巨額的利潤，也為國家增加了大量的財富。比如，我們以十萬英鎊到印度買胡椒，然後再把它輸出到義大利或土耳其，至少可以賺得七十萬英鎊的純利潤。湯瑪斯・孟建議人們，對一個行動做出判斷時，要以它的最終結果為依據，而不是僅憑我們的主觀想像，就像我們看到在春天時農夫把谷粒抛到地上，就會以為他是個瘋子，其實這是一種很錯誤的看法，因為等到了秋天，農夫這一行動的價值就會被證實。

三、對外貿易的各種利益

湯瑪斯・孟認為，發展對外貿易不僅對商人有利，對地主也是有利的。因為透過對外貿易，可以使地價和地租得到提高。關於這一點，湯瑪斯・孟進行了更為詳細的解釋：當商品在國外暢銷時，商人就會擴大生產，此時，對原材料的需求勢必就會增加，而要生產更多的原材料，就得需要更多的土地，地租也就隨之提高了。並且，當大量金錢被帶回本國後，許多人就要購買土地，地價就會上升。

為了能讓國王支持對外貿易，湯瑪斯・孟指出，在對外貿易中，存在著三種利益：

第一，國家的利益。它不僅來自於商人在貿易中賺取的利潤，甚至在商人的利益喪失時也可以獲得，因為運費、保險費、員工的工資都落到了本國。

第二，商人的利益。它有時可以公平地取得，雖然當輸入大於輸出時，國家會受到損失。

第三，國王的利益。即便在國家和商人的利益都受到損失時，國王也可以透過關稅的課徵來取得自己的利益。當然，如果國家和臣民都陷入窮困時，國王也將受到很大的損失。

為了進一步說明對外貿易的有利，湯瑪斯·孟又進行了反證。他指出，一個國家如果不把現金投入到對外貿易之中，而是把它存入國庫，那麼，即使它擁有再多的金銀珠寶，最終也會衰敗下來。並且，湯瑪斯·孟以號稱「藏金之窟」的西班牙為例，對這一問題進行了說明。西班牙擁有西印度群島的金銀礦，但他們的金銀卻只准輸入不准輸出。而在西班牙國內，土地貧瘠，生產力落後，好多生活必需品，諸如糧食、衣物等自己都生產不出來，需要從國外大量進口，再加上好戰的毛病，因此，西班牙儘管擁有很多的金銀，國力始終強盛不起來。這是因為，再多的金銀都有用完的時候，而他們卻坐吃山空，又怎麼能夠擁有更多的財富呢？

對「貨幣差額論」及其相關政策的批判

第一，透過改變貨幣的名目價值或減少鑄幣的分量、成色等，不能增多現金，只能為市場帶來混亂。湯瑪斯．孟認為，貨幣的基本職能是對商品進行衡量的天然尺度，因此，**人們在使用時不會重視諸如英鎊、先令、便士之類的名稱，而是要看貨幣能換來多少數量的商品**。提高貨幣的價值或減少鑄幣的分量、成色之類的做法，只會對人民造成損失，並最終危害到國王的利益。

對於國王來說，他只能因降低貨幣的成色、分量，從造幣廠得到一次微不足道的利益，而以後，人們每年都要用實值較先前少的貨幣來交納，因此，從總體上來看，國王不僅得不到好處，反而會造成巨大的損失。同時，外國人也會按比例提高他們的幣值，改變與本國貨幣的匯率或提高物價，這樣，就使得本國從外貿中也得不到好處。

第二，當時，有種說法是，准許外幣以高於其實際價值的比率與英國貨幣兌換，並在英國流通，透過這種方式，可以鼓勵外幣流入，進而增加英國的財富。對於這種說法，湯瑪斯．孟認為是不實際的，因為一旦本國採取這種方式，其他的國家就會實行同樣的辦法進行抵制。並且，如果**本國對外國的貨幣貶值太嚴重的話，就會讓國外的商人利用這個機會，將本國的基本貨幣全部帶走**。

第三，對於外商在本國售出貨物所得的貨幣，禁止帶到國外，只許用這些貨幣購買本國的貨物。

同時，也不能增加本國的現金，因為這種辦法會被其他國家仿效，還會對出口貨物的銷路造成影響。不准貨幣流出，只能束縛商人的手腳，斷送對外貿易的財路，長此以往，關稅、利潤等也將隨之消失。

第四，勒令輸出食物和軍火的商人，將售價的全部或大部分以貨幣形態帶回本國。這種政策不僅不能增多本國的現金，還會阻礙對外貿易的發展。

第五，在國內或海外匯款或提款時，如果本國的貨幣遭到貶值，那麼，本國的財富會不會減少呢？對於這一問題，湯瑪斯・孟肯定地說，不會。湯瑪斯・孟認為，國與國之間的貨幣匯率，並非完全由各國貨幣的分量和成色來決定的。除了債務上的風險性和債款到期的延緩期限外，匯兌上幣值的高低主要取決於進行匯兌地方的貨幣供應量。**如果進行匯兌地方的本國貨幣供應的過多，就會使本國貨幣在匯兌上貶值，反之，則會升值。貨幣的供應多少，主要是由一國對外貿易的順差或逆差來決定的。**因此，想要增加一國的財富，不能把重點放在匯率上，而要在對外貿易的差額上下功夫除此之外，一切努力都是白費。

第六，在本書中，湯瑪斯・孟以大量的篇幅批判了吉拉德・馬林的觀點。在湯瑪斯・孟看來，馬林之所以把銀行家和匯兌商人的貢獻誇大了，把外匯業說得簡直像一種魔術，完全是出於利己的動機。對此，湯瑪斯・孟進行了解釋。首先，在馬林看來，匯兌業可以把貨幣放到世界上任何通行匯兌的地方去生利。而湯瑪斯・孟則不贊成這種說這，他認為，匯兌帶來的利益或損失，是由貿易差額的順逆來決定的。在這一過程中，貿易差額產生著決定性的作用，而外匯價格只是處於被決定的地位。其次，馬林認為，正是由於匯兌業的存在，商人可以不帶貨幣到任何國家去購買商品。湯瑪斯・孟指出，購買時可以先不支付貨幣，但最終我們必須以本國的貨幣或商品向他們支付代價，所以，它不會創造什麼奇跡的。再次，馬林認為，透過匯兌，可以進行貨幣經營或壟斷某種商品，那麼，透過賤買貴賣就能賺取巨額利潤。這種說法也不正確，因為這種做法帶有投機的性質，偶爾還行，長此以往不僅不能獲利，還會受到損失。然後，馬林認為，可以用匯兌所得的利潤購買外國的貨物。湯瑪斯・孟認為，一個擁有大量現金而不知道進行對外貿易的國王，是很不明智的，因為這樣就沒有匯兌可言。最後，匯兌業也不像馬林說的那樣，貨幣市場完全聽憑富有國王的意志，國王讓它在哪裏進行它就只能在哪裏進行。相反的，由對外貿易帶來的貨幣，是促使匯兌的唯一因素，並且，它也是決定匯價的主要因素。總之，在湯瑪斯・孟看來，匯兌商人不會為國家增加財富的，因為匯兌商人只是為貿易商人服務的，匯兌的貨幣數量完全由貿易差額來決定。

第七，湯瑪斯・孟認為，那些浪費現象不會損害我們的貿易和財富。關於這一點，他說，**如果我們很少用甚至一點都不用外貨，那麼，我們的商品怎麼能輸出呢？難道外國人會那麼傻，只用貨幣來購買我們的東西，而不知道用商品來換我們的貨幣嗎？**

要想解決這一矛盾，就需要用到折衷的辦法，也就是說，我們要用既不過奢也不過儉的辦法來換取大量財富。而那些貴族、紳士等，在房屋衣著方面大擺場面，不至於會使國家貧窮。並且，如果富人所浪費的都是本國的產品，並且是用本國的原材料生產出來的，那麼，這種浪費不僅不會帶來損失，還會有利於財富的更好分配。因為正是透過富人的浪費，窮人才能獲得生存必需的資金。

關於國王的收入

一、國王的收入除了皇家土地、教會財產外，還有關稅及各種其他的稅收

湯瑪斯・孟建議，國王應當合理地使用這些財富，如用於建設公共工程或者防備外敵侵略等。在一些小的國家中，稅負是維持一國運行的主要資金來源，因此，他們的賦稅課得就會重一些，而在一個大國中，國王要盡力保護他的臣民們的財產，爭取他們的愛戴，透過這樣的方式來累積財富，這要比徵收很重的賦稅有利得多。

二、關於一個國王每年應該累積多少財富的問題

湯瑪斯・孟認為，國王累積的財富的最高限額，一般來說不應大於對外貿易的順差，因為在順差之內，他對人民的剝削還只是在羊身上剪羊毛，而在順差之外，就相當於吸血了。因此，國王要想累積更多的財富，唯一辦法就是要發展對外貿易，使順差盡可能的大。並且，國王還要把收入中的大部分散發到人民中，比如雇用他們製造軍艦、維持軍隊、興建銀行、增進貿易等，並應在倉庫中裝滿足夠的糧食和軍需品。在湯瑪斯・孟看來，國王就好像人身上的胃，他的主要作用就是消化和輸送養分，如果做不到這一點，那麼，他將和身體一起毀滅。

三、編制對外貿易平衡表的慣例和方法

怎樣才能準確地瞭解國家對外貿易情況？又或者說，怎樣才能更好地瞭解國家的財富情況呢？湯瑪斯・孟認為，對外貿易平衡表是衡量國家財富的真正尺度，而海關人員是唯一適合從事編制平衡表工作的人。這是因為，本國輸出和輸入的一切貨物，他們都很清楚並有帳可查。

在編制對外貿易平衡表的過程中，應該注意以下問題：

首先，對出口貨物的估值，方法是原始成本加上二五%的運費、保險費和利潤。而對於那些不用交納關稅的魚類，可根據增減大勢來觀察。此外，還要將國王發的貿易執照費計算在內。

其次，進口貨物如果也是用本國的船舶運輸，那麼，在貨物到岸後，就要將原先的價值降低二五%。第三，如果輸出或輸入的貨物是用外國人的船隻運輸的，等貨物到岸後，應該在原先的價值上再增加二五%的稅收。第四，如果用本國的船舶運輸貨物時，在海上因意外情況而受到的損失，那麼，對於這部分價值，出口的必須減去，進口的必須加上。

最後，在國外進行戰爭時，如果在當地購買軍用品，那麼，這些費用要按進口計算。

《經濟表》

弗朗索瓦・魁奈：重農學派的創始人

只有在取得超過預付費用的純產品時，才能使人的勞動產生純產品；只有先有土地的純產品，才有收入、租稅以及屬於一國各個階層的人生存所必要的純產品。因此，預付越是不充分，對人、土地和國家就越不利。

——魁奈

弗朗索瓦・魁奈（Franeois Quesnay，一六九四—一七七四），法國古典政治經濟學的主要代表，重農學派的創始人，一六九四年出生於法國巴黎郊外一個律師家庭中。由於家庭不太富裕，並且兄弟姐妹較多，魁奈從來沒有接受過正統的教育。十六歲時，魁奈給一位外科醫生當學徒，由於他勤奮好學，數年後成為了一名出色的外科醫生，並獲得了醫學博士學位。之後，魁奈曾成為路易十五的御醫。

一七七四年，魁奈在凡爾賽宮逝世。

魁奈以經濟學家的眼光，預言法國資產階級必然會取得勝利。在經濟學領域，魁奈最主要的貢獻是使政治經濟學成為一門獨立的學科，因此，他被稱作是經濟學界的蘇格拉底。

魁奈的主要著作包括：《經濟表》、《動物機體物理分析》、《租地農場主論》、《穀物論》和《經濟政府一般格言》等，並且，他還參與編撰了由狄德羅主編的《百科全書》。

《經濟表》是魁奈對自創經濟體系的全面總結，同時，也是對社會總資本的簡單再生產和流通過程理論的最早的說明。

在書中，魁奈用數學和幾何的精密方法，對自己理想的社會財富的生產、分配和流通的關係進行處理。

《經濟表》是「自然秩序」的基本表，它將流通過程中所發生的障礙抽掉，僅對流通中的均衡狀態進行說明，這些內容主要包括：第一，對農產品在三個階級中的合理分配，是社會再生產得以順利進行的保障；第二，說明各經濟部門是如何產生相互的關係，又如何構成一個整體；第三，說明農業是如何由惟一「純產品」的生產部門，變成一切生產部門的基礎。

總之，魁奈的《經濟表》是要說明，一個國家（實際上就是法國）每年的總產品怎樣在三個階級之間流通，並且怎樣為每年的再生產服務。

《經濟表》的基本思想

一、階級劃分的理論

在本書中，魁奈將一國的國民分為三個階級，他們是生產階級、土地所有者階級和不生產階級。

生產階級。生產階級是耕種土地、逐年再生產國民財富的階級，他們預付農業生產上的開支，並向土地所有者繳納土地的租稅。他們擔負農產品出賣以前的一切支出和勞動。

土地所有者階級。土地所有者階級，包括君主、貴族、土地所有者及什一稅的徵收者。這個階級依靠生產階級向他們繳納的租稅，即「純產品」生活。

不生產階級。不生產階級，是由從事農業以外的其他勞動者組成的一個階級。他們的收入，主要是從生產階級和從生產階級取得收入的土地所有者階級取得的。

這三個階級，形成了《經濟表》分析社會再生產和流通的出發點。

二、「純產品」理論

對階級劃分的根據，是「純產品」的生產、佔有和使用。**所謂的「純產品」，是指生產階級每**

年從再生產的財富中，扣除補償預付資本和維持經營上使用的財富基金所必要的部分之後，剩餘的產品。這部分產品，生產階級會支付給土地所有者階級。不生產階級不生產純產品，他們的收入是從生產階級和土地所有者階級那裏透過流通而取得的。

根據純產品的理論，生產階級是純產品的生產者，土地所有者階級是純產品的佔有者和使用者，而不生產階級僅是純產品的使用者。

因此，純產品只能在農業領域中生產，這是因為，農民從土地上得到的收入，在滿足自己基本生活的需要之後，總會有一部分剩餘，而這一部分剩餘，就形成了純產品。

三、「正常價格」的思想

魁奈認為，對社會總商品的再生產和流通的分析，是在國民財富的價值經常保持正常狀態的基礎上進行的。**想要保持國民財富的這種正常狀態，就要先保持價格的正常。**而正常價格有兩個前提，一方面是要有農業生產的充分發展，另一方面是要有流通領域中的自由競爭。在《經濟表》中，魁奈所進行的分析，都是以正常價格為前提，因此，本書中的再生產和流通的運行，都是依等價交換原則進行的。

四、「自然秩序」的思想

所謂的自然秩序，是指存在於自然界和人類社會中的一種「有規則的秩序」。根據自然秩序的原則，對每年的再生產賴以支付和維持的支出的分配，應當與自然秩序相適應。**經濟管理的主要目的，就是要保持經營所使用的財富不斷地累積，以保證有足夠的收入滿足君主和民眾的需要。**

五、資本的存在形式

資本有兩種存在形式，即年預付和原預付。**在經濟管理中，經營所使用的財富的累積，都是以預付的形式出現並發揮作用。**因此，預付在農業和工業中都存在，只是在農業中，這種預付又區分為年預付和原預付。

所謂年預付，是指每年花在耕作勞動上的支出數額，而原預付，則是指購置農業設備的基金。原預付的價值，通常要比年預付大五倍。對於這兩種預付，必須要分開對待，這是因為，年預付當年就可以得到補償，而原預付每年只能補償一部分，比如，當年只能補償十分之一，按照這樣的速度，十年後才能得到全部補償。

六、租地農場主經營的思想

在本書中，魁奈對社會總商品的再生產和流通的分析，是在對農業的經營生產階級，全部是租地農場主的假設上進行的。這是因為，在租地農場主經營的情況下，他們可以提供充分的預付，進而在再生產的過程中，耕作的支出至少能夠生產出一〇〇%的純產品；而在小農經營的場合，預付就不會那麼充分，在這種情況下，會使得耕作的支出增多，而生產的純產品則會很少。

在這一基礎上，魁奈認為，法國的小農耕種，只能生產出約三〇％的純產品。

七、直接向純產品徵收賦稅的主張

魁奈認為，對賦稅的徵收，應當適應自然秩序的要求，因此，所謂的賦稅，就是對土地收入的直接徵收。基於這一觀點，魁奈認為，土地所有者獲得的純產品（收入）應當以這樣的方式進行分配：七分之二構成君主的收入；土地所有者所得的部分為讓七分之四；什一稅徵收者所得部分為七分之一。直接生產者即耕作者，除了支付給土地所有者的純產品以外，無論直接或間接，都不再承擔賦稅。不生產階級也不承擔賦稅。這種課稅方法既可以取得巨大的公共收入，又不會給國民財富每年的再生產造成任何不利的影響。

八、關於利息、原預付的補償和預備資金的論述

在再生產過程中，生產階級的產品價值，除了提供純產品和年預付的補償以外，還必須保留一部分價值，這是用於補償更新創辦農場時墊支的原預付，魁奈稱之為原預付的利息。其必要性在於：

第一，生產階級在生產之前支出的原預付，在生產過程中會被慢慢地損耗。因此，為了保證生產的正常進行，必須對原預付進行補充，以使這種重要的儲備能保持原有的狀態。

第二，氣候狀況和自然災害對農業耕作的影響很大，因此，耕作者一定要保留一定數量的儲備資金。這樣，當發生自然災害，他們就可以用這些儲備資金來完成對土地所有者及君主的支付，並且維

持第二年的耕作支出。

九、關於貨幣的觀點

在重商主義時期，人們習慣把貨幣看作是國家財富的象徵，但是，魁奈認為，貨幣是用年再生產所提供的進行交換的產品購買來的，所以，**國家財富應該來自於年再生產過程所生產的產品。**對於一個以農業為主的國家來說，貨幣只是微不足道的仲介財富，如果沒有再生產，那麼，貨幣也就不會有什麼作用。因此，魁奈提醒人們不要過分追求貨幣，為了增加適合於人們實際享用的財富，應該致力於再生產，而不是追求貨幣。這是因為，貨幣僅在流通中充當交換媒介的作用，只是流通的工具，而人們交換的最終目的，是為了得到生活所需要的物品。在一個國家中，對貨幣的需要是很有限的，再生產的數量、產品的售賣價格以及貨幣流通的快慢，決定了貨幣的需要量。並且，貨幣的流通速度與貨幣的需要量成反比關係。

對經濟表的假設

一、對分析的前提的設定

在分析社會總資本再生產與流通過程時，為了避免問題的複雜化，魁奈以如下的假定為前提：

一、社會上普遍實行的是大規模的租地農業經濟；

二、將社會劃分為三個主要階級，第一個階級是生產階級，即從事農業生產的階級，其中包括租地農場主與農業工人；第二個階級是土地所有者階級，其中主要包括地主及其從屬人員、國王、官吏、教會等；第三個階級是不生產階級，包括工商業中的資本家和工人；

三、生產階級與不生產階級，進行的都是簡單的再生產；

四、三個主要階級之間在進行商品買賣時，價格是不變的，並且，貨幣僅在三大階級之間流通，各階級內部的流通被忽略掉；

五、將各階級之間的年交易量核算為一個總數，即將各階級之間的個別買賣行為概括起來，得到一個總的流通量；

六、在分析中，不考慮對外貿易關係的內容。

二、對生產過程中總投資的設定

在書中，魁奈認為，資本流通與循環的出發點，是農業在一年中所生產出來的總產品。因此，在《經濟表》中，魁奈對生產流通過程中總投資的情況，進行了這樣的假設：

一、生產階級在開始進行農業生產時，需要先投下價值一百億里弗爾的「原預付」，這些就是固定資本；

二、為了維持生產，生產者還要在每年投下二十億里弗爾的「年預付」，這就是流動資本；

三、在這些投資中，魁奈假定一百億「原預付」資本的使用期限是十年，那麼，每年平均耗損掉固定資本十億里弗爾。

三、對生產的結果的設定

關於生產的結果，魁奈是這樣設定的：生產階級每年投下的這些資本，能夠創造出價值五十億里弗爾的年總產品。從年總產品的表現形式來說，五十億的總產品中，四十億為糧食，剩餘的十億為工業原料。從年總產品的價值構成來看，第一是「年預付」，即流動資本的價值二十億里弗爾；第二是「原預付」的耗損，價值十億里弗爾，魁奈把它稱為「原預付利息」，也即固定資本的折舊；第三是「純產品」，即剩餘產品，價值為二十億里弗爾。

四、其他設定

在《經濟表》中，魁奈還設定，在流通之前，不生產階級有二十億里弗爾的工業品，這是該階級在上年度生產出來的。此外，在流通過程中，商品流通需要一定數量的貨幣。因此，魁奈假定土地所有者手中，有上一年度當作地租從生產階級手中收來的二十億里弗爾的貨幣，作為流通之用。

社會再生產和流通的進行

在做出了以上的理論設定之後，魁奈才開始對社會資本的流通與循環進行分析。

一、流通的過程

被當作商品的農產品生產出來之後，就要進入流通過程。根據魁奈的看法，這一過程包括商品的流通和貨幣的流通，以下，我們將對這一行為進行詳細的分解。

一、土地所有者階級以二十億里弗爾的半數即十億里弗爾，購買生產階級的農產品。這一交換的結果是，價值十億里弗爾的農產品由生產階級手中轉到土地所有者階級手中，同時，會有十億里弗爾的貨幣由土地所有者階級手中流到生產階級手中。

二、土地所有者階級又以十億里弗爾的貨幣，向不生產階級購買工業品。透過這一交換，十億里弗爾的貨幣將會流到不生產階級手中，同時，價值十億里弗爾的工業品轉到土地所有者階級手中。

三、不生產階級用十億里弗爾的貨幣向生產階級購買原料。由於這個買賣，十億里弗爾的貨幣流到生產階級手中，價值十億里弗爾的農產品（原料）轉到不生產階級手中。

四、生產階級向不生產階級購買十億里弗爾的工業品（如農具，肥料等）。其結果是，十億里弗爾的貨幣流到不生產階級手中，而相同價值的工業品則由不生產階級手中轉到生產階級手中。

五、不生產階級以十億里弗爾的貨幣，向生產階級購買糧食等農產品，以維持自己的生活。透過這個買賣，十億里弗爾的貨幣流到生產階級手中，十億里弗爾的農產品轉到不生產階級手中。

二、流通所能達到的結果

經過以上的流通循環行為，就能達到以下的幾種結果。

一、土地所有者得到了他們所「應得」的「純產品」——十億里弗爾的糧食，十億里弗爾的工業品。這些糧食與工業品，都是用他們從生產階級那裏得來的二十億里弗爾的貨幣地租購買的。這樣，他們一年的生活需要就可以得到滿足了。

二、不生產階級用他們的二十億里弗爾的工業品，從生產階級那裏換得了十億里弗爾的原料和十億里弗爾的糧食，他們不僅可以維持自己的生活，而且可以重新生產。所以，流通保障了不生產階級的不間斷的生產。

三、生產階級不僅得到了他們所需要的農具等物品，而且，還有二十億里弗爾的糧食留在他們的手中，以用來恢復再生產過程。在這裏，農具補償了他們在過去一年裏所耗費掉的「原預付」，即固定資本，而沒有進入流通的二十億里弗爾的糧食，則補償了他們的「年預付」（種子與工資），也即流動資本。此外，他們又收回了二十億里弗爾的現款，作為下一年度的地租交給土地所有者。這樣一來，他們也可以恢復再生產的過程。

經濟表中的獨創的見解

在《經濟表》中，魁奈提出了很多獨創性的天才見解，它主要是從以下四個方面來表現的。

一、在出發點上

《經濟表》的出發點，是土地上每年生產出來的總產品，也就是說，它是以一年收穫的終結作為循環生產的開始。從這個意義上來說，實際上當時魁奈已經正確地分析了簡單再生產的基礎。

二、在處理生產過程、流通以及貨幣流通和再生產的關係上

在本書中，魁奈把資本的整個生產過程表現為再生產過程，把流通僅僅作為這個再生產過程的形式，而把貨幣流通僅僅看作是資本流通的一個要素。

三、正確看待貨幣資本

在魁奈看來，貨幣流通不僅是資本流通的一個要素，而且，它也會對社會再生產產生重要的影響。

在《經濟表》中，魁奈將貨幣流通的表現形式歸結為兩種，其一是產品的運動，其二是貨幣的運動。在進行貿易的過程中，商品和貨幣的運行方向正好是相反的。這一結論的得出，不僅否定了把流通僅看作是貨幣運動的表面化的觀察，而且，它還顯示，貨幣的流通僅僅是商品流通的一個環節，它只是為商品的流通提供手段而已。在魁奈看來，貨幣只是商品交換的媒介，它的作用只是在買賣之間搭建一個橋樑，促使交易的成功，除此之外，沒有別的意義。這一觀點的提出，徹底瓦解了重商主義的貨幣理論。

雖然魁奈不把貨幣當作資本，但是，他卻承認貨幣是便利商品流通的重要工具。這是因為，雖然流通的出發點是純產品，但是，如果少了貨幣的槓桿作用，純產品是無法流通的。在所有階級間的交換行為中，貨幣都產生著帶動流通的作用。因此，在社會資本再生產的任何研究中，都應該充分重視貨幣的作用與地位。在本書中，魁奈也將貨幣的流通放在極為重要的位置上，這一點，可以從魁奈對商品流通的說明上看出來。為了說明商品是如何流通的，魁奈把流通過程分解為以貨幣為仲介的一連串的買賣行為，而在這些行為中，貨幣總是處於主導地位。

四、對生產資本的劃分及其補償的創見

魁奈對經濟學的一個重要貢獻，就是創立了資本理論。

為了說明社會資本的再生產，魁奈從再生產的觀點出發，對生產資本進行了進一步的劃分，這表現在他把資本劃分為「原預付」與「年預付」。當然，但憑這一點，還說明不了魁奈的理論與重商主義的觀點相對立，更重要的是，魁奈將貨幣和商品與資本區別開來，從這一點上，我們就可以看出他對社會再生產的理解有多麼深刻。

從對社會再生產進行補償的觀點來看，由於生產資本不同部分的補償方式不同，所以應該對它做進一步的區別。在書中，魁奈雖然沒有運用固定資本與流動資本的概念，但是，他已經對它們的實質進行了正確地闡述，只是，魁奈把這些內容局限在農業生產資本的範圍之內。造成這一情況的原因，主要有兩個方面。

一、時代的局限性。**在魁奈生活的時代，重農主義思想氾濫，當時，人們認為只有農業資本才是惟一的生產資本，而產業資本不是資本，因為它不能帶來純產品。**在這些思想的影響下，魁奈也就忽視了產業資本的重要性，沒有對其進行劃分。

二、考慮問題的出發點。魁奈是從資本補償的觀點來對資本的再生產問題進行考慮的，從這一角度出發，他認為，作為固定資本的「原預付」的實物補償形式，只有在與工業部門進行交換時才能完成；而作為流動資本的「年預付」，則需要在農業部門保留下去，以保證下一年度再生產的進行。與此同時，魁奈又在「預付」與「純產品」的區別的基礎上，把商品的價值嚴格地劃分為原有的價值與新創造的價值。透過這樣的區分，使他在分析再生產時有了可靠的依據，可以更好地考察原有的價值是如何補償的以及新創造的價值是怎樣分配的。

魁奈的這些創見，對後來經濟學的發展，特別是對社會再生產理論的發展，產生了重大而深遠的影響。

總之，魁奈的《經濟表》，是對政治經濟學的巨大貢獻，其中，我們可以清楚地看到他的天才思想與科學創建。馬克思曾對這本書進行了高度的評價，他說：「這個嘗試是在十八世紀三〇至六〇年代政治經濟學幼年時期做出的，這是一個極有天才的思想，毫無疑問，它是政治經濟學至今所提出的一切思想中最有天才的思想。」

《國富論》

亞當・史密斯：經濟自由主義理論的主要創建者

除了購買貨幣，貨物還有其他許多用處；但除了購買貨物，貨幣就一無所用。所以，貨幣必然追求貨物，而貨物卻並不總是或無需追求貨幣。

——史密斯

亞當・史密斯（Adam Smith，一七二三—一七九〇），經濟自由主義理論的主要創建者，工業革命和產業革命前夕集大成的經濟學家，英國古典政治經濟學最偉大的代表。

他出生在蘇格蘭法夫郡一個小鎮上。青少年時期的亞當・史密斯在家鄉蘇格蘭求學。一七四〇—一七四六年間，他就讀於牛津大學。一七五九年，三十六歲的亞當・思密出版了《道德情操論》（也有譯為《道德情感論》的），顯露了他博大精深的社會哲學思想，獲得學術界極高評價。一七八七年，他被選為格拉斯哥大學榮譽校長，又被任命為蘇格蘭的海關和鹽稅專員。亞當・史密斯酷愛藏書，與母親相依為命，終身未娶。一七七六年，他的《國富論》問世了，這本書是舉世公認的劃時代的、不朽的名著，它的問世標誌著政治經濟學已成為一門獨立的學科。《國富論》的內容極為豐富，涉及了許多方面的經濟理論，它所包括的不僅是政治經濟學，而且囊括了經濟史、經濟學說史和財政學。

在這本書中，史密斯締造了古典政治經濟學的理論體系，概括了古典經濟學在它的形成階段的理論成就，最先有系統地闡述了政治經濟學的各個主要學說，對它的形成和發展產生了極其重要的作用。因此世人尊稱亞當・史密斯為「現代經濟學之父」和「自由企業的守護神」。

亞當・史密斯的主要著作有：《國富論》、《道德情操論》等。

分工、勞動力和貨幣

在史密斯看來，勞動生產力上最大的增進，以及運用勞動時所表現的更大的熟練、技巧和判斷力，似乎都是分工的結果。一般人認為，分工越是完全的製造業，越是不重要。次要製造業的分工，實際上並不比重要製造業的分工更為周密。但是，目的在於供給少數人少量需要的次要製造業，所雇用的勞動者人數必然不多，而從事各部門工作的工人，往往可集合在同一工廠內，使管理者能一覽無餘。反之，那些大製造業，要供給大多數人的大量需要，所以，各工作部門都雇有許許多多勞動者，要把這許許多多勞動者集合在一個廠內，顯得很不現實；要同時看見一個部門以上的工人，也不可能。像這種大製造業的工作，儘管實際上比小製造業分工更細緻，但因為這種劃分不能像小製造業的劃分那麼明顯，所以很少有人注意到。

有了分工，相同數量的勞動者就能完成比過去多得多的工作量，其原因有三：

一是分工使勞動者的工作技巧大大改進；二是由一種工作轉到另一種工作，通常會浪費不少時間，有了分工，就可以避免這種損失；三是許多簡化勞動和縮減勞動時間的機械的發明，使一個人能夠做許多人的工作。

在清平盛世裏，生活在最下層的勞動人民普遍富裕，主要是因為分工使得各行各業的產量大增。

各勞動者，除自身所需以外，還有大量產物可以出賣；同時，因為勞動者的處境相同，每個勞動者用自身生產的大量產物，換取其他勞動者生產的大量產物，換句話說，每個勞動者都能換得其他勞動者大量產物的價格。別人所需的物品，他能予以充分供給；自身所需的，別人也能予以充分供給。於是，社會各階級普遍富裕。

史密斯指出，行業的分工，並不是人類智慧的結果，儘管人類智慧預見到分工會產生普遍富裕，並且人們想利用它來實現普遍富裕。它是不以這種效用為目標的一種人類生活自然發展的結果，這就是互通有無，物物交換，互相交易。

他認為這種現象為人類所共有，並且是人類所特有的，在其他動物中根本找不到。兩隻獵犬共同追一隻兔子，有時也像是一種協同動作。不過這種協同動作，只是在某一特定時刻，牠們共同追逐，或一隻追逐，一隻攔截。牠們對於同一對象的欲望只是偶然的一致，而並不是契約的結果。由於人們所需要的相互幫忙，大部分是透過契約、交換和買賣取得的，所以最初產生分工也正是人類要求互相交換願望的表現。

史密斯說，正因為分工起因於交換能力，所以分工程度，總要或多或少的受交換能力大小的限制，也就是說要受市場範圍的限制。市場要是過小，那就不能鼓勵人們終生只從事一種職業。因為在這種狀態下，人們不能用自己消費不了的勞動生產物，隨意換得自己需要的其他勞動生產物。在這種自身消費無法滿足的情況下，人們就很有可能會兼職或改行，這顯然不利於分工的發展。

關於貨幣的起源及其效用，史密斯認為，分工一經確立，一個人自己勞動的生產物，只能滿足自己欲望的極小部分。他大部分的欲望，須用自己的剩餘勞動生產物去交換。於是，所有人都要依賴交換而生活，或者說，在一定程度上，所有人都成為商人，而社會本身，嚴格地說，也成為商業社會。但在剛開始分工的時候，這種交換的作用，往往並不十分明顯。為這種目的而先後被人們想到並用過的物品寥寥無幾。然而，不論在什麼樣的國家，由於種種不可抗拒的原因，人們最終決定使用金屬而不使用其他貨物作為媒介。

金屬不易磨損，與任何其他貨物相比，毫不遜色。

史密斯說，任何一個國家的貨幣，在某一特定的時間和空間，怎樣確定它的價值尺度，主要是看通用的鑄幣是怎樣準確的符合於它的使用價值，即要看鑄幣所包含的純金量或純銀量，是怎樣準確地符合於它應有的價值標準。

史密斯所謂的商品貨幣價格，就是指這種商品出售所得的純金量或純銀量，而與鑄幣名稱無關。

資產和儲蓄

史密斯指出，一個人所有的資產，若僅可維持他數日或數周的生活，他很少會想從這筆資產中取得收入。他將慎之又慎地消費它，並且希望在用完它之前，能依靠自身的勞動，取得一些東西作為補充。在這情況下，他的收入完全來自他的勞動。各國貧窮的勞動者過的大都是這種生活。

他認為一個國家或一個社會的總資產，就是其全體國民的資產之和，它們可以分為三個部分。第一部分留給目前消費，不能提供收入或利潤。第二部分是不必經過流通，不必更換主人即可提供收入或利潤的固定資本。第三部分是要靠流通、靠更換主人而提供收入的流動資本。

在生活比較安定的國家裏，有常識的人，都願用自身擁有的資產來營造目前的幸福生活，或用來賺取更多的錢財。

史密斯將勞動分為兩種，一種是生產性勞動，一種是非生產性勞動。這兩種勞動的區別在於能否加在物上，能否增加物的價值。

生產性勞動者、非生產性勞動者以及不勞動者，同樣依靠土地和勞動的年產物生存。這個產物的數量無論怎麼大，也決不是無窮的。因此，用以維持非生產性勞動的人力越大，用以維持生產性勞動的人力必然會越小，進而來年的生產物也必然會更少。反之，用以維持非生產性勞動的人力越小，用以維持生產性勞動的人力必然會越大，進而來年的生產物也必然會越多。除了土地上天然生長的物品，一切年產物都是生產性勞動的結果。

史密斯認為，無論在什麼地方，資本與收入的比例，都支配著勤勞與怠惰的比例。資本佔優勢的地方，多勤勞；收入佔優勢的地方，多怠惰。資本的增減，自然會增減真實勞動量，增減生產性勞動者的人數，因而，增減一國土地和勞動的年產物的交換價值，實際上是在增減一國人民的實際財富與收入。節儉可以增加社會資本，奢侈可以減少社會資本。所以，消費等於收入的人，無法蓄積資本，也無法蠶食資本。換句話說，他既不能增加資本，也不能減少資本，而只能保持資本的平衡。不過，在各種花費方法中，有些方法更可促進國民財富的成長。

出借人總是把貸出取息的資產看作資本。出借人總希望借貸期滿，自己能重新收回資產，而在借期中借用人因曾經使用這筆資產，就要付給他一定的租金。這種資產，在借用人手裏，可用作資本，也供目前消費。而貨幣總是國內各種貨借的仲介，不論其為鈔票或為鑄幣。一國能有多少資產在收取利息的方式下出借，或者像一般人所說的，能有多少貨幣在收取利息的方式下出借，並不受貨幣價值的支配，而受特定部分的年產物的價值所支配。

一切資本，雖然都用於維持生產性勞動，但等量資本所能推動的生產性勞動，隨用途的不同而極不相同，進而對一國土地和勞動年產物所能增加的價值，也極不相同。

史密斯認為資本有四種不同的用途：

一、用以獲取社會上每年所須使用所須消費的原生產物。農業家、礦業家、漁業家往往採用這種途徑獲取資本；

二、用以製造原生產物，使之適於眼前的使用和消費。這是製造者的慣用手法；

三、用以運輸原生產物或製造品，從有剩餘的地方運往缺乏的地方。這是批發商感興趣的用法；

四、用以分散一定部分的原生產物或製造品，使之成為較小的部分。零售商人一般採用這種方法來滿足自身的臨時需要。史密斯以為，這四種用法，已經包括了一切投資的方法。

一國累積的資本，如果不能全數用來供給本國消費，全數用來維持本國的生產性勞動，則其剩餘部分自然會流入貿易管道，供給他國消費，維持他國的生產性勞動。

國內各個地方因為有相互交換剩餘生產物的必要，進而產生了國內貿易。所以，國內貿易的範圍，及只投在國內貿易上的資本量，必然會受到國內各地剩餘生產物價值的限制。**消費品的國外貿易範圍，必然會受到本國全部剩餘生產物價值以及能由此購得的物品的價值的限制。貿易所交換的，是全世界各國的剩餘生產物。所以，其範圍必然受全世界各國剩餘生產物的價值的限制。**

財富的發展

史密斯認為，按照事物的本性，生產原物料必先於便利品和奢侈品，所以，生產生產原物料的產業，也必先於生產便利品和奢侈品的產業。提供生產原物料的農村的耕種和改良，必先於只提供奢侈品和便利品的都市的增加。

鄉村居民須先維持自己，才有剩餘產物維持都市的居民。所以，要先增加農村產物的剩餘，才談得上增設都市。但因都市生產原物料，不一定要依靠於附近的農村，甚至不一定要依靠於國內的農村，而可以從遠方運來，所以，這雖然不是一般原則，但卻使各時代各國家進步繁榮的程度有所差異。

在利潤相等或幾乎相等的條件下，在製造業與國外貿易業兩者中，選擇投資途徑時，人們寧願選擇製造業，其原因正如在農業與製造業中，寧願選擇農業一樣。與製造商的資本比較，地主或農業家的資本更為穩當。同樣地，與國外貿易的資本比較，製造商的資本更為穩當，因為其資本隨時都在自己監控之下。

按照事物的自然趨勢，進步社會的資本，首先是投在農業上，其次投在工業上，最後投在國外貿易上。這種順序是極自然的。史密斯相信，在所有國家中，資本總是在某個程度上按照這種順序投用。總得先利用資本開墾了一些土地然後才能成立很多城市；總得在城市裏先有些粗糙的製造業，然後才會有人願意投身於國外貿易。

工商業都市的增加與發展，對農村的改良與開發有所貢獻，其貢獻的途徑有三：

一是為農業的原生產物提供一個巨大而便利的市場，進而鼓勵農業的開發與進一步的改進。

二是都市居民需要用所獲的財富，購買待售的土地，其中很大一部分往往是面向未開墾的土地。商人們都渴望變成鄉紳，而且，往往也只有在他們變成了鄉紳的時候，他們才最能改良土地。

三是舒解了農村居民一向與其鄰里的戰爭和對其上司的依附。因為工商業的發達，逐漸使他們有秩序，有政府，有個人的安全和自由。

可是，無論哪一個國家，透過工商業而獲得的資本總是極不確定的財產，除非其某一部分已在土地耕作與改良事業上得到保障和實現。

商業主義

一說到財富，人們往往就想到貨幣或金銀。史密斯認為，人們之所以形成這種思維定式，主要是因為**貨幣有雙重作用。貨幣既是交易的媒介，又是價值的尺度。**按照通俗的說法，財富與貨幣，無論從哪一點看來，都是同義語。

像富人一樣，富足的國家往往被認為擁有很多貨幣。在任何國家，貯積金銀被認為是致富的捷徑。在各個國家，人們透過勞動所能購入或生產的每一種商品，自然會按照有效需求，即按照意願支付為生產這種商品和使它上市所需支付的全部地租、勞動與利潤。

當一國所輸入的金銀量超過有效需求時，無論政府怎樣保持警惕也不能阻止其輸出。有許多貨物，因體積關係，不能隨意由存貨充足的市場轉移到存貨不足的市場，但金銀要由豐足的市場運到缺乏的市場，卻很容易。由於這個緣故，金銀的價格才不像其他大部分貨物的價格那樣在存貨過多或不足時不斷發生變動。

一個有財力購買金銀的國家，如果在任何時候缺乏金銀，要想法補足，那就比補足其他任何商品都更方便。

金銀的輸入，不是一國得自國外貿易的主要利益，更不是惟一利益。經營國外貿易的任何國家，毫不例外地都可從中得到兩種不同的利益。那就是，輸出他們的土地和勞動年產物的剩餘部分，換回他們所需要的其他物品。

君主收入

史密斯指出，國家防禦的費用，維持一國元首的費用，都是社會所必須支出的。因此，照正當道理，這兩者應當來自全社會的總收入，而社會每個人的資助，又須盡可能地與他們各自的能力相稱。有利於全社會的各種設施或土木工程，如不能由那些最直接受到利益的人的維持，或不是全由他們維持，那麼，在大多數場合，不足之數，就不能不由全社會的總收入來彌補。因此，社會的總收入，除開支國防費及君主養尊費外，還須補充許多部門的不足。

一國每年支出的費用，不但有國防費，君主養尊費，而且有國家憲法未規定由某種特定收入來開支的其他必要經費。這些費用的開支，要麼來自人民的收入，要麼來自特別屬於君主或國家，而與人民收入無關係的資源。

史密斯認為，君主由其資產取得收入的方式，與其他資產所有者相同，不是親自使用這筆資產，就是把它貸與他人。前者為他的收入利潤，後者為利息。**能夠維持政府的安全與尊嚴的，只有確實的、穩定的、恆久的收入，至於不確定的、不經久的資本及信用，決不可把它們當作政府的主要收入資源。**所以，一切已經超過遊牧階段的大國政府，從來都不以這種方式取得其大部分的公共收入。

因此，公共資本和土地，即君主或國家所特有的兩項大的收入泉源，既不宜用以支付也不夠支付一個大的文明國家的必要費用，那麼，這些費用的大部分，就必須取自於這種或那種稅收，換句話說，人民須拿出一部分私人收入，給君主或國家，作為一筆公共收入。

節約與儲蓄的現象，流行於人民之間，也同樣流行於君主之間。史密斯認為，在沒有什麼商業和製造業的國家，君主所處境地，自然會使他奉行節約。

一國在平時沒有節約，到戰時就只好被迫借債。因為國庫中，除了有維持平時設施所必要的經費外，再也沒有其他款項。戰時為國防設備所需的費用，須是平時的三四倍，因此在戰時的收入，也必須是平時收入的三四倍。

在危險到來的瞬間，就得負擔一項馬上就要用的大費用，這費用是不可能等新稅收慢慢地納入國庫的。在此萬分緊急的情況下，除了借債，政府再也不可能有其他辦法了。由於道德的原因，這種使政府有借款必要的商業社會狀態，使人民具有貸款的能力和貸款的意向。這種商業社會狀態要是能帶來借款的必要，它也同樣能帶來借款的便利。

關於貨幣的起源及其效用，史密斯認為，分工一經確立，一個人自己勞動的生產物，只能滿足自己欲望的極小部分。他大部分的欲望，須用自己的剩餘勞動生產物去交換。

《人口原理》

湯瑪斯・羅伯特・馬爾薩斯：倍受爭議的經濟學家

我認為我可適當地定下兩個公理：第一，食物為人類生存所必需；第二，兩性間的情欲是必然的，並且幾乎會保持現狀。

——馬爾薩斯

湯瑪斯・羅伯特・馬爾薩斯（Thomas Robert Malthus，一七六六—一八三四），是與李嘉圖同時代的資產階級庸俗經濟學家，也是一位倍受爭議的經濟學家。馬爾薩斯出生於英國倫敦附近薩立州一個土地貴族家庭，早年曾受教於作牧師的父親，後在英國劍橋大學攻讀歷史、哲學和神學。一七九一年獲劍橋大學碩士學位。

一七九六年，他與父親老馬爾薩斯開始所謂的爐邊談話。其父懷有激進觀點，同情當時英國激進思想家威廉・葛德文的學說，而馬爾薩斯則竭力反對這種學說，按馬爾薩斯自己的說法，《人口原理》正是這種結論的產物。

一七九八年，年輕氣盛的馬爾薩斯就以匿名形式出版了《人口原理》的小冊子。這個小冊子說出了英國統治階級要說的話，因而該書一發表就引起轟動，其盛況連馬爾薩斯本人也感到驚奇。一八〇三年，他以真名出版了該書的修訂版。

現代西方著名經濟學家熊彼得評價馬爾薩斯說：「有人說他是人類的恩人，又有人說他是惡魔；有人說他是深刻的思想家，又有人說他是笨蛋。直到今天，他的理論是不合理的、彼此矛盾的說法仍然是評價他的主題。」他的主要著作除了《人口原理》外，還有《政治經濟學原理》等。

在《人口原理》一書中，馬爾薩斯提出了人口發展四個方面的觀點，即：兩個「級數」、兩個「公理」、三個「命題」和兩種「抑制」。

兩個級數

在觀察生物界時，動植物的巨大繁殖力給人們留下了深刻印象。由於大自然的產物變化無窮，它們要達到的目的又各不相同，它們在這方面的確擁有讓人難以琢磨的能力。然而，無論它們是緩慢成長還是快速成長，只要它們以傳播種子或世代繁衍的方式成長，它們必定是按幾何級數的自然趨勢成長，即以倍增的方式成長；在任何一個時期，無論它們按什麼比率增加，要是沒有其他障礙妨礙它們，就必定以幾何級數成長。

馬爾薩斯人口論從阻礙人類走向幸福的原因是什麼談起。他認為這原因是一切生物都有超越為它準備的食物的範圍而不斷增殖的恆常趨勢。動植物的繁殖聽命於本能衝動，但繁殖過多就會被空間和食物的不足所抑制。對人的繁殖的抑制比動物雖然複雜一些，因為人有理性，理性會使人考慮無力供養的情況。但人類同樣有超過生活負荷範圍而成長的恆常趨勢。不論在人口未受抑制的情況下其成長率有多高，人口的實際成長在任何國家都不可能超過養活人口所必需的食物的增加。

然而，按照關於有限的土地生產能力的自然法則，對土地所生產的食物來說，其在同樣長的時期內所能達到的成長，過了一個短時期後，必然會持續下降，或者在最好的情況下停滯不前，以致只能按算術級數來增加生活物資。所以，情況必然是這樣：地球上絕大部分地區人口的實際平均成長率（它服從食物成長的同一規律）的性質必定和未受抑制的情況下人口的成長率完全不同。

因此，人口的增殖力遠遠大於土地的生產力。人口在食物供給不受妨礙時，存在以幾何級數，一、二、四、八、一六、三二、六四……成長，二十五年總數要翻一番。生活物資即使在最有利的條件下也會以算術級數，即一、二、三、四、五、六、七……增加，這是一個普遍規律。的確，在土地收益遞減規律的作用下，實際的成長速度與這個相比還是比較慢，土地給日益成長的人口提供糧食將越來越困難。所以，生活物資的成長速度趕不上人口成長速度。

當擁有大量的優質土地時，食物的成長率會大大超過迅速成長的人口（就人類而言，這是自然法則所容許的）所需要的數量。但是，要是社會的結構能最充分地讓土地得到開墾並讓人口得到成長的話，所有的優質土地與所有具有中等品質的土地都將很快被使用；到後來食物供應的成長最終要依賴開墾非常貧瘠的土地與對已開墾的土地進行逐步的、費力的改良時，食物的成長率肯定會非常像遞減的幾何級數，而不像遞增的幾何級數。不管怎樣，每年的食物成長總是呈現出持續遞減的趨勢，而且後十年的食物成長量可能少於前十年的成長量。

即使從增加得非常快的食物中扣除充分供養人類所需的部分，即使人口的成長和過去一樣快，扣除的部分相對來說也是微不足道的；並且食物的成長率仍會非常高，一直要等到發生了以下兩件事情的時候，這種成長才能被阻止：一是人類缺乏自然意志來做出努力使食物的成長超過可能的消費量；

一是經過一段時間以後，人類會絕對沒有能力預備好相同品質的土地以使同一成長率能持續下去。

我們必須特別地將人類的自然成長能力與土地這種遞減的、有限的農產品的成長能力作一比較，以便弄明白：在土地全部得到開墾與地球上住滿了人的情況下，人類的自然成長率是否不會經常地為獲取生活物資的困難所阻礙，要是情況果真這樣，又會產生什麼樣的後果？

兩個公理

馬爾薩斯的人口思想的出發點是兩個公理：首先，食物為人類生存所必需。其次，兩性間的情欲是必然的，並且幾乎會保持現狀。

這兩個公理，自從有人類知識以來，好像就是我們本性的固定法則。在馬爾薩斯看來，第一個假定為無可辯駁的公理，第二個假定人們也不能否定。

雖然人類在智力上高於其他一切動物，但是人類必須服從的自然法則和人們看到的普遍存在於生物界其他部分的自然法則卻沒有本質的區別。人類的成長可能比大多數其他動物要慢，然而要養活人類，食物是同樣必不可少的；要是人類的自然成長力超過有限的土地所能長期提供食物的能力，人類的這種成長就必然會被為獲取生活物資的困難所阻礙。

馬爾薩斯認為，人口、生活物資間這種不平衡，必須靠對人口的抑制來校正。

三個命題

根據前述的兩個級數與兩個公理，馬爾薩斯提出三個結論性的「命題」：

第一，人口必然為生活物資所限制；

第二，只要生活物資成長，人口一定會堅定不移地成長，除非受到某種非常有力而又顯著的抑制；

第三，這些抑制以及把人口的優勢力量遏制下去，並使其與生活物資保持相同水準的各種抑制，全部可以歸納為道德的節制、罪惡與貧困。

馬爾薩斯把這三點稱為人口的自然規律。**馬爾薩斯認為，貧困和罪惡是因為人口成長超過了生活物資增加這個「自然法則的必然不可避免的結果」**。人口成長的直接原因是出生人數超過死亡人數。人口成長率所需的時間，取決於出生人數超過死亡人數的部分在總人口中所占的比例。過剩的出生人口由以下三個原因引起，並與它們保持相對應的比例：其一，結婚人數的激增；其二，出生後能活到結婚年齡的人口所占的比例；其三，與平均預期壽命相比，這些人結婚早到什麼程度，或者和一代人由於死亡而消逝相比，這些人的壽命由於結婚與生育而縮短到什麼程度。

馬爾薩斯根據上述判斷引申出以下幾個主要結論：

首先，財產私有制是保持人口成長同生產原物料成長之間平衡的最有效最良好的制度；

其次，濟貧法不能對窮人過於寬大，貧困是生兒育女過多和懶惰的結果；

再次，一切社會改革不可能改善工人和勞動者的生活狀況。

工資高低取決於工人人數的多少。工資的增加只會導致人口繁殖，人口增殖必然導致貧困，工人貧困又會要求增加工資，這樣惡性循環，最終結果只會使工資降低到僅僅足以維持工人生活的水準；最後，生存競爭是自然規律，適者生存，弱者淘汰，貧困者自然滅亡。

社會制度的約束

馬爾薩斯認為，不管導致付給整個勞動階級的工資不充分的供需狀況，是由不良的社會結構與財富的不適當分配造成的，還是土地逐漸枯竭造成的，這同人口的實際成長率或對人口成長的抑制的必然事實都沒有關係。所以，人口實際上受人們獲得生活物資的困難程度所抑制。因此，這個自然法則必然會使人口的自然成長受到強有力的抑制，而並不像一般人所想像的那樣，這種抑制完全是人類的行為和制度的結果。

然而，雖然自然法則無疑是使人口成長必然受到經常而巨大的抑制的原因，但是，人類和社會制度也負有非常巨大的責任。

人類與社會制度肯定要對目前地球上人口稀少負責。**倘若社會制度與人們的道德習慣幾百年以來一直非常有利於資本的成長和農產品及勞動力的需求，那麼，差不多所有大國，其人口都可能是現在的數倍，所有居民的生活也會像現在一樣好。**

儘管在改變人口所受抑制的相應強度方面與在改變這些抑制對實際人口所施加壓力的程度上，人類所產生的作用是微不足道的、暫時的，但是，人類對抑制的性質與產生作用的方式上卻有著巨大的、十分廣泛的影響。政府與人類社會制度為了儘量減少給社會道德和幸福造成的損害，而對這些人口所必然受到的抑制加以引導，使之更合乎情理。

當人類在仍然保留著他們現在所具有的同樣的體質和道德素質的情況下，除了私有制，沒有別的任何制度，能提供哪怕僅有的一點機會，來養活目前人們在許多國家看到的這樣龐大並且又日益成長的人口。

私有財產法，作為對生產的巨大刺激因素，它的確限制了生產的發展，它經常使土地的實際產量大大落後於其生產能力。在私有制條件下，除非有足夠的報酬使人們不僅能用來支付養家糊口所必需的工資，而且能取得所投入資本的利潤，否則人們不可能有擴大耕種面積的充分的動機。

兩種抑制

馬爾薩斯認為，只有限制人口的成長，才能使以幾何級數成長的人口成長不能超過以算術級數成長的生活物資增加的限度。僅闡述這些人們很容易接受的前提與規律，並不是馬爾薩斯的目的。《人口原理》的主要任務，是「有力而精確地將人口成長和食物成長相比較」，研究「將人口限制在生活物資水準的各種方式」，探索其「原則和影響」，從中得出有實際意義的推論。

很顯然，根據上述規律，人口數量與所需生活物資數量之間存在著巨大差額。由於生活物資為人類生存所必需，要是人口沒有受到獲取生活物資的困難或其他特殊原因的制約，其自然成長達到每二十五年總人數翻一番，而在我們地球這樣有限的土地上，目前所能達到的養活人類所必需的糧食的最大限度成長，至多也只能每二十五年增加相當於目前的產量。這樣，很顯然，必須有一種強有力的抑制人口成長的因素經常產生作用。所以，必然存在著某些限制人口成長的因素，迫使人口成長與生活物資的成長保持平衡，使人口的數量被迫減少到食物可供養的限度之內。這才是《人口原理》指出這些因素的存在、作用和發展趨勢的目的所在。

馬爾薩斯認為，要恢復平衡就得採取對人口控制的兩種「抑制」手段：一是預防的抑制，二是積

極的抑制。預防的抑制是人所特有的，它是指理性對人們的約束。比如，人們無力養育子女時實行晚婚晚育或不結婚、不生育等。「預防抑制」又可分為兩種：一種是不正當的「罪惡抑制」，即採取避孕手段以達到節育目的的抑制；二是以晚婚晚育為主的「道德抑制」。馬爾薩斯極力推崇後者。

所謂「道德抑制」，就是出於謹慎考慮，在一定時間內或長久地不結婚，並在獨身期間的性行為嚴格遵守道德規範，關鍵就是限制性交。這是使人口與生活物資保持相適應而且完全符合道德與幸福要求的惟一方法，是預防性抑制實際產生作用的主要方式。積極抑制包括由罪惡與苦難而產生的會縮短人壽命的各種原因。比如不利於身體健康的各種職業、繁重的勞動與長期在露天工作或生活、由於貧困引起的饑寒交迫、對兒童撫養不當、所有暴行、大城市與製造廠、一連串常見病與流行病、戰爭、殺害嬰兒、鼠疫與饑荒。

在這些積極抑制中，由於自然法則引起的那些抑制，我們通常把它們叫做苦難，而我們自己招來的抑制，比如戰爭、暴行以及其他許多我們有能力加以避免的抑制則具有混合性質。它們是由罪惡帶給我們的，其後果則是苦難。人口成長率部分地由於出生人數減少，部分地由於死亡人數增加而得到抑制。假如不是從人們的態度而是從人們的感受出發，這兩種限制又可稱為痛苦的限制與罪惡的限制。

馬爾薩斯主張用道德上的「預防抑制」取代積極抑制來限制人口成長。馬爾薩斯認為無力贍養子女與維持家庭者，應該推遲結婚，直到有能力贍養和維持家庭的時候為止，而且婚前要過有道德的獨身生活。作為牧師，馬爾薩斯反對以避孕來節制生育，他認為避孕會敗壞有道德的婦女的貞操，這是人為的而不是自然的，是不能許可的。各種限制共同作用與相互補充，使某種限制的鬆動由其他限制的加強而補足。隨著人類文明的發展，人口限制將從積極限制為主向預防性限制過渡，從痛苦與罪惡的限制為主向道德限制過渡，因為只有道德限制，才是取得人口與食物平衡的最佳方法。

可以看到，絕少有經濟學著作像馬爾薩斯的《人口原理》那樣，遭受過如此多的非議。據說，葛德文把它稱為「令人恐怖的惡魔，常使人類希望破滅的黑暗」。英國著名的馬爾薩斯研究者博納，在其《馬爾薩斯及其業績》一書中寫到：「亞當・史密斯留下了萬人讚賞而無人閱讀的著作，而馬爾薩斯留下了無人閱讀而萬人痛罵的著作。」

但是，不管他的思想的原創性有多大，也不管對他的論點的毀譽怎樣，今天只要討論人口學問題，無論如何也不能繞開馬爾薩斯的理論，僅憑這一點，他就偉大得非常了不起了。更何況自馬爾薩斯始，在經濟學的領域內，還逐步形成了一個以研究人口和經濟發展關係為對象的新學科——人口經濟學。

馬爾薩斯人口論從阻礙人類走向幸福的原因是什麼談起。他認為這原因是一切生物都有超越為它準備的食物的範圍而不斷增殖的恆常趨勢。

《政治經濟學概論》

吉恩・巴蒂斯特・薩伊：資產階級庸俗政治經濟學創始人

物質不是人力所能創造的，物質的效應也不會忽增忽減。人力所能做到的，只不過改變已經存在的物質形態——或提供此前不具有的效應，或只擴大原有的效應。

——薩伊

吉恩・巴蒂斯特・薩伊（Jean Baptiste Say，一七六七—一八三二），法國著名經濟學家，資產階級庸俗政治經濟學的創始人，一七六七年出生於法國里昂的一個商人家庭。早年，薩伊曾在倫敦附近的一所商業學校讀書，回國後，在一家人壽保險公司任職，也就在這時，他接觸了史密斯的《國富論》，並被書中的觀點深深地吸引。

法國大革命爆發後，薩伊曾參軍從事革命，但當雅各賓派上臺後，他又站在了大資產階級的隊伍中，和他們一道反對革命。

一七九四年，薩伊主編《哲學、文藝和政治半月刊》，發表文章批判國民大會活動，並對經濟與倫理問題進行了論述。薩伊的這些活動，受到拿破崙的關注，拿破崙執政後，任命他為議員，參加財政委員會工作。

此後不久，薩伊出版了自己的最重要的著作《政治經濟學概論》。該書以通俗易懂的形式，對史密斯的經濟學說進行了解釋，因此，薩伊被資產階級經濟學家奉為亞當・史密斯學說在歐洲大陸的繼承者和推行者。在這本書中，薩伊反對拿破崙的保護關稅政策，又因為拒絕加以修改，不久便被解職，他先前出版的著作也被禁止發行。

拿破崙下臺後，波旁王朝也十分重視薩伊，並派他去英國考察工業。到英國後，他曾在格拉斯哥大學講解政治經濟學，不久出版了《政治經濟學問答》和《政治經濟學教程》，對《政治經濟學概論》進行了補充說明。回國後，薩伊曾先後擔任過法國阿森尼大學政治經濟學教授、法蘭西學院政治經濟學教授等。

除了這些著作與活動外，薩伊還留下了有關倫理學、政治學方面的短篇論著，並且對史密斯、李嘉圖和馬爾薩斯等人的著作進行了研究，並把它們介紹到法國學術界。

法國大革命既為資本主義的發展掃清了道路，又大大激化了國內的階級矛盾。為了緩和這一矛盾，薩伊把資產階級古典政治經濟學庸俗化，使之成為資本主義制度的辯護工具。同時，他把政治經濟學歸為實驗科學，進而開創了實證經濟學的研究先河，並且，他對涉及人與自然關係的勞動過程規律的闡述，也具有一定的科學價值。

薩伊的主要著作有：《政治經濟學概論》、《政治經濟學問答》和《政治經濟學教程》等。

在《政治經濟學概論》中，薩伊首創性地把政治經濟學理論分為三個部分，即生產、分配和消費的，並且指出，這三個部分是相互獨立的。本書的內容主要分為四個部分：導論，第一篇：財富的生產，第二篇：財富的分配，第三篇：財富的消費。

政治經濟學的研究對象、方法和重要性

一、政治經濟學的研究對象

政治經濟學的研究對象是財富的生產、分配與消費。

政治學主要是對社會秩序所依據的原則進行研究，而經濟學則是闡明財富是怎樣生產、分配與消費，但是，在史密斯之前，人們常將這兩者混為一談。在史密斯的理論中，這兩者是被分開論述的。

二、政治經濟學的研究方法

政治經濟學應該採用哲理推究的方法進行研究。

之所以要採用這種方法，是因為它是以經過仔細觀察的事實作為研究問題的出發點，並且，所有的結論都是在這些事實上推論而得的。因此，政治經濟學是闡明事件是怎樣發生的實驗科學。

在對史密斯和李嘉圖的研究方法進行比較後，薩伊指出，史密斯研究方法的特點是，他不是抽象地尋找原則，而是從經常觀察到的事實出發，然後對支配這些事實的一般規律進行探究。李嘉圖研究方法的特點是，他依據過於一般化的抽象原理進行推論，並且不用實際的經驗來對推論的結果進行檢驗，因此，這種直線式的推論很容易出現錯誤。

三、政治經濟學的重要性

政治經濟學的重要性，在於它既能使國家從良好的經濟制度中得到利益，又能提高企業管理水準。薩伊指出，政治經濟學研究的內容主要是：第一，說明財富來源，提供增加財富的方法，並且告訴人們如何取用盡可能多的財富而又不致使富源枯竭；第二，政治經濟學還證明，一個國家的人口可以增多，同時又可能有更好的生活必需品的供應；第三，富人和窮人的利益，以及各個國家的利益，不是相互對立，因此，所有的對抗都是愚蠢的；第四，透過政治經濟學理論，許多被認為無藥可救的社會痼疾，可以被很容易地解決。從這個意義上來說，對政治經濟學的研究，比別的研究都要重要。

財富的生產

一、財富與生產

財富的定義

財富是具有內在價值的東西，並且，財富越多，它所代表的價值也就越多。

生產的定義

所謂生產，不是創造物質，而是創造效用。而效應，則是指物品滿足人類需要的性能。因此，生產的數量不是以產品的長短、大小或輕重來估計，而是以其所提供的效用來估計的。

財富與生產的聯繫

價格是測量物品價值的尺度，而物品的價值又是測量物品效用的尺度，因此，價格與財富正是透過價值聯結了起來。

二、生產要素在勞動中互相協作，它們對產品價值都做出了自己的貢獻

我們知道，生產三要素主要是指土地、資本和勞動，它們共同決定了產品的價值，其中，尤以能耕種的土地的作用最為重要。

由於同一個人不可能同時擁有勞動、資本和土地，因此，這三要素的合作，需要透過租借來實現。**而不論是勞動力、資本還是土地，它們都能夠創造價值，因此，對它們的使用是需要付出代價的，這就是所謂的工資、利息與地租。**

三、取得任何產品的勞動都可以分成理論、應用和執行三部分

在開發一種產品是，首先是研究這個產品的規律和發展趨勢，其次在上述研究的基礎上，確定一個切實可行的目標，最後，按照以上的提示進行操作。薩伊說，一個國家必須在這三方面都很優越，

才能生產出符合條件的產品，只要在任一方面存在缺陷，產品的生產就會宣告失敗，因為產品是勞動達到完美程度的結果。

科學知識在國際間的傳播，是很快很容易的，因此，即使一個國家科技不太發達，也可以利用從別國學來的知識，透過勞動取得財富。

人們研究的重點一般是有形價值，即在創造後能和物質混合起來並且在一定時間內能存在的價值，而對無形價值研究甚少。所謂無形價值，是指人們願以貴重和耐久產品去交換它，但它一生產出來，便立即歸於毀滅。

四、無形產品的特點和意義

無形產品的生產勞動是很重要的，這是因為，醫生、公教人員、律師、法官等所從事的活動，對一個社會、一個國家非常重要，以至於沒有他們，社會就很難向前發展。

五、生產給產品創造需求

商品是用商品來購買的（生產者生產出產品，用它交換貨幣，然後又用貨幣購買自己需要的產品，因此，從本質上說，商品是用商品交換的，貨幣只充當了交換的媒介作用），因此，生產給產品創造需求（生產者生產的商品越多，擁有的財富就會越多，就會有實力購買更多的其他產品）。銷路呆滯時，人們習慣於抱怨缺少貨幣，其實，這種看法是錯誤的，因為造成銷路呆滯的最根本原因，是其他產品的生產的匱乏。

當人們生產出產品時，會將它賣出去以換來貨幣，然後，又用這些貨幣購買自己所需的商品。在這一過程中，貨幣只在交換的瞬間發揮了作用，而人們長期保存的財富，是以物質形式存在的。因此，**商品交換的本質是以一種產品換取另一種產品**。

從這一意義上來說，一種產品一經產出，就為價值與它相等的其他產品開闢了銷路。而對於那些過剩的產品，是因為它的供給超過了需求。造成供過於求的原因，是因為它的生產過多，或者與它等值的其他產品生產過少。因此，一種產品如果生產的過少，就會使得與它有關的其他產品相對形成過剩。

並且，一種產品的虧損，必有另一些產品獲利。在利潤的刺激下，虧損產品的製造者就會轉移目標，將自己的資源配置到供給不足的物品上去。因此，政府必須要採取措施，對生產加以合理的干涉，因為如果任憑資源完全地自由流動，就會使得一種產品的生產過少以至於不能滿足經濟發展的需要，而那些可以賺取利潤的產品，又會被生產的過多，以至於造成資源的浪費。

從產品用產品來購買這個重要真理中，薩伊推出了以下幾個重要的結論。

第一，在一切社會中，生產者越多、產品越多樣化，產品的銷售得就會越快、越多和越廣泛，生產者所得到的利潤也就越大，這是因為，價格會隨著需求的增加而成長。

第二，每一個人的繁榮，都會影響到社會的繁榮。這是因為，一個企業辦得成功，就可以透過外部經濟等方式來使別的企業也達到成功，城市居民和鄉村居民自己所生產的東西越多，他們擁有的財富就會越多，也就會越有能力向對方購買東西。

第三，購買外國貨物，不會損害到本國的產業和生產。購買外國貨物，必須以本國產品來支付價款，即使以現金來支付，這些現金還是用本國產品來交換的。所以，進行對外貿易，不僅不會對本國生產有害，還會為本國產品開闢銷路，促使本國產品的生產。

第四，鼓勵消費對一國的商業不會產生太大的好處。這是因為，消費的欲望是很容易被刺激的，困難的是，生產者很難生產出合適的產品以滿足這些需要。因此，要想使商業繁榮起來，關鍵是要刺激生產，也就是刺激供給的手段，而不是刺激消費。

六、政府指導生產的規定有害無益

政府對生產進行指導，一般要實現兩種目的：第一，對人們生產的東西進行規定，使之對政府更有利；第二，對人們所採用的生產方法進行規定，以滿足政府的要求。

但是，如果政府為了限制某些商人追逐過高的利潤，而對商品的生產進行過多的干涉的話，就會使得生產者很難按照自己的打算安排生產，最終可能使得社會的生產從人們最需要的商品上轉移到次要的商品上。

生產者根據自己的經驗，瞭解消費者最需要什麼，知道生產什麼以及用什麼樣的方式生產可以最好地滿足消費者的需要，並使自己獲得最大的利潤。而這一切，政府卻不大瞭解，因此，**政府應該給生產者一定的自由權，讓他們按照自己的方式來生產。**

產業和財富的健全狀態，應該保持絕對的自由。因此，管理的目的應該是防止那些顯然有害於生產事業或公共安全的欺詐行為與暴力迫害，而不是指定產品的性質和製造的方法。透過這樣的管理，政府才能更好地促進本國生產力的發展。

七、政府經營生產事業將給國民財富的生產效益和企業競爭造成危害

一個政府在經營生產事業時，它不僅會使得自己的經營效果很差，而且會妨礙那些與政府生產同樣商品的私人企業的發展。這是因為，政府擁有大量的財富，經濟實力雄厚，因此，它不太計較利潤的得失，能夠承擔以低於成本的價格抛售貨物的損失。所以，政府企業是極其可怕的競爭者，在這一過程中，私人企業很難取勝。

因此，**為了促使本國經濟的發展，政府最好不要與私人企業相競爭。政府可以將重點轉移到建設公共土木工程、創辦教育事業等公共事業方面，並以此來刺激私人生產力的發展。**而在這一切的方法之中，政府最先要做的是保證本國居民的人身和財產的安全。

八、貨幣的作用是商品的價值尺度和交換媒介

在一個文明社會裏，任何人都不可能生產出滿足自己的全部需要的產品，正是這一原因，促使了

產品交換的發展。在最初，人們的交換方式是物物交換，當時產品較少，這種方式基本上適應了社會發展的需要，但隨著產品種類的增多，這種方式便顯得越來越困難了。為了克服這一困難，貨幣便產生了。

貨幣的作用主要有兩種，它們是：作為交易媒介，幫助社會一切成員很方便地取得自己想要的東西；可以對貨幣進行分割，使之價值與想要購買的商品的價值相等。

財富的分配

要對財富的分配這一問題進行研究，需要先討論如下的兩個問題：首先，要分析構成分配對象的價值的本質；其次，需要確定一下，當價值被創造出來後，是以什麼樣的規律在社會各成員中間進行分配進而成為個人的收入的。為了更好地說明這一問題，薩伊又進行了如下的解釋：

一、價值的根據以及供給與需求

一件物品之所以具有價值，是因為它能滿足人們的某種需要，具有某種效應，一件不被任何人需要的產品是不會具有價值的。但有些自然資源，如空氣、水、太陽光等，雖然具有很大的效應，但因為人們獲得它們不需要付出任何勞動，所以也不具有交換價值。因此，一種商品的價值或者說可交換價值的根據，不僅在於它是否具有滿足人類某種需要的效用，還在於為獲得它人們是否需要付出代價。這裏的代價是指人們在生產方面所作的努力，也即付出的勞動。

勞動、資本和土地之所以具有價值，是因為它們能夠滿足人們的某種需要，並且，為了獲得它們，人們必須得付出一定的代價。生產要素的價值，取決於它們在生產中所發揮的作用，作用越大，價值越高。生產要素的價值，構成了由它生產出來的商品的生產費用，因此，一件商品的成本，是人們在生產它時所使用的所有的生產要素的價值的總和。

對一件物品的價值進行評判的標準是，這件物品的主人在讓渡自己的財產時能夠很容易換取的其他一般物品的數量，其實，這就是這一物品的市價。那麼，**貨物的市價是由什麼決定的呢？在一定時間和一定的地點，當一種貨物的需求大於供給時，價格也就是市價會上升，反之，當供給大於需求時，價格就會下降。**而這裏的需求，是指消費者願意購買，並且還有這種購買的能力，至於供給，是指在一定時期內，生產者願意提供商品，並且有這種提供的能力。

一種貨物，如果由於某些原因，比如生產要素的價格提高，或者市價下降，進而使得生產成本超過了現行市價時，那麼，這種貨物就會被停止生產。所以，一種貨物的市價上漲時，供給就較為充足，而在市價下降時，供給就較為短缺。

二、收入的來源和收入在社會成員間的分配

任何產品都是由勞動、資本和土地共同協作創造出來的。當這些產品被創造出來之後，就構成了擁有這些產品的人們的一種收入，而對這些收入進行處理，乃是擁有所有權的人們的一種權利。勞動和資本的所有權比土地的所有權更加嚴肅，更加神聖不可侵犯，這是因為，資本或累積的產品全是人們節儉的結果，而勞動，則代表著人們付出的心血。

生產要素的市價與其他一切物品的市價一樣，是由供給與需求的狀況來決定的。而它們的價值，則基於它們所能創造的產品價值，這個產品價值本身則基於該產品的效用。

人們透過從事生產活動和勞動，或者提供生產性服務，會創造出具有一定效用和價值的財富。透過這種方式創造出來的價值，按照參與生產的各生產要素的報酬，分配給這些生產要素的所有者，成為各個階級的收入。比如，**分配給地主的那部分價值叫土地的利潤，也就是地租，分配給資本的那部分，叫做資本的利潤，也就是利息，而分配給工人的部分，叫做勞動的利潤，就是通常我們所說的工資。**當然，有些工人的薪水是固定的，這樣，他們就得不到因額外付出勞動而創造的利潤。這樣，每個階級都能從所生產的總價值中得到自己的一份，而這一份就是這個階級的收入。

正是由於貨幣的存在，使得收入或資本的價值的流通變得十分容易，但貨幣本身並不是年收入的唯一呈現方式，因為它不是產品，國家收入是實際產品或其價值，貨幣只是它的表示形式而已。

勞動的利潤

勞動的收入包括一般勞動的利潤，比如，科學家的利潤，老闆、經理或冒險家的利潤，雇工的利潤等。而在這些勞動者的利潤中，科學家所得到的利潤是最不公平的。因為科學研究的最終結果是被企業家所利用的，企業家利用這些先進的技術生產出更多更好的產品，以賺取高額的利潤，而這些利潤，科學家是沒有機會分得的。取得利潤最多的，要算企業家和冒險家，他們的開創精神，會使得他們總是最先使用先進技術的人，等他們賺得差不多了，普通人才會發現這個商機並加入進來。

資本的利潤

有人認為，信用的運用可以增加資本的價值，其實這種說法是錯誤的。借貸增加的只是資本的可使用的機會，即一個人的資本，自己不使用時，可以出借讓別人使用，在這一過程中，資本的數量並沒有增加。**借用資本是需要付出代價的，這個代價就是利息，利息也像其他的商品一樣，是由市場上的供需狀況決定的。**要想使得資本能夠得到充分的利用，就要為資本的供需者提供一個自由的市場，讓他們根據自己的情況合理地借貸。

土地的利潤

土地的利潤，是指從土地中所獲得總產品的價值中，扣除墊付的本金以及本金的利息，還有銷售

這些產品所需要的運費、仲介費等，餘下的部分，就是土地的純利潤。當然，如果土地生產出來的價值，正好等於這些支出的話，那麼，土地就沒有創造出任何價值，地主也得不到地租，這樣的土地是沒有人會再使用或者很少有人使用的，只有當土地的利潤大於零時，才能被拿來耕種。這一點，正是土地不同於資本和勞動的地方。

有些地主花費資本對自己的土地進行改良，那麼，當租地人租種他的土地時，不僅要支付土地的利潤，還得支付資本的利潤，而這是一筆不小的支出。租地人為了賺取利潤，就需要付出更多的努力，採用更先進的辦法以生產出更好的產品，爭取使得自己的所得在支付所有的費用之後仍有剩餘。正是這個原因，使得長期租借對土地的產量有著極大的促進作用。

財富的消費

一、消費的特點

生產意味著效用的創造，消費意味著效用的消滅，而物品的效用一旦消滅，它的價值也就不復存在了。如果一件物品消失之後，它的價值並沒有消失，而是以另外的形式存在於另一件物品之上，那麼，價值就被累積了起來。**資本的使用價值，可以透過再生產得到累積，也就是說，組成資本的各種**

產品可以被消費，但當它們的這一特定形態被消滅之後，價值就會凝結在別的物質上，在那一物質上累積起來。

個人的年消費量，就是一個人在一年內所消費的一切價值的總和，而國家的年消費量，就是組成國家的個人與團體在一年內所消費的價值的總和。一個國家一年中向國外輸出的一切貨物，必須看作是它的年產品的一部分，而從國外輸入的一切貨物，也必須看作是它的年消費的一部分。

國家總消費又可分為公共消費與私人消費。這兩類消費可以是生產性消費，也可以是非生產性消費。在任何一種社會制度中，每個人都是消費者，但並不是每個人都是生產者，只有那些透過勞動、資本或土地為社會創造出一定價值的人，才是生產者。人口相同的一個富裕國家和一個貧窮國家，他們的消費者相同，但消費的價值不同，因為富裕國家生產的多，它所消費的自然要多。

二、消費的結果與節約和奢侈

如果消費的都是非生產性的商品，那麼，這種消費通常只能滿足人們的某種欲望，沒有再生產的價值。但是，如果消費的是生產性商品，這種消費不但能夠滿足人們的某種欲望，還會創造出新的價值，當然，新創造的價值應該等於或少於所消費的價值。消費者對某種產品進行消費時，一般要根據這一消費為自己帶來的滿足程度來決定合適的消費量，如果消費品十分符合自己的需要，他就會多消費一點，反之，就會少消費或者不消費。當然，人們不會把自己的收入總是全部用於消費的，而會節約一部分。人們節約的最初動機是改善自己的境況，但是，透過個人的節約，可以使資本得到累積，為商業的發展提供足夠的資金，進而促使經濟的發展，並最終導致國家的繁榮與昌盛。因此，國家要提倡人們合理的節約，以促進個人和國家的同步發展。

當然，**節約沒有固定的規則，所謂的必需品與非必需品，會隨著社會條件的改變而改變**，比如，在以前用煤炭做飯的年代，煤炭就是人們生活的必需品，而現在隨著社會的發展，越來越多的清潔能源被發明了出來，煤炭也不再是必需的了。**奢侈與節約是相對立的概念，所謂奢侈，一般是指對那些貴重的、並非必需的物品的使用或消費，換句話說，奢侈就是過渡的消費**。奢侈的主要目的在於炫耀，或者對輿論造成影響。奢侈是一種不好的習慣，但也不是所有的奢侈都會對社會造成損失。

當然，任何事情都要把握一個度，節儉是件好事，但如果過於節儉的話，就會適得其反。比如，人們將自己的收入全部存入銀行，以累積財富，那麼，市場上的商品就會無人購買，而生產者勢必會減少生產規模，經濟會越來越不景氣，最終也不利於國家的發展。

三、對公共消費的管理

公共消費與私人消費對社會財富的影響是相同的，因此，對這兩種消費的經濟原則的規定也應該相同。公共浪費比私人浪費更容易犯罪，這是因為，個人浪費的只是自己的私有財產，最多會讓自己在一定時期裏陷於貧困狀態，而政府卻不同，它所浪費的是公眾財產，對於這些財產，政府只有保管權，沒有浪費權。

當政府在使用公眾財產時受到了人們的監督，那麼，浪費行為勢必會大大減少。**政府消費在國家總消費中佔有很大一部分，因此，政府在制定消費計劃時，必須要考慮本身的消費對國家的繁榮程度的影響。**一個賢明的政府在進行消費之前，會進行仔細的研究，看看自己的消費行為到底是利大於弊，還是弊大於利，然後再決定要不要採取行動。

國家消費的主要目的，在於維持公共的安全，保證基本工程的順利建設，進而為生產力的發展創造條件。

四、最好的租稅的要求

我們知道，課稅是將私人的一部分收入充作公用，所以說，課稅本身並不能創造出社會財富。從社會再生產的角度來說，課稅是一種有害的行為，而在眾多的稅負中，為害最少的租稅是：稅率最適度的租稅，這樣的稅率可以將租稅控制在合理的範圍之內；在不增加國庫困難的前提下，將稅負定得越低越好；各階層人民負擔公平，即根據國家對每個人提供的就業、生活環境的不同，徵收不同的稅負，**為了實現公平，國家應該採用累進稅率，收入高的人多交稅，收入少的人少繳稅**；徵稅時要將社會再生產考慮在內，爭取使稅負的徵收對再生產的影響降到最低點；有利於國民道德。

此外，租稅既然可以對非生產性消費產生抑制的作用，那麼，可以用它來減少社會上的奢侈行為。並且，政府會把一部分稅款投注於生產性事業上，徵稅後發生資本空缺，私人也會用自己的儲蓄對之進行補充，透過這種方式，租稅的害處就會被抵消。而當政府將徵收的租稅用於改善國內交通或興辦其他公共工程時，這部分租稅就成了投入再生產的資本。

五、各種課稅方法與稅收實際承擔者

對於個人收入的課稅，可採用直接徵稅法與間接徵稅法。直接徵稅法的徵稅對象是人們的收入，而間接徵稅法的徵稅對象則是使用個人收入購買某些特定物品的消費行為，即它是對消費行為的徵收。間接徵稅比較容易，並且也容易被人們接受。它使政府能夠對不同種類的消費行為施加影響，進而促進那些有利於公共繁榮的生產性消費，而對那些會引起公眾窮困的非生產性消費，則產生抑制的作用。當對某種貨物課稅時，政府最初是從生產者手中徵得這些稅賦的。而對於生產者來說，他不可能自己承擔這部分支出，他會將賦稅算進產品的價格之中，當作生產成本的一部分，讓消費者來承擔。當然，如果將賦稅全部當作生產成本來計算，勢必會將產品的價格提高很多，而價格過高時，會使得消費者的需求減少，也不利於生產者的競爭。因此，生產者會在承擔稅賦與減少銷售之間選擇一個合理點，在這一點上使自己的利益達到最大化。因此，國家對消費品徵收的稅額，等於消費者所付的全部超額價格和生產者所被迫放棄的利潤之和。

所以說，繳納稅款的人，不一定是稅賦的實際擔負者，他可以透過商品的流通，將賦稅轉嫁給他人。因此，要看誰是實際的納稅人，就要看稅賦最終落在了誰的頭上。

政府在稅務措施上所犯的錯誤，和人民所繳納的稅款超過政府的實收數目成比例，比如，對同一商品的二次甚至多次收稅。

六、國家舉債及其後果

個人借貸者與政府借貸者的主要區別是，前者借貸的目的是為了籌集到進行生產所必需的資本，而後者借貸的目的則為了非生產性消費。比如，為了支付公債的利息，政府必定會增加納稅人的負擔。各種公債都帶有這個不利因素，它們會使得資本從生產性用途退出，轉向非生產性消費方面。

在那些政府信用很低的國家，透過增加納稅人負擔來支付公債利息的做法，會使資本的利息上漲，進而導致資本的利潤也相應上增，最終吃虧的還是消費者。這是因為，當產品價格上漲時，消費者的相對收入就會下降，對商品的需求也會隨之下降，那麼，生產者生產的商品就會無利可圖，於是，他們就會縮減生產規模，造成經濟的不景氣。因此說，這種做法除了為資本家帶來利益外，整個社會都會遭受損失。

但是，如果公債數額不大，並且，所收到的債款又適當地花費在有益事業上，它的確會帶來好處。最不合理的公債，也可以為那些不知道怎麼利用自己資金的人提供很好的投資機會，但這一好處也帶有一定程度的危險性，因為政府可能將國民的這些儲蓄浪費掉。

《政治經濟學及賦稅原理》

大衛・李嘉圖：古典政治經濟學理論的完成者

當人口對生活物資發生矛盾時，僅有的補救方法不是減少人口，就是更迅速地累積資本。

——李嘉圖

大衛・李嘉圖（David Ricardo，一七七二—一八二三），英國資產階級古典政治經濟學的傑出代表和完成者，近代國際貿易理論的奠基人。他出生在倫敦一個猶太族的大資產階級家庭，父親是一位富有的交易所經紀人，十四歲時結束正規教育開始經商。後來，因為他與一名異教徒結婚，被父親趕出家門。於是，他開始在倫敦交易所從事投機活動，一七九七年，二十五歲的他就成為英國金融界的富有人物。此後，他把主要精力轉向自然科學的研究。一七九九年，他讀了亞當・史密斯的《國富論》，引起了對經濟學的興趣。

一八一〇—一八二〇年，是李嘉圖最富有成就的時期。前五年，他出版了《黃金的高價》等許多重要著作，對貨幣進行了深入研究，成為一名權威的貨幣理論家；後五年，他集中精力寫了《政治經濟學及賦稅原理》一書，這本書成為他的代表作。一八一七年，該書出版，逐漸為人們認可，成為暢銷書，並多次再版。一八一九年，李嘉圖成為國會議員，他積極參加政治活動，要求實行選舉改革，主張言論、結社和集會自由，反對宗教專制。一八二三年，他因患耳炎突然病逝。

李嘉圖發展和完善了古典政治經濟學，他的主要貢獻是為價值學說和分配學說奠定了科學基礎。他的學說代表了上升時期工業資產階級的利益。比如，他提出的級差地租理論認為，不同的地方，由於發展水準、土地資源狀況的不同，地租存在著差異，因此，應該進口穀物。他承認，資本主義生產關係是建立在各個階級利益相互對立的基礎上的，但是，他堅持認為資本家和工人的對立從屬於資本家和地主的對立。他很重視比較成本，他認為在商業完全自由的制度下，各國必然把它們的資本和勞動用在最有利本國的用途上。所以，當時英國的工業最發達，發展工業的比較成本最低廉，就應當發展工業；而其他農業國家只能憑藉自身優勢發展農業，變相地為英國等工業國家提供食物和市場。

他的其他主要著作有：《答波桑先生對金塊委員會報告的具體意見》、《論穀物價格對資本利潤的影響》、《論農業的保護》等。

作為古典政治經濟學理論的完成者，李嘉圖包括其比較成本理論在內的許多學術觀點，從問世起，一百多年來不斷引起爭論，可見其影響的深遠。《政治經濟學及賦稅原理》共有三十二章，其內容大體上可以分為三個部分：對外貿易理論、價值理論和分配學說。

對外貿易

李嘉圖獨創的國際貿易學說，被後人稱為比較優勢論（或稱比較利益論，或比較成本論，或相對優勢論），是關於國際分工與國際交換的古典理論。

李嘉圖的「比較優勢論」是在亞當・史密斯絕對優勢理論基礎上發展起來的。亞當・史密斯認為國際分工應按商品成本的絕對差異而有所區別，比如，由於自然條件、地域不同而形成的差異。換句話說，一個國家輸出的商品一定是生產上具有絕對優勢、生產成本絕對低於他國的商品。。

李嘉圖發展了這個觀點。他認為，在國際分工——國際貿易中起決定作用的不是絕對優勢，而是比較優勢（比較成本），而且他還把比較優勢學說作為國際分工的理論基礎。他說，在比較優勢的前提下，支配一個國家中商品相對價值的法則（等量勞動相交換），不能支配兩個或更多國家間互相交換的商品的相對價值（即貿易商品的交換比率是不等量勞動交換）。**從理論上證明了，即使在生產上沒有任何絕對優勢的國家，只要兩國生產上相對成本存在著差異，兩國之間就有分工與貿易的可能性。**一國可透過專門生產其相對成本較低的產品以換取它自己生產相對成本較高的產品，以便得到利益。透過對外貿易交換，在資本與勞動力不變的情況下，生產總量得到增加。如此形成的國際分工對貿易各國都有利。

比較優勢理論是國際貿易理論研究的重大突破，它指出了一國應充分利用自己的優勢，積極發展對外貿易，進而達到世界總產出的提高。按生產力比較差異、生產成本比較差異進行分工和交換是國際貿易所以不斷發展並給各國帶來利益的根本原因。

與史密斯一樣，李嘉圖用從個人推及到國家的方式，說明自己的主要觀點。舉例來說，就葡英兩國而言，葡國製酒、製呢絨所需成本都比英國絕對低，即都處於絕對優勢。然而英國製酒的成本低於製呢絨，兩個相比，製酒成本相對低，處於比較優勢，製呢絨成本相對高，處於比較劣勢。然而葡國製呢絨的成本低於製酒，兩個相比，製呢絨成本相對低，處於比較優勢。英國放棄生產比較劣勢的呢絨，專門生產比較優勢的酒。這樣分工兩國就可以生產出更多的酒，葡國用呢絨也可以換到較多的酒。兩國同獲國際分工和國際交換的利益。相同的道理，英國不僅要從外國進口糧食，而且還要大量進口。這是因為英國在紡織生產上所占的優勢比在糧食生產上優越性更大，所以，英國應專門發展紡織品的生產，而且以紡織品的出口來換取本國所需要的糧食。

李嘉圖國際貿易學說的理論基礎是勞動價值說。但他又認為國際交換中價值規律並不發生作用，對外貿易不會增加一國的價值量，對外貿易的作用在於取得使用價值。對外貿易不能增加利潤，不能增加資本累積。李嘉圖比較成本理論是以各國間勞動、資本不能自由移動為前提的，而在一國之內，勞動、資本能夠自由移動，只能按生產力絕對差異，按成本絕對差異進行分工和交換，因而比較成本理論是國際貿易的特殊理論。他還認為國際分工與國際交換的利益，只有在政府不干涉對外貿易，實行自由貿易的條件下，才可以最有效地實現。李嘉圖是堅定的自由貿易論者。

比較優勢理論在歷史上曾經起過進步作用。它為自由貿易政策提供了理論基礎，推動了當時英國資本累積和生產力的發展。一八四六年，在這個理論的影響下，英國廢除了「穀物法」。這是十九世紀英國自由貿易政策所取得的最偉大的勝利。

價值理論

李嘉圖終結了古典經濟學勞動價值理論的發展。他的價值學說是資產階級經濟學在其不可逾越的發展階段雖不充分，但是最好的分析。李嘉圖以「價值論」為其《政治經濟學及賦稅原理》的重要內容，並以之貫穿其全部經濟理論體系。李嘉圖的價值學說是以探討史密斯的價值論的形式開始的，李嘉圖接受史密斯所作的使用價值與交換價值的區分。

使用價值是某種物品的效用，交換價值是購買其他財貨的能力。效用對於交換價值來說，雖然是不可或缺的，但是卻不能成為交換價值的尺度。一種商品如果全然沒有用處，無論如何稀少，也無論獲得時需要花費多少勞動，總不會具有交換價值。

有效用的商品，其交換價值來自兩個泉源：一個是它們的稀缺性，另一個是獲得時所必需的勞動量。前者如罕見的雕像與圖畫、稀有的書籍與古錢等。它們的價值只隨著希望得到它們的人的財富和嗜好一同變動，而和原來生產時所必需的勞動量無關。然而這類商品在市場上的數量可由人類勞動增加，生產能不受限制地進行競爭的商品。這些商品的交換價值，即一種商品交換另一種商品的數量的比例，幾乎完全取決於商品所費的勞動量的比例。所以，商品交換價值與其生產時所耗費的勞動量成正比，與勞動的生產率成反比。

生產商品所費勞動量增加，其價值也增加，反之則減少。**決定商品價值的勞動量不僅是直接投在商品上的勞動，並且還有協助這種勞動的器具、工具與原料等所包含的勞動。**假定製造兩種工具所需的勞動量相等，但它們的耐久性極不相等，則較為耐用的工具僅僅有一小部分價值轉移到商品中去，而較不耐用的工具卻有更大的一部分價值實現在它所協助生產出來的商品之中。所有商品，無論是工業製造品、礦產品還是土地產品，規定其交換價值的永遠不是在有利的生產條件下進行生產時已用的較小的勞動量，而是那些在最不利條件下進行生產所必須耗費的勞動量。

李嘉圖的價值學說的重要科學功績在於他堅持了勞動時間決定商品價值的原理，他排除了史密斯在商品價值規定性的問題上的二元論。並且，李嘉圖又批判了史密斯的交換價值在近代社會決定於社會三收入的觀點。他認為交換價值已分解為社會三收入，然而交換價值不是由各種收入構成的。價值是第一因素，收入是派生因素。價值可分割為工資、利潤、地租，卻不能倒過來說價值是由這三收入決定的。李嘉圖還清楚的指出，商品的價值不是由生產某商品的實際耗費掉的勞動量而是由其必要的勞動量來決定的。

分配理論

一、工資

勞動是一種商品，它和其他一切可以買賣並且可以在數量上增減的物品一樣，具有自然價格與市場價格。勞動的自然價格取決於維持勞動者及家庭所必需的生活物資的價格，它是讓勞動者大體上能夠維持生活並不增不減地延續後代所必需的價格。勞動的市場價格則是根據供需比例的自然作用實際支付給工人的工資。假如對勞動的需求增加，市場價格超過自然價格，較高的工資刺激人口增殖，就會導致勞動市場價格降到自然價格之下，工人狀況就會明顯惡化，只有在貧窮已經使勞動者人數減少或勞動需求已經增加之後，勞動市場價格才會提高到和自然價格相一致，勞動者才會得到自然工資所提供的適度消費品。

二、利潤

李嘉圖堅持在勞動價值論的基礎上來分析利潤，他認為商品價值取決於生產商品所耗費的勞動量。利潤就是活勞動創造的價值在扣除工資以後的餘額。由於工資主要取決於農產品的價格，而隨著社會發展人口增加農產品的價格有不斷上漲的趨勢，所以，**李嘉圖認為，隨著資本主義的發展，利潤率將會不斷下降。**

有人說，有時，農產品等必需品的價格上漲，既沒有導致工資的提高，也沒有引起利潤的下降，而僅僅使勞動者的生活水準有某種程度的下降。李嘉圖說，這種情況是不能持久的，很難想相當必需品的價格在此上漲時，而工資會出現跌落或不增不減的情況。總之，任何工資增加的原因都必然會使利潤降低。

有人說，由於商品供不應求，商品的市場價格可能超過其自然價格，因此，從事這種商品生產的資本就能獲得高額利潤。李嘉圖認為，出現這一情況，其結果必然吸引資本到這一行業中來，一旦資本得到了不要的供應，商品有了一定的增加以後，價格就會下落，該行業資本的利潤也將落到一般水準。可見，**某一行業的高額利潤只是暫時的現象，它不能否定一般利潤下降的傾向。**

三、地租

李嘉圖首先指出，地租是指為使用土地原有的生產力而付給地主的那一部分土地產品，其來源總是由於使用兩份等量資本和勞動而獲得的產品之間的差額。他認為，在社會發展初期或新開墾的地區，地廣人稀，肥沃的土地很多，維持當時人口需要的土地只是其中極少的一部分，這是不會有地租。所以，如果一個社會的土地數量無限，品質相同，那麼使用土地就不需要交付地租，除非它在土地的位置上有特別的便利。因此，使用土地支付地租必定是因為土地的數量有限，品質有所不同，並且由於在人口成長的過程中品質較差和位置不便利的土地也投入了耕種。**在社會發展過程中，當次等肥力的土地投入耕種時，頭等土地便有了地租。**

《資本論》

卡爾・馬克思：馬克思主義的創始人

作為資本家，他只是人格化的資本。他的靈魂就是資本的靈魂。而資本只有一種生活本能，這就是增值自身，獲取剩餘價值，用自己不變的部分即生產原物料，吮吸盡可能多的剩餘勞動。

——馬克思

卡爾・馬克思（Karl Marx，一八一八—一八八三），馬克思主義的創始人，第一國際的組織者和領導者，全世界無產階級和勞動人民的偉大導師。馬克思一八一八年五月五日誕生於普魯士萊茵省特利爾城一個猶太家庭，父親是位律師。一八三五—一八四一年，他先後在波恩大學和柏林大學學習法律，一八四一年大學畢業獲哲學博士學位。一八四二年十月至一八四三年三月，他曾任《萊茵報》主編。一八四三年秋，他遷居巴黎，與盧格合辦《德法年鑒》雜誌。這時發表的一些文章顯示，他已成為唯物主義者和共產主義者。

一八四七年，與恩格斯一起應邀參加正義者同盟，並將其改組為共產主義者同盟。同年出席共產主義者同盟第二次代表大會，受大會委託，與恩格斯一起起草了同盟綱領，這就是科學共產主義的綱領性文獻《共產黨宣言》。《共產黨宣言》的發表，標誌馬克思主義的誕生。

一八四八年法國二月革命爆發後，受同盟中央委託，在巴黎籌建新的中央委員會，並當選為同盟主席。一八四八年歐洲革命期間，在科倫創辦《新萊茵報》。革命失敗後，流亡英國倫敦。

十九世紀五六〇年代，馬克思在極端困難的條件下，完成了馬克思主義經濟理論，一八六七年發表《資本論》第一卷；第二、三卷由恩格斯於一八八五、一八九四年整理出版。

一八六四年九月國際工人協會即第一國際成立後，被選為總委員會委員。他為第一國際起草了成立宣言、臨時章程和歷居代表大會的重要文件，是第一國際的實際領袖和靈魂。一八七一年巴黎公社革命期間，馬克思寫了《法蘭西內戰》，有系統地總結了公社革命的經驗教訓，發展了無產階級革命和無產階級專政的理論。馬克思晚年受種種疾病的折磨，但仍致力於幫助各國社會主義政黨的成長。一八八三年三月十四日，這位偉大的導師病逝於英國倫敦。

馬克思的主要著作有：《共產黨宣言》、《資本論》等。

《資本論》是馬克思一生最偉大的主要理論著作，出版一百多年以來，是迄今全世界以各民族語言出版傳播最廣的理論著作之一。不僅發展中國家的人們、全世界的工人階級和勞動人民學習它的理論，而且世界上已開發國家的許多著名大學，也都開設有《資本論》的必修課。

《資本論》是一部馬克思主義政治經濟學著作，它把高度的革命性和科學性結合在一起，深刻地分析了資本主義經濟制度發展的客觀規律。《資本論》在主要揭示資本主義經濟規律的同時，還科學地揭示了人類社會普遍適用的經濟規律，比如社會化大生產的共同規律，經濟全球化與世界市場的規律，商品生產的一般規律等等。《資本論》同時還科學地預見了社會主義經濟必須遵循的某些經濟規律。馬克思在《資本論》中從商品分析出發，提出了勞動價值與剩餘價值的理論，這是馬克思的一大重要貢獻。

《資本論》共分為三卷，第一卷分析資本的生產過程；第二卷分析資本的流通過程；第三卷分析資本主義生產的總過程。它從資本主義生產方式的細胞中所包含的矛盾分析起，逐步地揭示出資本主義經濟制度內部的錯綜複雜的矛盾。它科學地說明了資本主義生產方式中生產力與生產關係之間、經濟基礎與上層建築之間矛盾的相互作用。在說明資本主義對生產力的巨大發展和對歷史進步的巨大貢獻的同時，也科學地揭示出由於資本主義固有矛盾的發展會越來越尖銳化，最終必然導致資本主義的滅亡，進而讓位於更高級的社會主義與共產主義社會。

《資本論》的基本內容

在資本主義社會裏，商品生產占統治地位，所以馬克思的分析也就從分析商品入手。商品一方面可以滿足人們的某種需要，另一方面能用來交換其他物品。物的有用性使其具有使用價值。交換價值（簡稱價值）首先是一定量的一種使用價值與一定量的另一種使用價值，相交換的關係或比例。每天的經驗都向我們顯示，這種數以億計的交換，總是使各種極不相同的互相不可比的使用價值趨於彼此相等。這些在一定社會關係內，總是能彼此相等的不同物之間，到底有什麼共同的東西呢？它們之間的共同的東西，就是它們都是勞動產品。人們透過交換產品，使各種極不相同的勞動彼此相等。

商品生產是一種社會關係體系，在這種社會關係中，各個生產者製造各種不同的產品（社會分工），而所有這些產品在交換中彼此相等。所以，一切商品的共同的東西，並不是某一生產部門的實際勞動，而是抽象的人類勞動，即一般的人類勞動。表現在全部商品價值總額中的一個社會的全部勞動力，全部是同一的人類勞動力，億萬次交換的事實都證明這一點。所以，每一單個商品所表現的只是一定額度的社會必要勞動時間。

價值的大小由社會必要勞動量決定，換句話說，是由生產某種商品即某種使用價值所消耗的社會必要勞動時間決定。價值是兩個人之間的一種被物的外殼掩蓋著的關係。只有從一定的歷史社會形態的社會生產關係來看，而且只有從表現在大量的、重複億萬次的交換現象中的關係來看，才能弄清楚什麼是價值。**作為價值，一切商品都只是一定量的凝固的勞動時間。**

馬克思仔細分析了展現在商品中的勞動雙重性以後，就進而分析價值形式與貨幣。那麼，**馬克思的主要任務是：研究貨幣價值形式的起源，研究交換發展的歷史過程——從個別的偶然的交換行為開始，直到一般價值形式，這時若干不同的商品和一種固定的商品相交換，最後到貨幣價值形式，就成為一種固定的商品，即一般等價物。**

貨幣是商品交換和商品生產發展的最高產物，它把私人勞動的社會性，把由市場聯結在一起的各個生產者之間的社會聯繫遮蔽起來，掩蓋起來。貨幣有許多職能，即：單純的商品等價物，或流通手段，或支付手段、貯藏貨幣與世界貨幣。按其中這種或那種職能的不同作用範圍和相對佔優勢的情況，表示社會生產過程的極不相同的階段。

商品生產發展到一定階段，貨幣就轉化為資本。商品流通的公式是：T（商品）——M（貨幣）——T（商品），也就是說，賣出一種商品是為了買進另一種商品。與之相反，資本的一般公式是M——T——M，也就是說，買是為了賣（帶來利潤）。**馬克思把投入周轉的貨幣的原有價值的這種增加稱作剩餘價值。**

貨幣在資本主義周轉中的這種「增值」，是人所共知的事實。正是這種「增值」使貨幣轉化為資本，轉化為一種特殊的、歷史上一定的社會生產關係。剩餘價值不能從商品流通中產生，因為商品流通只能是等價物的交換；也不能從加價中產生，因為買主與賣主相互間的盈虧會抵消，而這裏說的正是大量的、平均的、社會的現象，而不是個別的現象。**為了獲得剩餘價值，貨幣持有者就不得不在市場上發現這樣一種商品，它的使用價值本身具有成為價值泉源的特殊屬性**，它的使用過程同時也是價值的創造過程。這樣的商品是存在的，這就是人的勞動力。它的使用就是勞動，而勞動則創造價值。貨幣所有者按勞動力的價值購買勞動力，而勞動力的價值，與其他任何商品的價值一樣，是由生產勞動力所需要的社會必要勞動時間（即工人及其家屬的生活費用的價值）決定的。

貨幣所有者購買了勞動力，就有權使用勞動力，即迫使他整天勞動，比如勞動十二個小時。其實工人在六小時（「必要」勞動時間）內就創造出補償其生活費用的產品，而在其餘六小時（「剩餘」勞動時間）內則創造出資本家沒有付給報酬的「剩餘」產品或者說剩餘價值。所以，**從生產過程來看，必須把資本區分為兩部分：一部分是耗費在生產原物料（機器、勞動工具、原料等等）上面的不變資本，它的價值（一下子或一部分）不變地轉到成品上去；另一部分是耗費在勞動力上面的可變資本。**這種資本的價值不是不變的，只是在勞動過程中有所增加，創造出剩餘價值。所以，為了表示資本對勞動力的剝削程度，不應當把剩餘價值與全部資本相比，而應當把它只與可變資本相比。

資本產生的歷史前提是：首先，在一般商品生產發展到比較高的水準的情況下，某些人手裏累積了一定數量的貨幣；其次，存在雙重意義上「自由的」工人，從他們可以不受任何約束或限制地出賣勞動力來說是自由的，從他們沒有土地與任何生產原物料來說也是自由的，他們是沒有產業的工人，是只能靠出賣勞動力為生的工人「無產者」。

增加剩餘價值可以有兩種基本方法：延長工作日（「絕對剩餘價值」）與縮短必要勞動時間（「相對剩餘價值」）。馬克思在分析相對剩餘價值的生產時，考察了資本主義提高勞動生產率的三個基本歷史階段：簡單協作；分工與工廠手工業；機器與大工業。

馬克思對資本累積的分析是極其重要與新穎的。資本累積，就是把一部分剩餘價值轉化為資本，不是用它來滿足資本家的個人需要或嗜欲，而是把它投入新的生產。**馬克思認為，整個先前的古典政治經濟學（從亞當・史密斯起）的一個錯誤就在於，它認為剩餘價值在轉化為資本時全部都用作可變資本**。而實際上，剩餘價值分為生產原物料與可變資本。在資本主義發展與資本主義轉變為社會主義的過程中，不變資本部分（在全部資本中）比可變資本部分成長得快，是具有重大意義的。

資本累積加速了機器對工人的排擠，在一端造成富有，在另一端則造成貧困，因而產生所謂「勞動後備軍」，即工人的「相對過剩」或「資本主義的人口過剩」。這種過剩具有很多種形式，並使資本有非常迅速地擴大生產的可能性。這種可能性加上信用制度及生產原物料方面的資本累積，也為我們提供了理解生產過剩危機的鎖鑰，這樣的危機在資本主義國家裏總是週期性的發生，開始平均每隔十年一次，後來則間隔的時間比較長，並且比較不固定。必須把資本主義基礎上的資本累積與所謂原始累積區別開來。

原始累積是強迫勞動者與生產原物料分離，把農民從土地上趕走，然後侵佔公有地，實行殖民制度、國債制度、保護關稅制度等等。「原始累積」在一端造成「自由的」無產者，在另一端造成貨幣所有者即資本家。

馬克思曾用這樣的一段名言說明「資本主義累積的歷史趨勢」：「對直接生產者的剝奪，是用最殘酷無情的野蠻手段，在最下流、最齷齪、最卑鄙與最瘋狂的貪欲的驅使下完成的。私有者（農民與手工業者）靠自己勞動賺得的私有制，即以各個獨立勞動者與其勞動工具與勞動資料相結合為基礎的私有制，被資本主義私有制，即以剝削他人的但形式上是自由的勞動力為基礎的私有制所排擠。

現在要剝奪的已經不再是獨立經營的勞動者，而是剝削許多工人的資本家了。這種剝奪是依靠資本主義生產本身的內在規律的作用，即透過資本的集中進行的。一個資本家打倒更多的資本家。隨著這種集中或少數資本家對多數資本家的剝奪，規模不斷擴大的勞動過程的協作形式日益發展，科學日益被自覺地應用於技術方面，土地日益被有計劃地利用，勞動力日益轉化為只能共同使用的勞動力，所有生產原物料因作為結合的社會勞動的生產原物料使用而日益節省，各國人民日益被捲入世界市場，進而資本主義制度日益具有國際的性質。

隨著那些掠奪與壟斷這一轉化過程的全部利益的資本巨頭不斷減少，貧困、壓迫、奴役、退化與剝削的程度不斷加深，而由資本主義生產過程本身的機制所訓練、聯合和組織起來的工人階級的反抗也不斷增強。資本的壟斷成了和這種壟斷一起並在這種壟斷之下繁盛起來的生產方式的桎梏。生產原物料的集中和勞動的社會化，達到了與它們的資本主義外殼不能相容的地步。這個外殼很快就要被炸毀了。資本主義私有制的喪鐘就要敲響了。剝奪者就要被剝奪了。」

馬克思糾正了古典經濟學家的錯誤，將整個社會生產分成兩大部類，即：生產原物料的生產和消費品的生產，並透過他所列舉的數字例證，詳細地考察了在以原有規模再生產的情況下與在累積的情況下社會總資本的流通。馬克思在《資本論》第二卷中，對社會總資本的再生產的分析，也是極其重要和新穎的。馬克思在這裏考察的也不是個別現象，而是普遍現象；不是社會經濟的零星部分，而是整個社會經濟的總和。

《資本論》第三卷所解決的是在價值規律的基礎上形成平均利潤率的問題。馬克思把經濟科學推進了一大步，這表現在是根據普遍的經濟現象，根據社會經濟的全部總和來分析問題，利潤是剩餘價值和投入企業的全部資本之比。「有機構成高」（即不變資本超過可變資本的數額高於社會平均數）的資本所提供的利潤率，低於平均利潤率。「有機構成低」的資本所提供的利潤率，則高於平均利潤率。

資本之間的競爭，資本從一個部門自由地轉入另一個部門，會使上述兩種情況下的利潤率都趨向於平均。**一個社會的全部商品的價值總量是同商品的價格總量相符的，然而由於競爭的影響，在各**

個企業和各個生產部門內，商品卻不是按其價值，而是按等於所耗費的資本加平均利潤的生產價格出賣的。因此，價格離開價值與利潤平均化這一眾所周知的、無可爭辯的事實，就被馬克思根據價值規律充分證明了，因為全部商品的價值總量是與價格總量相符的。但是價值（社會的）變為價格（個別的），不是經過簡單的直接的途徑，而是經過極其複雜的途徑，因為很自然，在完全靠市場聯結起來的分散的商品生產者的社會中，規律性只能表現為平均的、社會的、普遍的規律性，而不同方向的個別的偏離則相互抵消。

馬克思在《資本論》第三卷中，論述高利貸資本、商業資本與貨幣資本的章節時，其中最主要的是地租理論。眾所周知，土地面積是有限的，而在資本主義國家中，土地又全被各個業主所佔有，因此農產品的生產價格不是取決於中等地的生產費用，而是取決於劣等地的生產費用。馬克思指出，激進派資產者曾在歷史上，多次提出土地國有化這一資產階級的進步要求，然而資產階級中大多數人卻害怕這個要求，因為這個要求太接近於「觸動」當代另一種特別重要和特別「敏感」的壟斷，即一般生產原物料的壟斷。

農民對自己耕種的土地的私有權，是小生產的基礎，是小生產繁榮並成為典型形態的條件。然而，這種小生產只能與狹隘的原始的生產範圍和社會範圍相容。在資本主義制度下，農民所受的剝削和工業無產階級所受的剝削，只是在形式上不同罷了。**剝削者是同一個：資本。一個個的資本家透過抵押和高利貸來剝削一個個的農民；資本家階級透過國家賦稅來剝削農民階級。**農民的小塊土地現在只是使資本家從土地上榨取利潤、利息與地租，而讓土地所有者自己隨便怎樣去賺自己的工資的一個藉口。

通常農民甚至把一部分工資交給資本主義社會，即交給資本家階級，自己卻下降到愛爾蘭佃農的地步，而這全是在私有者的名義下發生的。小塊土地所有制占統治地位的國家的穀物價格低於資本主義生產方式的國家的原因之一何在呢？在於農民把一部分剩餘產品白白交給社會（即資本家階級）。所以，這種較低的價格（糧食和其他農產品的）是生產者貧窮的結果，而決不是他們的勞動生產率的結果。

在資本主義制度下，小塊土地所有制，即小生產的標準形態，不斷衰退、毀滅、消亡。小塊土地所有制按其性質來說，排斥社會勞動生產力的發展、勞動的社會形式、資本的社會積聚、大規模的畜牧和科學的不斷擴大的應用。高利貸和稅收制度必然會到處促使這種所有制沒落。資本在土地價格上的支出，勢必會奪去用於耕種的資本。生產原物料無止境地分散，生產者本身無止境地分離，人力發生巨大的浪費。生產條件日趨惡化和生產原物料日益昂貴，是小塊土地所有制的規律。**資本主義在農業方面，也與在工業方面一樣，完全是以生產者的殉難歷史為代價來改造生產過程的。**農業工人在廣大土地上的分散，破壞了他們的反抗力量，而城市工人的集中卻增強了他們的反抗力量。

在現代的即資本主義的農業中，也和在現代的工業中一樣，勞動生產力的提高和勞動量的增大，是以勞動力本身的破壞和衰退為代價的。另外，**資本主義農業的任何進步，不僅是掠奪勞動者的技巧**

的進步，並且是掠奪土地的技巧的進步。所以，資本主義生產力發展的同時，也破壞了一切財富的泉源——土地和工人。

《資本論》被認為是一部馬克思主義的百科全書。它不只是一部政治經濟學著作，而且還是一部哲學和邏輯學著作。馬克思與恩格斯創造的唯物主義哲學和辯證邏輯，在《資本論》中達到了自我發展的高度水準。另外，《資本論》還包含著馬克思在歷史、法律、科學技術、教育、道德、宗教、文學藝術等領域閃爍著天才火花的思想，它在各方面都蘊含著有待我們進一步挖掘的瑰寶。馬克思以《資本論》的成就，證明了他是「無產者鬥爭的象徵和領袖」。

《資本論》還是一部偉大的科學社會主義著作，馬克思揭示了人類社會與資本主義社會的客觀發展規律，使之成為全世界工人階級和勞動人民革命鬥爭的銳利武器。

貨幣在資本主義周轉中的這種「增值」，是人所共知的事實。正是這種「增值」使貨幣轉化為資本，轉化為一種特殊的、歷史上一定的社會生產關係。

《經濟學原理》

阿爾弗雷德・馬歇爾：新古典經濟學派的創始人

只要財富是用在每個家庭的生活和文化上，並且用在許多高尚形式的娛樂活動上，對財富的追求目的是高尚的，而這種追求所帶來的愉快，就可隨著我們用財富所促進的那些高尚活動之成長而加大。

——馬歇爾

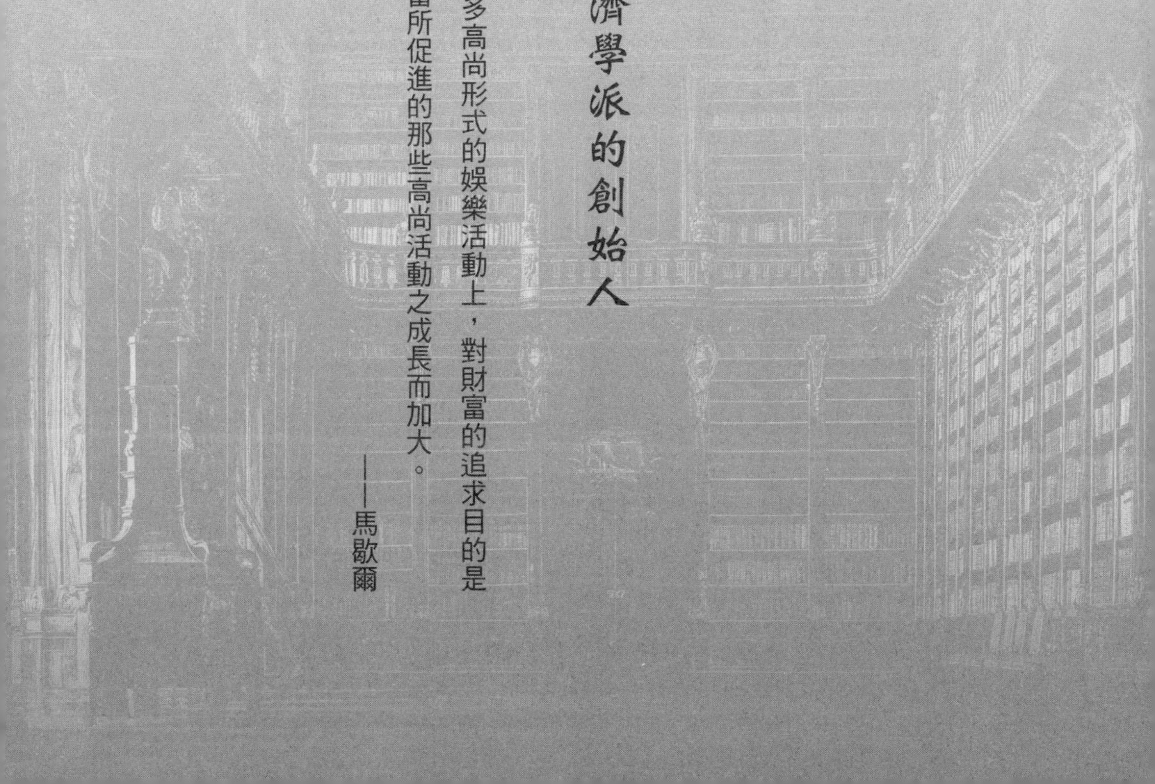

阿爾弗雷德・馬歇爾（Alfred Marshall，一八四二—一九二四），近代英國著名的經濟學家，新古典經濟學派的創始人，十九世紀末二十世紀初英國經濟學界最重要的人物之一。一八八三年，馬歇爾任教於牛津大學。從一八六八年起，馬歇爾開始致力於經濟學的教學與研究。一八八四—一九〇八年，任劍橋大學經濟學教授。他的高足庇古和凱恩斯都曾在劍橋任教，所以以他為核心的學派又叫劍橋學派。一九〇八年，馬歇爾退休後繼續在劍橋從事研究和寫作。

馬歇爾對整個現代經濟學研究的奠基性與開創性貢獻是無人能及的，這似乎有點像牛頓在物理學中的角色。他經歷了從古典經濟到新古典經濟的轉折，創立了經典的新古典經濟學派。從十九世紀末起至二十世紀三〇年代，新古典經濟學一直被西方經濟學界奉為典範，以至於有人認為馬歇爾是現代經濟學之父。

馬歇爾實現了經濟學從古典的政治經濟學向現代經濟學的轉型，綜合了古典經濟學派李嘉圖、馬克思的勞動價值論，奧地利學派及英國邊際主義者主張的效用價值論，並用供給曲線與需求曲線的相互作用來調和以上兩種理論，建立起了此後經濟學最基本的也是最通行的供給理論——需求分析方式。

一八九〇年，馬歇爾出版了巨著《經濟學原理》。該書在其有生之年，共出了八版，至今仍為理論經濟學的經典文獻。

馬歇爾的著作很多，主要有：《工業經濟學》、《經濟學原理》、《工業經濟學綱要》、《工業與貿易》等。其中，《經濟學原理》是他的主要代表作。

馬歇爾的經濟學說集十九世紀上半葉至十九世紀末經濟學理論之大成，並形成自身獨特的理論體系與方法，對現代西方經濟學的發展有著深遠的影響。馬歇爾經濟學說的核心是「均衡價格論」，而《經濟學原理》正是對均衡價格論的論證和引申。他認為，市場價格取決於供、需雙方的力量均衡，猶如剪刀的兩翼，是同時產生作用的。

《經濟學原理》一書的主要成就，在於建立了靜態經濟學。作為非常有才華的數學家之一，馬歇爾在他的著作裏力求用最簡潔的語言來表達思想，把數學的定量材料僅僅作為附錄和註腳。他開創了邊際效用理論，但是，在未把該理論完全納入他的體系之前，並未公開這一創見。下面是《經濟學原理》的主要內容。

均衡價格理論

馬歇爾把牛頓力學中的均衡概念，應用到政治經濟學中來，提出了「均衡價格論」。均衡價格論不僅是馬歇爾經濟學說的核心，而且是當代微觀經濟學的理論核心。均衡價格論的建立有極其深遠的影響，在某種意義上，它標誌著經濟學由「古典」向「新古典」的最終轉變。並且，它確立了均衡概念在經濟學分析中的核心地位，這就等於確立了價格機制在經濟運行與資源配置中的中心地位，即價格的變動反映了商品稀缺程度的變化並進一步調節著供需水準使其最終達到平衡。

什麼是均衡價格呢？馬歇爾認為，商品的供給和需求處於均衡狀態時所形成的價格，就是均衡價格，它是由需求曲線與供給曲線直接決定的。均衡價格就是需求曲線與供給曲線交叉點所決定的價格。當供需均衡時，一個單位時間內所生產的商品量可以稱作均衡產量，它的售價就是均衡價格。顯然，馬歇爾的均衡價格論實質上就是供需論，即用供需關係來說明價格的決定。但是，**馬歇爾的均衡價格論並不僅僅局限於供需決定論，他在解釋需求變動與供給變動時，又引進了邊際效用論和生產費用論。**

馬歇爾認為，價格與供需是相互作用的連鎖關係，價格會影響供需，供需也會影響到價格。他的論證是這樣的：假設價格水準一定，如果需求大於供給，價格則會上升到當前價格以上，生產也會隨之增加。

與之相反，假如需求少於供給，那麼價格就要降到當前價格以下，生產也會因之減少。他從這種相互關係出發，分析了供給、需求與價格的函數關係。按照馬歇爾的分析，這種函數關係是：需求表現為自左向右向下傾斜的曲線，它隨價格的上升而遞減。它之所以會遞減，主要是因為效用是遞減的，隨著價格的下降，供應商認為投資該商品無利可圖，於是紛紛退出，進而導致價格與產量成反比成長；與之相反，供給則表現為自左向右向上傾斜的曲線，它隨價格的上漲而上升，它之所以會上升則是因為隨著價格的上漲，供應商會加大對該商品的投入，使得產量增加，進而使價格和產量成正比成長。**商品的價格經過供給與需求的種種變動，當供給與需求處於均衡狀態時，即供給曲線和需求曲線相交時，就形成了均衡價格。**換句話說，某種商品的供給曲線和需求曲線相交之點，即是該商品的均衡價格（由縱坐標表示）與均衡產銷量（由橫坐標表示），這個產量點表示在均衡價格下生產者願意供應的數量恰好等於消費者願意買進的數量。

馬歇爾在論證均衡價格決定與形成的基礎上，又論證了需求價格和供給價格。他認為，商品的需求有需求價格，供給有供給價格，而商品的均衡價格，就是需求價格與供給價格相等時的價格。**所謂需求價格，就是消費者為購買一定量的商品所願意支付的價格，它是由邊際效用決定的。價格越高，購買者就越少，銷售量就越小；與之相反，價格越低，購買者越多，銷售量就越大。**他以一個人買茶葉為例，假如每磅五十便士，他只想買六磅；假如每磅三十三便士，他就想買八磅；假如每磅二十四便士，他就想買十磅；假如每磅降到十七便士時，他就想買十三磅。如果我們以縱坐標代表價格，橫坐標代表商品數量，就能畫出一條代表個人對茶葉需求的需求曲線。在大的市場中，個人活動的多樣性和易變性在多數人的比較有規律的活動中抵消了。市場上一種商品的總的需求情況就能用與個人需求曲線相似的曲線來顯示。

所謂供給價格就是供應商對自己提供一定數量商品時所願意接受的價格，它是由生產成本決定的。供給主要決定於人們克服邊際反效用的心理，邊際反效用可分為兩類：第一類是從事勞動帶來的疲勞；第二類是延遲消費進而為提供資本財富所做出的犧牲。所以這兩種犧牲就是為了生產一定數量的商品而做出的生產成本。**生產的一般規律就是：當預期商品出售的價格小於生產成本時，生產會減少；當預期商品出售的價格大於生產成本時，生產會增大。由此可以做出該商品的供給曲線。**

馬歇爾的均衡價格論不僅對當時的資產階級經濟學有著巨大的影響，對後來的資產階級經濟學的影響也是很深遠的。它成為當代西方微觀經濟學的核心理論。

經濟學的對象

經濟科學的研究內容乃至它的命名，是在《經濟學原理》問世後有所改變的。**馬歇爾認為，經濟學不只是一門研究財富的學問，也是一門研究人的學問，主要研究影響人類日常生活事務方面最有利、最堅定的那些動機和阻力。**馬歇爾改變傳統思路，不再像古典經濟學家那樣，僅僅重視對生產的研究，而把研究的重心轉向了消費、需求以及資源的優化配置上，並且認為商品的價值不是取決於商品中所包含的勞動量，而是取決於人們對商品效用的主觀評價。這一轉變逐漸使經濟學由一門主要研究整個國家怎樣致富的學問，轉變為主要研究個別消費者行為、個別廠商行為以及這兩方面行為對價值價格決定機制的學問。「經濟學」一詞也正式取代「政治經濟學」，而被廣大西方經濟學者所接受。

在馬歇爾那裏，經濟學所要解決的問題，是怎樣更為有效地提供種類繁多的物品和勞務，以滿足人們多種多樣的欲望，讓人類過得更快活。經濟學比其他社會科學的有利之處是，它研究的人類的欲望與人類的情感可以表現為一種外在的財富力量，而這種力量是可以用貨幣來間接地估計和衡量的。

財富就是能直接或間接地滿足人類欲望的東西，價值的概念和財富的概念是密切相關的。一件物品的

價值就是交換價值，它表示某一地點與時間的兩樣東西之間的關係，所有物品的價格都是用貨幣來表示的交換價值。

經濟學「理性」的涵義就是「極大化原則」（也能表示為「極小化原則」），這是馬歇爾《經濟學原理》所做的貢獻。它承接了英國倫理學家邊沁有關「幸福與痛苦」的功利主義道德哲學，並且引進了實證主義的「行為」概念。個體對幸福最大化的追求，或等價地追求最小化的「痛苦」，導致形式邏輯上的「極大化原則」。這個原則要求「理性選擇」將幸福擴大到「邊際」平衡的程度：個體為使「幸福」增進一個邊際量所必須付出的努力，相當於這一努力所帶來的痛苦。**在馬歇爾看來，決定人類行為的最基本和最持久的力量是經濟的和宗教的。**只是，這一看法好像已經被現代經濟學遺忘了。

在精神與道德的領域內人可以產生新的思想，然而，物質的東西是不能創造的。通常說的某人在生產物質的東西，實際上他是在生產效用而已，他的努力與犧牲只是改變了物質的形態或排列，使物品能較好地適合於人們欲望的滿足。消費可以被看作是負的生產，人所能消費的不是物品本身而只是效用而已。消費和生產，或者說供需條件在決定價值時是同樣重要的。**消費是欲望的滿足，而生產是為滿足欲望而做出的努力，兩者互為補充，缺一不可。馬歇爾認為，經濟學的工作是從收集、整理和解釋事實中得出結論。**因此，歸納和演繹都是不可缺少的研究方法。在他看來，經濟規律就是經濟傾向的敘述。他還特別提醒人們注意，假設的因素在經濟規律中特別顯著。

國民收益的分配

馬歇爾的《經濟學原理》主要是以完全競爭和充分就業的假設為先決條件，從需求與供給的角度，把市場價格作為基本的資訊載體和傳導機制，以市場配置資源的方式對物品與勞務進行供給和分配以及報酬。

馬歇爾的分配理論實質上是把「三位一體的公式」，擴大為「四位一體的公式」，即勞動——工資，土地——地租，資本——利息與組織——利潤，即把利潤歸結為管理收益。

一、勞動

每一種勞動的供給價格取決於培養、訓練與保持有效率的勞動精力所用的成本。每一種勞動的供給價格與由勞動邊際生產力決定的需求價格共同決定勞動的正常的工資率。**一般資本和一般勞動在創造國民收益上是相互合作的，如同紡工和織工的合作一樣重要，並按照它們各自的邊際效率從國民收益中抽取報酬。**

二、資本

馬歇爾認為，純利息是延期滿足消費的補償，純利息加上投資風險就是毛利息。資本的生產與供給主要來自儲蓄，而人們的儲蓄能力要由收入超過必要支出的部分來決定。財富累積一般是消費的延期或等待的結果。然而，絕大多數的人喜歡現在的滿足，而不喜歡延期的滿足。**在資本市場上，對資本的需求總量恰好等於資本的供給總量時的利息率，稱為均衡利息率。**

三、土地

在馬歇爾看來，「土地」這個術語廣指一切自然力量，其基本屬性是它的廣袤性。**土地沒有生產成本，也就沒有供給價格。**地租只受土地需求的影響，因而取決於土地的邊際生產力。馬歇爾在報酬遞減規律中指出，在同一土地上，不斷投入資本與勞動，農產品的總產量會不斷增加，且邊際產量將不斷遞減。地租就是總產量超過邊際產量的餘額構成的生產者剩餘。

四、組織

馬歇爾指出，工業組織的有效的首要條件是使每個受雇者擔任最合適的工作，並供以最好的機械和其他工具。企業家既須具有自己行業中的物的透徹知識，又須是人的天生領導者，經營才能是組織要素得以發揮作用的重大手段。**企業家的收益是他提供的管理和組織的報酬，即企業家因運用資本的**

經營能力而應得的部分。運用資本的經營能力由三個因素構成：第一，資本的供給；第二，使用資本的經營能力的供給；第三，一定的組織形式，即透過組織把前兩個因素結合起來，進而使生產得以進行。

對三個因素的報酬是：這三個因素中的第一個因素的價格稱為利息；對單獨第二個因素的價格可稱為純經營收入，而對第二與第三個因素合在一起的價格可稱為總經營收入。很顯然，按照馬歇爾的看法，企業家賺取的收益在扣除利息之後所剩的餘額就是利潤，即企業家組織和管理企業以及承擔風險的收入。至於利潤決定的方法，馬歇爾依然用供需均衡原理加以說明。他認為，正像勞動的需求和供給決定工資的多少一樣，企業組織管理能力的需求和供給決定利潤的大小。由於管理人才應具備天賦和需經過特殊的訓練，同特種技術工人一樣，管理人員應取得較高的報酬。他說，工作上所需要的那種稀有的天賦才能與用費浩大的特殊訓練，對管理上的正常報酬的影響和對熟練工人的正常工資的影響如出一轍。

外部經濟與內部經濟

馬歇爾在薩伊的生產三要素即勞動、資本與土地的理論之上，增加了第四要素——工業組織，進而在西方產業組織理論發展史上，首次提出了產業組織的概念。馬歇爾之所以把「組織」作為生產的第四要素，是因為他觸及了「規模經濟」的問題。**馬歇爾認為，規模經濟是與工業組織直接相關的。馬歇爾在探討規模經濟發生的原因時，提出了著名的「馬歇爾衝突」**。自此，怎樣相容自由競爭和規模經濟，就成為產業組織理論研究的基本問題之一。

圍繞規模經濟發生的原因，馬歇爾在產業組織理論中首次提出內部經濟與外部經濟兩個概念。他在《經濟學原理》中指出，**我們可把因任何一種產品的生產規模的擴大而發生的經濟活動分為兩類：內部經濟和外部經濟。內部經濟是有賴於某產業的個別企業本身資源、組織和經營效率所帶來的經濟，它取決於產業的一般發展；外部經濟是有賴於該產業的一般發達所造成的經濟，它取決於從事工商業的單個企業的資源、它們的組織以及它們的管理效率**。有關「內部經濟」就是指內部規模經濟。馬歇爾認為，它的發生主要有以下四點原因：

第一，專門機械的使用與改良。馬歇爾認為廠商在人類精神推動力的吸引和競爭環境的巨大壓力下，對反覆出現的工具與操作不斷進行改良，進而出現機械化與標準化生產，由此降低產品的單位成本。

第二，採購和銷售的經濟。馬歇爾提出大規模生產有利於原材料和銷售費用的減少，使得產業更加集中，規模效益更加明顯。

第三，技術的經濟。馬歇爾認為，分工與專業化的發展，讓人們能夠較容易地從事技術創新。另外，由於分工與專業化使得勞動者的操作越發趨向簡單和單調的重複，為採用大型化、高效率的專用設備創造了條件。

第四，企業經營管理工作的進一步劃分。大規模生產使得企業經營管理進一步專業化，這樣能降低企業管理工作的複雜程度，進而提高企業的效率。

所謂「外部經濟」，就是指外部規模經濟。在馬歇爾看來，它是指某一經濟行為者帶來的、他自己又無法佔有的利益，這一利益為其他人所獲得。尤其是隨著整個產業的成長，使這種經濟往往能因許多性質相似的小型企業集中在特定的地方（即通常所說的工業地區分佈）而獲得。

馬歇爾認為，地區專業化的經濟性表現在以下方面：可以利用具有比較優勢的自然資源、地理資源與人力資源；可以共用社會生產條件，即基礎設施，減少對基礎設施要求的複雜性，進而節約建設基礎設施的費用；可以形成較為高效率的地方勞動力市場；可以共用輔助行業提供的專門服務；有利於專業技術的傳播和擴散。

因此，馬歇爾認為，外部經濟既是導致個別廠商成本下降的原因，也是整個產業成長的結果。

馬歇爾還進一步探討了內部經濟和外部經濟的關係。馬歇爾認為，不斷形成和發展的經濟，對於單個廠商來說，雖然是外部經濟，但是，對某一個產業或某個產業集團來說，則都是內部經濟，甚至對於小廠商來說也是適用的，因為把全部具有相同性質的中小廠商集合在一定的「工業區」內，而且對生產過程中各個階段進行專業化的分工，就實現了作為巨型企業特徵的規模經濟生產。這樣，外部經濟向內部經濟的動態轉化，就使得所有的製造產業都表現為規模效益遞增，產品單位成本不斷下降，市場佔有率不斷提高，其結果必然導致市場結構中的壟斷因素增強，而壟斷的形成又必然阻礙競爭機制在資源合理分配上所發揮的作用，使經濟喪失活力，進而扼殺自由競爭。所以，**規模效益遞增與自由競爭是不可相容的，二者的衝突就是規模經濟與自由競爭的矛盾，這就是西方產業組織理論中著名的「馬歇爾衝突」**。

馬歇爾試圖調和二者之間的矛盾：一方面，他宣稱所有產業都顯示出規模效益遞增；另一方面，他又不願意放棄競爭。馬歇爾也曾試圖使規模經濟和完全競爭在三個不同的管道上協調起來：第一，部分規模經濟對於廠商來講是外在的；第二，規模效益遞增是動態現象，而且很久才反映出它的全部影響，並強調有能力的企業家終究是要逝世的，因此一個企業不可能長期處於第一流的管理之下；第三，運輸成本在某些產業中成長非常迅速，以至於限制了各個廠商的市場區域。

很顯然，「馬歇爾衝突」既是古典經濟學理論內在矛盾發展的必然結果，又是現實經濟中壟斷和競爭之間矛盾在理論上的反映。

《福利經濟學》

亞瑟・賽西爾・庇古：舊福利經濟學創始人

如果企業在私利的引導下，使得投資配置與最大國民淨生產之間出現差異，那麼，政府就有權對此進行干預。

——庇古

亞瑟・賽西爾・庇古（Arthur Cecil Pigou，一八七七—一九五九），英國著名經濟學家，舊福利經濟學創始人，劍橋學派的主要代表之一，一八七七年出生於英國一個軍人家庭。庇古在劍橋讀書時，最初選擇的是歷史專業，後來，受馬歇爾的影響，轉學經濟學。畢業後，庇古留在劍橋任教，從三十一歲起，接替馬歇爾任劍橋大學政治經濟學教授，他被認為是劍橋學派領袖馬歇爾的繼承人，「凱恩斯革命」前，最後一個有影響力的劍橋學派正統人物和主要代表。

此外，庇古還擔任過英國皇家科學院院士、國際經濟學會名譽會長、英國通貨外匯委員以及英國所得稅委員會委員等職務。

庇古關於貨幣和國民收入的理論，屬於「古典」理論的範疇。雖然這一理論後來被別的理論取代了，但庇古在「庇古效應」理論機制中所提到的充分就業理論（在未達到充分就業的條件下，價格下降會增加人們所持有的貨幣餘額的價值，進而會引起對商品需求的增加，並最終導致就業的增加），在凱恩斯的理論中也有相似的內容。該機制的意義，即使在今天仍是一個有爭議的話題。

庇古的主要著作有：《福利經濟學》、《財富與福利》、《論失業問題》、《實用經濟學文集》、《產業波動》、《失業論》、《靜態經濟學》、《對充分就業的偏離》等。

《福利經濟學》是庇古最重要的一部著作，也是西方福利經濟學的第一部代表作，因此，庇古被後人推崇為「福利經濟學之父」，成為福利經濟學的創始人。

在本書中，庇古用分門別類的處理方法和細緻瑣碎的邏輯推理，從經濟福利的角度出發，重點考察了在什麼條件下私人產品和社會產品會發生差異，進而妨礙國民淨生產的增加，在此基礎上，庇古提出了運用徵稅和津貼及國家干預等措施，對這一情況加以矯正。庇古對邊際私人成本和邊際社會成本所作的區分，為後來發展起來的經濟學「外部性理論」，打下了堅實的基礎，而他提出的用於消除外部性的經濟措施，也被後人稱為「庇古式稅收」。

與帕累托的序數效用論不同，在書中，庇古堅持以效用在不同人之間的可比性作為判斷福利增減及政策優劣的依據。同時，他用「邊際效用遞減規律」，論證了財富是如何從富人向窮人轉移的，進而論證了在不影響效率的前提下，實行收入分配均等化的合理性，並認為這種做法有利於社會總福利的增加。

庇古的整個分析，是建立在基數效用論的基礎之上的，因此，他的理論屬於經濟學說史上的「舊福利經濟學」派。但是，不可否認，該書曾對福利經濟學的創立和發展產生過重大的影響。以下，我們將對本書的主要內容做一個簡單的概括。

福利經濟學的對象、範圍、性質和方法

在庇古看來，一切社會科學研究的主要目的，都是如何改善社會狀況，經濟學尤其如此。**經濟學是一門研究人類一般經濟生活的學問，因此，它應致力於尋求一種方便的測定社會福利改善程度的方法。**但福利是個寬泛的東西，為了避免將時間與精力浪費在那些不重要的內容上，有必要先建立以下兩個命題：

第一，福利的實質（基本要素）是一種意識狀態，或意識的關係狀態；

第二，福利可以分為廣義福利和狹義福利。其中，廣義福利因涉及到影響福利的一切有關因素，使得考察很難進行下去，因此，福利經濟學轉向了對狹義福利的研究，即研究可以用貨幣直接或間接測量的那部分內容。狹義福利也稱為「經濟福利」，它構成了福利經濟學的研究對象和範圍。

福利經濟學研究的最終目的，是考慮影響經濟福利的各種重要因素，在總體上對廣義福利的影響。由於經濟福利僅僅是廣義福利的一部分，因此，適合於經濟福利的方法不一定對廣義福利有效，即用貨幣衡量的經濟福利成長，可能會引起總福利的下降。如果按照這樣的方法進行研究，仍然會困難重重，為了解決這一問題，庇古在書中假定：凡對經濟福利有利的效應，一般來說，對總福利也是有利的。有了這一假設，關於經濟福利乃至廣義福利的知識，都可以透過福利經濟學獲得。儘管在目前，經濟福利的意義很有限，但它對福利經濟學的發展仍產生了非常重要的影響。

從本質上來說，**經濟學是一門研究「是什麼」和「會是什麼」的實證科學，而不是研究「應該是什麼」的規範科學**。即便這樣，也不應把經濟學僅僅限制於一般化的實證研究，而應使理論儘量地與實際應用相聯繫。

純實證經濟學，只研究在任何一組動機力的支配下，可能達成的均衡以及對均衡的擾動因素，而對於力的值到底是什麼的問題，純實證經濟學則不作解釋。在這裏，力只是普通人的一般動機，這就是經濟學中對「經濟人」的處理方法。與此相反，福利經濟學是一門實用經濟學，在研究過程中，應致力於對實際的現實世界作研究，而不是研究那些一般化的可能的制度。

由於福利經濟學的目的和性質，它在研究的方法上不能僅僅「描述」觀察到的客觀事實，而應該對這些事實做出預測，加以指導，這是任何一個福利經濟學者必須具備的能力。

福利經濟學者要能夠對事實進行綜合的推理，並找出隱蔽在事實內部的一般規律。要做到這一點，不僅要具備進行品質分析的能力，還要具備數量分析的能力。可惜，經濟學至今尚缺乏此種能力，究其原因，有以下三點：

首先，有待決定的相互關係太複雜；

其次，經濟學的分析工具，好多是從其他學科中借用的，因此，這些工具很難完全適應於經濟學本身；

最後，因研究對象的特殊性，在研究前，即使假定有關情況不變，但是，在現實中，這些條件仍然是在不斷變化的，這就給研究帶來了諸多不便。例如，在物理學中，我們可以精確地計算出萬有引力的數值，並且這一數值在任何時間任何情況下都是不變的，而對於經濟學上的供需彈性之類的常數，因為它們會隨著人類的意識和行為的變化而變化，所以，即便當時我們進行過怎樣的測量和考察，也只能得出關於這一現象的某些規律，至於精確地計算出它們的數值，是完全不可能的。

目前，經濟學在對某些事物的基本規律及其一些特殊條件對這些基本規律的影響進行研究時，還無法用精確的數值來表達，因此，經濟學幾乎總是用不確定的語調在講話。

福利與國民淨生產

本書的研究對象，是經濟福利。從定義可以看出，經濟福利是可以直接或間接用貨幣衡量的那部分社會福利，但嚴格地說，貨幣和福利需要藉助於效用和滿足才能聯結起來。

作為一種意識狀態，福利可以用「滿足」或「不滿足」來表示，但是，當人們購買一種東西時，並不能從支付的貨幣中直接測出自己是否得到了滿足。透過貨幣，人們只能測量出自己對所要購買的物品的效用強度而已，並且，效用強度並不總是與實現效用所產生的滿足成正比關係。因此，當一個人用一定數目的貨幣購買能給他帶來滿足的兩種東西時，只有當他對這兩樣東西的效用強度之比正好等於這兩樣東西能給他帶來的滿足量之比時，他才能獲得最大經濟福利。正是透過這樣的方式，貨幣與經濟福利的測量聯結了起來。

透過對現實生活中影響經濟福利的多種因素的深入考察，庇古發現，在一般情況下，這些因素都是直接透過國民淨生產的形式，對經濟福利產生影響的。**所謂國民淨生產，是指能帶來經濟滿足的最終生產和最終服務的總和，它可以用貨幣來測量，成為國民總收入的一部分。**透過這種方式，就使得經濟福利與國民淨生產這兩個概念，在內容上聯結了起來，對經濟福利的測量，就可以轉化為對國民淨生產的測量，我們知道，國民淨生產是可以測量的。

在一定時期內，社會會生產出很多的最終產品，比如商品、勞務或者服務，那麼，在這些最終產品中，究竟哪些應該包括在國民淨生產之中？並且，我們應該用什麼樣的方法對國民淨產值進行測量，使之能夠最好地符合用貨幣測量經濟福利的要求？對於這些問題，迄今尚無定論。但是，對國民淨產值的測量方法，一般有如下兩種：

第一，按一年中社會生產出的商品和勞務的流量來計算，此法所測量的，並非是已經實現的國民淨生產，而是可能會實現的國民淨生產。馬歇爾採用的就是這種方法；

第二，按一年中社會消費掉的商品和勞務流量計算，此法所測量的，是已實現的可消費商品的國民收入。費雪就一直採用這種方法。

這兩種方法在計算上，相差了一個儲蓄項目，所以，它們在總量上是不相等的。至於採用哪一種方法更為簡便，應該根據實際的情況而定。有一點是可以肯定的，那就是，國民淨生產是一種「淨產出」，因此，當計算了最終產品的價值後，就不應該重複計算中間產品的價值了。大體上來說，國民淨生產的價值總量，應該與一國的貨幣收入相等。

作為馬歇爾的得意門生，庇古在本書中採用了自己的導師所使用的方法，即按英國稅收專員的實用方法，將國民淨生產定義為人們用貨幣收入購買的所有東西。

雖然一國的經濟福利的大小與國民淨產值的大小有關，但是，當國民淨生產的產出規模發生變動時，卻很難據此判斷出它對一國經濟福利到底產生了多大的影響。之所以會產生這樣的困難，是因為，國民淨生產的規模變動一般是由商品的構成比重的變化引起的，而變動前後的兩個實物指標沒有什麼可比性，所以就很難判定出究竟哪一種商品能帶來更大的福利。

另外，國民淨生產分配的變動對經濟福利產生非常重要的影響，因此，想要研究經濟福利，必須得先研究國民淨生產分配的變動。

如果國民淨生產增加了，而窮人的分配額度卻減少了，那麼，這種增加引起了經濟福利的減少。反之，若把收入從富人轉移給窮人，社會的產品和勞務的構成將發生如下變化：奢侈品生產將讓位於必需品生產，美酒將讓位於肉類和麵包。只有當收入分配作如此變動時，社會的經濟福利才會得到增加。

之所以會這樣，是因為，**任何人在任何時期享受的經濟福利，都依存於他所消費的收入而非他所得到的收入**。我們知道，人們為了維持生存而必須的基本消費是很有限的，因此，一個人越富，他的消費支出在總支出中所占的比重就會越小，如果他的總收入是窮人的二十倍，其消費可能只有窮人的五倍大。因此，如果把富人的部分收入轉移給窮人，那麼，窮人增加的滿足強度，必會大於富人減少的滿足程度，從總體上來看，社會的經濟福利是得到了提高了。

根據「效用遞減規律」，我們可以知道，任何能增加窮人收入絕對額度的措施，只要它不會使國民淨生產總量減少，一般來說必會增加整個社會的經濟福利。

此外，富人和窮人所接受的教育和生活環境的不同，也會使他們在消費同一筆收入時，產生不同的滿足感。當然，這些只是特例，它並不妨礙我們得出一般性的結論：減少收入分配的不平等，必會增加社會的經濟福利。

資源配置與國民淨生產

在影響國民淨生產的形成和使用的諸多因素中，最重要的因素是一國生產資源在不同部門使用中的配置。因此，在這一部分，庇古將重點轉移到研究：在現存的法律制度下，若讓私利驅使下的經濟行為自由發展，則它所生產出來的最大國民淨產值能在多大程度上被最佳地配置給民眾；對於這種「自發」經濟傾向的內在缺陷，國家透過採取措施能在多大程度上對之進行改善，以實現資源的最佳配置。這是因為，政府對經濟活動加以適當的控制，對改善經濟福利以及國民總福利來說，都是很有利的。

為了更好地說明這一問題，庇古先給出了「邊際社會淨生產」的定義。所謂邊際社會淨生產，是指在一定時期內（通常為一年）一定數量的資源被合理使用時，追加某邊際增量後所引起的從社會角度來看的總產品的增加量，因此，邊際社會淨生產是一個流量的概念。所謂「從社會角度來看」，是指增加的物質淨生產，在其形成和使用中對其他經濟主體造成的各種有利或不利的間接影響，也就是說它所帶來的外部經濟性。

比如，因火車煙囪噴出煙火而燒毀的鐵路沿線的林木，雖無需鐵路公司賠償，但在國家計算鐵路運輸的邊際社會淨生產時，卻應作為損失而包括進去。透過這種方式計算出來的邊際社會淨生產的數量，再乘以單位售價，即為「邊際社會淨產值」。因此，邊際社會淨產值是用來測定要使一個社會達到一定的經濟滿足，需要多少的貨幣。

假定一個社會只有一種資源，且不計資源的轉移成本，則透過證明可知，當該資源被用於各種用途，並且每一用途的邊際社會淨產值都相等時，那麼國民淨生產就達到了最佳的配置狀態。這是因為，當把資源從任何邊際社會淨產值較小的用途，轉移到邊際社會淨產值較大用途上去時，都會使國民淨生產增加，把這一結論應用於多種資源多種用途的配置時，也是成立的。

當然，在實際中，資源的轉移是需要成本的，因此，當把一種資源轉移到新用途上去時，獲得的額外收益應該減去資源轉移成本，餘額才是增加的社會淨產值。對於那些用途較多的資源，改變配置會增加社會的淨產值，而對於那些用途較少的資源，改變配置會減少社會淨產值，那麼，從總體上來看，社會淨產值究竟是增多了還是減少了，目前還很難給出一個確切的答案。不過，在這裏，庇古畢竟為我們提出了一個資源配置極大化的理論標準。

在生產技術條件得到改善時，有些產品會出現規模報酬遞增的現象，或者當需求大於供給時，產品的價格就會被抬升。在這些情況下，人們會對那些遵循邊際報酬遞減規律的產品制定出不同的生產方案，其中，會有幾種資源配置方案使各邊際社會淨產值相等，而每種配置方案都代表著一個社會淨產值的極大點，但在這些極大點中間，總有一個最大點，這一點就代表著最大的國民淨生產。

對於那些在自由競爭條件下經營的私人投資者，他們追求私利的行為是否存在著一種自然的傾向，這種傾向使得他們的行為與資源配置極大化的標準相一致。關於這一問題，庇古假定：**資源在任何時刻被用於任何用途，都傾向於要求與其邊際淨產值相同的單位報酬率；市場處於完全競爭的狀態之下；不管是從私人投資者角度來看還是從社會角度來看，一單位的投資報酬率都是相同的。**在這些假定的條件下，人們受利益的驅使，必然會將資源投置於那些能帶來最大收益的使用途徑上，那麼，隨著資源在這些有限途徑上的投放數量的不斷增加，資源分配最終會達到各種用途中的收益全部相等的極大化狀態。如果考慮到資源轉移的成本時，那麼，改變資源配置所增加的價值，應該與轉移成本相等。由此，我們可以知道，這一自發傾向能使國民淨生產達到最大化。

然而，在現實中，由於存在著種種障礙以及突發事件，使得各種自發形成的經濟機制，都不能使國民淨生產達到極大值，其中，也包括完全競爭在內。

例如，在資訊不完全的情況下，生產者就會做出錯誤的預測，進而使資源的配置無法達到最優化。這是因為，受一些不正確或片面的資訊的影響，生產者會對投資的收益估計得過高或過低，進而導致資源配置的不合理或者增加不必要的資源轉移成本。

造成這種資訊不完全的原因有兩種，第一是客觀的原因，即人們很難也決不可能對未來做出充分的把握，第二是主觀的原因，在自由競爭的條件下，私有企業會對自己的利潤採取保密原則，使得企業在進行資源配置時，沒有合理而充分的依據。

對經濟問題的純數學處理，總是先假定資源是可以被無限劃分的，在這一假設下，只要存在有利可圖的機會，各種要素都能以足夠小的單位與其他要素相分離進行轉移，使各種報酬完全相等。然而，在現實中，這一情況是不存在的，這是因為：首先，要素有時候受單位不可無限細分的限制；其次，不同要素必須按固定比例才能生產，若其中一種要素在各種用途上的報酬已經相等，那麼，與之配合的另一種要素的配置就可能無法做到處處報酬相等。

還有一個問題值得我們注意，那就是一單位的投資所產生的報酬，會由於外部性的存在，進而使得從私人角度和社會角度來看是不相同的。

在上邊的例子中，在鐵路公司看來，燒毀沿線林木的代價不作為火車運行的成本，但從社會角度看，這種損失應該從鐵路公司所創造的淨生產中扣除掉。我們知道，所謂的邊際社會淨生產，是指一單位投資對國民淨生產所做的總貢獻，而邊際私人淨生產，是指一單位投資所產生的淨生產中，能為私人獲取的部分。

顯然，工業家們感興趣的，並不是社會淨生產而是私人淨生產。因此，**受私利的驅使，工業家們會只考慮邊際私人淨生產，而不去管邊際社會淨生產**。當然，如果工業家的經營能產生外部經濟性，那麼，邊際社會淨生產會大於邊際私人淨生產，對國家當然是有利的。但是，如果像上邊的例子，工業家的經營產生了外部的不經濟，邊際私人淨生產就會大大地小於邊際社會淨生產，就會極大地阻礙國民淨生產的極大化。

在完全競爭的條件下之所以會發生上述事例，是因為經營者進行的任何活動，都會直接或間接地對外界產生影響，也就是會造成外部的經濟與不經濟。比如在城市中建造一座花園，就會使附近的居民感到賞心悅目，這就是外部的經濟性，而如果在擁擠的地方建造一座高樓，就會影響附近居民的採光，也就造成了外部的不經濟性。

從生產角度看，在完全競爭的條件下，不同的規模報酬條件亦會造成產出的社會淨產值與私人淨產值的不同。根據規模報酬發展規律的不同，可以將產業分為三種類型。

第一，規模報酬不變的產業。在規模報酬不變時，由於投入的增量與產出的增量相同，廠商追加投資所獲得的收益與以前相同，因此，在這種情況下，可以認為邊際投資下的私人淨產值與社會淨產值亦相同。

第二，規模報酬遞增的產業。在這種情況下，產出規模的擴大會引起內部或外部的經濟性，進而使得單位生產成本降低，在完全競爭的條件下，這樣的利益並不會長久地留在生產者手中，因為如果這一產業的生產者獲得高額利潤時，別的產業的生產者就會向這一產業轉移資源，進而使優勢消失。因此，生產者會以降價的形式將這種經濟性轉移給購買者，這就使得社會淨產值大於私人淨產值。

第三，規模報酬遞減的產業。在這樣的產業中，產出規模擴大導致單位生產成本遞增，若廠商在租金的變動可忽略不計的情況下，將增加的成本全部轉嫁給了產品購買者，那麼，邊際投資的社會淨產值將會小於私人淨產值。

如果市場處於不完全競爭的條件之下，私人淨產值與社會淨產值的背離將進一步加劇。首先，在單一壟斷的情況下，廠商會以犧牲社會淨生產為代價，獲取遠遠高於完全競爭下的私人淨生產；其次，在各種類型的區別性壟斷的情況下，廠商也會想盡辦法從消費者那裏提取到大量的消費者剩餘；再次，在壟斷競爭和寡占的情況下，廠商會使競爭集中於廣告宣傳，造成了投資的浪費和因資源錯置而帶來的資源閒置；最後，在雙頭壟斷的情況下，雙方價格和產量的相互依存性及不確定性，也必使投資量遠遠低於能帶來最大社會淨生產的量。

綜合以上的分析我們可以知道，**無論市場是處於完全競爭還是不完全競爭的條件下，由於各種不確定因素的存在，現實經濟運行的結果都必然造成私人淨生產和社會淨生產的不同程度的背離。**並且，這種背離很難用雙方的契約關係加以修正，因為它往往涉及到契約雙方以外的其他人。因此，為了維護社會福利的極大化，國家應該採取適當的措施，對經濟的運行進行合理的干預。

干預措施的選擇與國民淨生產

除了國家干預之外，我們也可以採取其他的矯正措施，即成立所謂的「購買者協會」。

迄今為止，在經濟學的研究中，人們總是把生產者與消費者對立起來，而「購買者協會」則主張將兩者結合起來。所謂購買者協會，是指由那些購買自己生產的產品作為最終消費品的「消費者」，或購買這些產品進一步生產其他產品的「生產者」組成的組織，其政策宗旨是使購買者的總收益，在減去總成本之後，能夠達到最大。由極大化條件可知，要想達到最大化，必須使資源配置能夠達到將任何資源投入任何產品生產，獲得的邊際社會淨產值均相等時，而這樣的條件，正好與國民淨生產達到極大化的條件不謀而合。

因此，**「購買者協會」能在很大程度上，消除因完全競爭和壟斷造成的不和諧，至少，它在理論上有利於節省溝通生產和消費的廣告成本，並且在協會成員之間普及最佳生產方法的有關知識，此外，它還可將成員之間用於討價還價和防止欺詐花費的時間和精力減至最小。**

以上，我們看到了購買者協會的諸多好處，但問題是，這方面的先例在歷史上幾乎沒有。因此，一旦真要組織它，生產者會因為對這一問題缺乏認識而不太熱心，對於只占人們消費中很小部分的奢侈品來說，參加協會對這一方面的節約是很少的，幾乎可以忽略不計。因此，在現實中，這類組織成立的可能性是非常小的。

既然自發的購買者協會不能矯正現存的商業形式的缺陷，那麼，國家干預就成了唯一可以採取的措施，但是，國家干預會不會減少國民淨生產的數量呢？接下來，庇古對國家對產業干預的問題進行了考察。

有些經濟學者認為，對於那些事關全局的產業，如鐵路、電力、供水等，應由政府經營，而對於那些非全局性的產業，政府就不應該加以干預，在庇古看來，這種理論是不正確的。當然，國家對資源的配置，並不是總能得到最大化，所以，私人企業對理想配置的偏離並不能成為國家進行經濟干預的理由。但是，國家可以擺脫資訊不靈、部門私利等的局限性，因此，政府的合理干預可以減少市場中的不適當現象，為社會提供更大的益處。

因此，如果企業在私利的引導下，使得投資配置與最大國民淨生產之間出現差異，那麼，政府就有權對此進行干預。比如，在私人淨生產和社會淨生產存在背離的情況下，國家可以透過鼓勵或限制的措施（津貼和稅收），對之加以矯正。

為了使國家對私人產業採取矯正措施時有參考的標準，我們把任何產業的一定量投資，正好達到使其邊際投資的社會淨產值在各種使用中均等時的投資量，稱為「理想投資」，而把相應的產出稱為「理想產出」。在產業的發展過程中，生產規模一般會隨著產量的不斷擴大，經歷從報酬遞增到報酬遞減的過程。

在完全競爭條件下，若任何產業投資的邊際社會淨產值大於（或小於）邊際私人淨產值時，則表示其所能達到的產量會小於（或大於）理想產量。根據這一情況，國家就可以採用獎勵或津貼的辦法，促使那些邊際私人淨產值小於邊際社會淨產值的產業，擴大投資和產出以盡可能接近理想產量。反之，對於那些邊際私人淨產值大於邊際社會淨產值的產業，國家可採取課稅等措施，限制這一產業因過度擴張而造成的對資源的浪費。

而在不完全競爭的條件下，情況就變得複雜得多了。壟斷雖然也可以產生一定的經濟性（比如，有利於生產的專業化發展和提高效率、容易獲得規模經濟的優勢、可用更多的資金集中從事研製新產品、風險承擔能力較大、更易消除不確定性等等），但是，在存在壟斷的情況下，生產者可以透過控制產量以控制價格，對生產者造成不利的影響，因此，從總體上看來，壟斷對社會是不利的。從這個意義上說，**壟斷行為不可能使資源配置在各種使用中的邊際社會淨產值相等，相反的，它只會造成更大的偏離。**並且，在完全競爭的條件下，政府可以透過津貼和稅收等手段，對這種偏離進行有效的調解，而在不完全競爭的條件下，這種調節就會失去效應。這是因為，如果用津貼手段促使壟斷產量朝社會理想產量靠近時，就會使得壟斷者不僅可以得到很大的壟斷利潤，而且還可以從國家那裏得來一大筆錢財，這明顯是不公平的，會促使壟斷的發展。因此，要對付壟斷，必須另闢蹊徑。

為了簡化分析，我們先假定完全競爭條件下，國民淨生產能夠達到極大化，並以此為準繩，將壟斷條件下的國民淨生產與此作比較，於是，問題就轉化為，如何才能使壟斷產業像完全競爭那樣好地運行？以下，我們先考慮用兩種間接的方法來解決這一問題。

第一，保護「現實競爭」法，即對於那些從產業合併（集中）中發展起來的壟斷力量，國家可以把工作的重點放在阻止壟斷力量從這種合併中產生出來，並對已經生產出來的壟斷力量加以摧毀上。美國一八九〇年制定的《聯邦反托拉斯法》，就是為了實現這一目的。

但是，這個以禁止托拉斯及打散已成立的托拉斯為目的的政策，在具體執行時，卻遇到了下述困難：**首先，該政策很難實際奏效，因為表面上被打散的托拉斯很容易以另一種形式改頭換面地重新出現，且讓人防不勝防；其次，該政策的直接目的是恢復完全競爭，但它實際上帶來的並不是完全競爭，而只是壟斷競爭，因此，它對增加國民淨生產的最終目的其實是於事無補的；再次，在阻止產業合併的同時，也會造成合併帶來的生產效率和經濟性的損失，特別是當壟斷產業的這種有利效應甚至超過壟斷力量的不利因素時，不准合併實際上有損於國民淨生產。**

第二，保護「潛在競爭」法，即國家應該把政策的重點放在保護潛在競爭上，而不是現實中的競爭，透過這種方式，使壟斷力量失效。它的基本思路是：讓壟斷者意識到，一旦他們限制產量價格賺取非正常利潤時，就會有新的競爭者進入該產業與之競爭，透過這種方式，使壟斷者把產量和價格限制在「合理的」水準上。

壟斷者阻止新競爭者進入時，通常會採用無情競爭（又稱毀滅性低價傾銷）和各種形式的聯合抵制的「大棒」策略（即透過向購買產品和供應原料的第三方施加壓力，與之聯合起來對付新進入者）的手段，所以，應該藉助於立法手段，一旦查出奉行「大棒」策略的壟斷者，就要給予嚴厲懲處，以保護潛在競爭力量。

美國於一九一六年制定的《聯邦收入法》和英國於一九二一年制定的《產業保護法》，都是希望透過這種方式來限制壟斷，但問題是，這些政策在實施中容易被壟斷者鑽漏洞以逃避法律的懲罰，即便不存在這一問題，它能否有效地保護「潛在競爭」也很難說，因為在現實中，還存在著阻礙完全競爭的其他障礙。

這些障礙主要有：**一是隨產業規模的普遍擴大，建立新企業所需的固定資本初始投資量會越來越大，這就使得許多有意加入的競爭者望而卻步；二是在壟斷集中帶來的經濟性很大的產業部門中，壟斷者即便按照通常的市價銷售產品，他獲取的收益也會比新加入者多很多；三是老牌壟斷者透過廣告和商標建立起來的信譽，對新競爭者來說，可能是一道很難逾越的障礙。由於存在這些障礙，使得保護潛在競爭的政策，如同保護現實競爭的政策一樣，很難取得令人滿意的效果。**

既然間接控制方法不能令人滿意，人們便想到用直接控制方法對它進行補充。所謂直接控制，就是對壟斷產量和定價進行直接的抗衡或干預。直接控制方法也有兩種，它們是：

第一，國家鼓勵壟斷產品的購買者們組織起來，形成與賣方壟斷力量相抗衡的買方壟斷力量，因此來限制壟斷力量。當然，這種方案也是存在問題的，因為透過這種方式達成的最終產量和價格，並不會像人們期望的那樣，只能部分地接近完全競爭下的產量和價格。並且，最終消費者也很難形成這樣的抗衡力量，因此，這個擔子就落在了位於壟斷銷售者和最終消費者之間的中間商的肩上，而結果是，經過中間環節之後，最終價格反而更難確定了。

第二，對銷售價格直接加以干預，透過這種方式把產出控制在完全競爭水準上。但這種方法對規模報酬遞減的產業不適用，因為如果壟斷者只能獲取正常利潤，就必然會透過減少產量來降低價格，以期獲取壟斷利潤，這樣，反而使產量更加不能滿足消費者的需要，壟斷者將獲得更高的利潤。

對價格的干預，可以分為兩種方式，即「反向控制」和「正向控制」。

第一，反向控制。早期英國和美國鐵路專員的工作，就是決定廠商提出的漲價要求是否合理，進而決定批准還是拒絕該項漲價要求，這種做法就是反向控制。透過這樣的方式進行控制，就會使得他們的工作相對輕鬆，只需對某些不合理的漲價加以干預即可。

第二，正向控制。這種方式需要對有關產品和勞務的價格的上下限做出明確的規定，以此檢查廠商是否獲取了不正當收益，並對查有實據者給予懲罰。

與其他措施一樣，無論是反向控制還是正向控制，都會存在漏洞，讓違法者逃脫有關條款的約束。不僅如此，「反向控制」有必要決定什麼樣的漲價是不合理的，「正向控制」則要求確定各種產品的正確價格，而這些問題很難有合理的解決方案。

至此，人們會問，如果讓政府去經營企業和負責投資，是否會比私人企業效果好呢？也就是說，公營和私營的生產效率，究竟哪一個更好呢？雖然對這些問題很難給出一個確切的答案，但是，我們應該相信，公營不一定總比私營的效率低，這一點，可以用日本的公營事業來說明。

不過，公營也確實存在著某些危險：首先，公營者為了維持自身的生存，有可能採取不正當的、非商業性的手段，與那些生產效率高的企業相競爭；其次，政府為了整個社會的發展，可能會犧牲公營企業，或者為了探求更好的發展方式，以公營企業為試點，這些都會對公營企業造成危害；再次，公營效率還可能遭受管理集團人浮於事、過度膨脹的損害。

總之，在當今各個國家中，涉及國家對各種類型的壟斷加以控制方面，還存在著諸多不理想的地方，這一切，都有待我們去解決。

《經濟發展理論》

約瑟夫・阿洛伊斯・熊彼得：「創新理論」的提出者

所謂經濟發展，就其本質而言，在於對現存勞動力及土地的服務以不同的方式加以利用，這一基本概念使我們得以聲稱：實現新的組合，是靠從原先的生產方式中把勞力及土地的服務抽調出來才得以成功的。

——熊彼得

約瑟夫・阿洛伊斯・熊彼得（Joseph A.S chumpeter，一八八三—一九五〇），奧地利籍美國著名的經濟學家和社會學家，生於奧地利一個織布廠主家庭。

熊彼得早年就讀於維也納大學，攻讀法律和經濟，並在龐巴維克的指導下，獲得了法學博士學位。後來，熊彼得遊學於倫敦，在馬歇爾門下求教。

畢業後，熊彼得曾在奧匈帝國的捷爾諾維茨和塔拉茲大學任教，後來，受聘於美國哥倫比亞大學，任客座教授，並被該校授予榮譽博士學位。一九二五—一九三二年間，熊彼得應邀擔任日本大學客座教授，並在德國波恩大學擔任教授。一九三二年，熊彼得遷居美國，任哈佛大學教授。

此外，熊彼得還參加了許多社會活動。在一九一八年時，他曾一度出任由考茨基、希法亭等人領導的德國社會民主黨「社會化委員會」的顧問，此後，他又先後擔任了奧地利財政部長、皮達曼私營銀行經理，加入美國國籍後，被推舉為「經濟計量學會」會長和「美國經濟學協會」會長。

熊彼得研究領域廣泛，對政治學、歷史學、社會學都非常諳熟，在西方經濟學界被公認為博學多聞、兼收並蓄的經濟學家。熊彼得十分推崇洛桑學派創始人瓦爾拉，對他運用數理方法建立的一般均衡理論非常讚賞。受此影響，熊彼得在進行分析時，也很注意對數理知識的運用，並且，他還常常把經濟現象和非經濟現象結合起來進行分析，創立了把經濟理論、經濟史、經濟統計相結合的研究方法。

熊彼得的經濟理論的核心，是創新理論和經濟發展理論，從創新論出發，他證明了資本主義制度遲早會被社會主義制度所取代。並且，從他的哲學、政治、社會學和經濟觀點可以看出，馬克思的著作對他有相當深刻的影響。

熊彼得的主要著作有：《經濟發展理論》、《產業循環：資本主義過程的理論、歷史和統計的分析》、《經濟週期》、《資本主義、社會主義和民主》、《經濟分析史》等。此外，《從馬克思到凱恩斯十大經濟學家》，是根據他從一九〇五年到一九五〇年所寫的一些傳記評論，由他的妻子伊莉莎白整理編撰，於一九五二年出版的。

《經濟發展理論》的副標題是「對於利潤、資本、信貸、利息和經濟週期的考察」，從這裏，我們可以看出本書涉獵範圍的廣泛。

《經濟發展理論》是熊彼得早期成名之作，也是對他的經濟理論的第一次重要陳述。在這本書中，熊彼得首次提出了「創新理論」，當時曾轟動了整個西方經濟學界，並且這一理論對西方經濟學的發展，一直產生著重要的影響。

全書共分六章：第一章，在一定環境條件下經濟生活的循環流轉；第二章，經濟發展的基本現象；第三章，信用與資本；第四章，企業利潤；第五章，資本的利息；第六章，經濟週期。其中，第一、第二兩章最為重要，在這兩章裏，熊彼得對從靜止狀態的「循環流轉」到經濟發展的根本現象進行了分析。尤其在第二章中，熊彼得對經濟發展（包括從企業家的特點與功能、生產要素的新組合、創新的含義和作用，直到資本主義的產生）做了開創性的、精闢的論述，既是在理論上的探討，也是對歷史發展過程的概述。在接下來的三章中，熊彼得對信貸與資本、企業家利潤以及資本的利息分別做了闡述。在第六章中，熊彼得對經濟週期做了一個簡單的介紹。

經濟循環

在本書中，熊彼得將社會經濟的活動分為兩種類型，即經濟循環和經濟發展。他把經濟循環模式理解為靜態的均衡理論，而把經濟發展模式理解為動態理論。如果說循環理論是熊彼得經濟理論分析的起點，那麼，發展理論就是對他的理論的擴展和延伸。

所謂經濟循環，是指經濟生活的一種循環流轉狀態。如果在經濟生活中存在一種所謂的「循環流轉」的「均衡」狀態，那麼，在連續不斷的各個循環期間，任何經濟活動都將以同一形式反覆進行。當然，這不是說諸如人口、欲望狀態、地理環境、社會經濟組織、生產組織、貨幣存量等因素是完全固定不變的，只是它們要經歷一個緩慢的變化過程，而變化的每一步都是微小的、不易察覺的，所以，從表面上看來，整個社會的經濟生活似乎完全處於這種靜止的均衡狀態。

在這樣一種靜態的社會中，每個經濟主體的欲望都能得到最大程度的滿足，因此，社會中不存在「企業家」，沒有人進行創新，一切不會變動，社會得不到發展；在企業中，總收入總是等於其總支出，生產管理者所得到的只是「管理工資」，沒有利潤，不會得到分紅等獎勵；所有的貨幣都是為了進行交換，不存在資本，更不會產生利息；生產過程只是循環往返，周而復始。其實，這只是一種簡單的再生產過程。

經濟發展

任何社會的運行，都不是靜止和固定不變的，正由於意識到了這一點，所以，熊彼得將自己的研究方向轉向了對經濟發展動態理論的分析。

在第二章中，熊彼得認為，企業家與創新是經濟發展的根本現象，這也是熊彼得「創新理論」的本體。

所謂「經濟發展」，是指在一個社會的經濟活動中的內部變革，它要求將傳統的經濟運行方式和原來的平衡狀態全部打破，重建一種新的、更高級的平衡。經濟發展不同於一般的經濟成長，經濟成長只是一國經濟在某些條件（如人口與儲蓄）達到新的均衡位置時所產生的適應性變動，這種變動幅度不大，只是對原有方式的重複和繼續。而經濟發展，則是自發的和突起的變革，它不是重蹈覆轍的循序漸進，而是另闢路徑的衝擊或跳躍。因此說，發展不是改良，而是革命，它可能會使得社會發生翻天覆地的變化。

那麼，是什麼力量推動了發展呢？在熊彼得看來，推動發展的力量有兩種：外部力量與內部力量。外部力量主要是指天時、地利、戰爭和國家的社會經濟政策等經濟活動之外的因素，因此，它不是推動經濟發展的主要力量。而內部力量，則是指社會消費時尚與偏好、生產要素的數量和品質的變化，以及生產方法的變革等。

其中，社會消費時尚和偏好，主要是由消費者來決定的，因此，它對於經濟變革不會有什麼影響；而主要由人口與儲蓄構成的生產要素，在傳統經濟的靜態均衡條件下一般變化緩慢，所以說，勞動力和儲蓄比率的變化，對經濟失衡的影響是很小的，很容易被原有各部門吸收消化，進而使整個經濟重新歸於均衡。並且，在傳統經濟中，企業很少能夠獲得巨額利潤，每年的消長變化更是微不足道的，因此，儲蓄最不可能成為推動經濟發展的力量；至於生產方法的變革，若只是對傳統生產過程的輕微改進，也不算是發展，**只有當生產方法的變革使原料和動力的新的結合過程發生突然變化時，才能算是發展。熊彼得把這種原料和動力新的結合過程或生產方法，稱作創新或創造性反應。**

創新活動是推動經濟發展的最主要的力量，因此，我們可以說，**經濟的發展過程實質上就是生產方法的變革過程。關於創新的內容，熊彼得作了如下的歸結：第一，生產出新產品；第二，使用新的生產技術；第三，開闢新的市場；第四，發現和控制原材料的新的供應來源；第五，實行新的企業組織形式。**

熊彼得指出，企業家是創新、生產要素的新組合與經濟發展的組織者，是各行各業進行創造性活動的奇異人物。他們之所以要進行創新活動，是受「企業家精神」的驅使。即，企業家進行創新的目的，不僅僅是為了取得更大的利益，更主要的是，他們希望透過創新建立自己的「獨立王國」，對外界未知的世界進行征服，與別人較量決一雌雄。總之，企業家進行創新的最主要的目的，是為了成功而成功。因此，企業家是資本主義的靈魂，是資本主義社會的主角，而資本家，只不過提供貨幣資本和定期收取利息而已。**資本主義社會要想不斷向前發展，就要靠企業家的不斷突破與創新。**

按照熊彼得的觀點，所謂「創新」，就是建立一種新的生產函數，也就是說，把一種新的生產要素和生產條件的「組合」引入到生產體系中。簡單地說，創新就是企業家們對環境做出的創造性反應，這與適應性反應相對立，所謂適應性反應，是指企業家們按照規則進行經營。

熊彼得認為，創新有三個基本的特點：第一，創新和科學技術發明並無必然關聯，因此，不能將科技發明看作創新；第二，創新不局限於大企業，也不一定是大規模的；第三，創新往往被效仿追逐而形成高潮，推動整個經濟週期呈波浪式向前發展。

資本、利潤和利息

所謂資本，就是企業家為了實現生產要素的新組合，而把各項生產要素與資源引向新用途的一種槓桿與控制手段。因此說，資本不是實際的商品的總和，而是可供企業家隨時提用的支付手段，它在企業家和商品世界之間建立了一座橋樑，其職能在於為企業家進行創新提供必要的條件。

那麼，企業家的資本是從什麼地方來的呢？答案是，它們是從銀行的貸款中得來的。在傳統的經濟管道中，當自己的儲蓄不能夠滿足供應創新活動對資金的需要時，企業家惟一的辦法，就是向銀行借款。當然，借款到期是要償還的，並且還要付利息。然而，當企業家運用自己的知識和智慧看準機會時，他們的創新活動就會創造巨大的利潤，並且在還本付息之後，還會有很多剩餘。

接下來，熊彼得又分析了企業家利潤及利息的產生。在熊彼得看來，只有在實現了創新與發展的情況下，企業家才能實現利潤，也才會有資本與利息。**所謂利潤，就是企業總收入扣除企業總支出後的餘額或剩餘。利潤是企業家由於實現了創新或生產要素的新組合，而「應得的合理報酬」。**

有關利息的來源，熊彼得做出了如下三點解釋：

第一，利息實質上來自於剩餘價值或「餘額價值」。在正常的經濟生活裏，除了上述餘額或剩餘外，沒有其他的東西能產生利息。而這種餘額或剩餘，正如前面所講，乃是來自創新所引起的經濟發展。所以，在「循環流轉」的情況下，也就是在經濟沒有得到發展的情況下，是不會產生利息的。

第二，創新或發展帶來的餘額或剩餘價值，一般分為兩類，一類是企業家利潤，另一類是與發展本身相結合的結果。很明顯的，利息不會來自於後者，所以，它只能來自於企業家的利潤。因此，利息是從餘額或剩餘價值中支付的，就像對利潤的一種「課稅」。

第三，在一種通行「交換經濟」，也就是商品經濟的社會裏，利息不是暫時的，而是永遠存在。

經濟週期

在這一部分，熊彼得以創新理論為基礎，對經濟週期理論進行闡述。創新會打破原先的經濟均衡。透過創新，企業家就會掌握和控制新產品、新市場、新的生產方法以及新的原材料的來源，因此，他們在市場競爭中處於有利地位。此時，新產品價格和生產成本之間就會出現一個差額，這個差額就是企業利潤，歸企業家所有。由於利潤較為豐厚，其他企業就會紛紛仿效，進而出現了所謂創新的叢生現象，使得整個社會經濟呈現出繁榮的景象。然而，不久之後，經濟就會出現衰退。

關於蕭條發生的原因，熊彼得列舉了三點：第一，具有新購買力的企業家，為獲得生產手段勢必會展開一場競爭，而生產手段的價格也會被越抬越高，此時，舊企業將會蒙受損失，甚至被淘汰，造成了市場的不景氣；第二，繁榮經過一段時間之後，新產品將大量出現於市場上，價格就會下跌，繁榮也就消失了，這正是物極必反的道理；第三，創新所帶來的各種結果，會導致信用的緊縮。造成這一情況的原因是，對於借來的資本，企業家必須償還，但償還債務，會導致企業家的創新能力的減弱甚至消逝，進而引起經濟的蕭條。

這種經濟復歸均衡的狀態，將被新一輪的創新所打敗，到時，經濟將再度復甦，進入新的繁榮。資本主義經濟之所以能夠達到今天的程度，正是在創新的推動下，使經濟由一個均衡狀態進入另一個均衡狀態，在反覆循環中一步一步地發展起來的。

由於創新的規模及其對經濟的影響不同，因此，經濟週期的長短也不一致。在本書中，熊彼得以「創新」理論為基礎，提出了頗具特色的多層次的「三個週期」理論。他首次提出，在資本主義社會的發展過程中，同時存在著長、中、短「三種週期」的理論。

第一種是經濟「長週期」，或稱「長波」，因為它是由俄國經濟學家尼古拉・D・康得拉季耶夫於一九二六年首先提出的，因此也被稱為「康得拉季耶夫週期」。在長週期中，每一個週期歷時五十年或略長一點。熊彼得沿襲了康得拉季耶夫的說法，把百餘年來資本主義經濟的發展過程，分為三個「長波」，並且用「創新理論」為基礎，以各個時期的主要技術發明及其應用，作為各個「長波」的標誌。第一「長波」：從大約一七八三年到一八四二年，是所謂「產業革命時期」。這一長波專指第一次「產業革命」。第二「長波」：一八四二年到一八九七年，是所謂「蒸汽和鋼鐵時代」。在這一週期內，蒸汽是與上一時期的技術發明相結合的。第三「長波」：從一八九七年到二十世紀二〇年代末首次提出「長波」理論為止（當時這個「長波」尚未最後結束），是所謂「電氣、化學和汽車時代」。

第二種週期，就是通常所說的平均大約九年到十年的資本主義經濟週期，又稱「尤格拉週期」（它是由法國的經濟學家克萊門・尤格拉於一八六〇年提出的）。在三種週期中，這一週期是最早被提出的。

第三種週期，是平均大約四十個月（將近三年半）的所謂「短週期」或「短波」，又稱「基欽週期」（由美國的約瑟夫・基欽於一九二三年提出）。上述三種週期並存而且相互交織的情況，進一步證明了熊彼得創新理論的正確性。在熊彼得看來，從歷史統計資料表現出來的這種週期的變動，尤其是「長週期」的變動，與各個週期內的生產技術革新呈現著相當密切的關係。總之，**一個「長波」大約包括有六個「中程週期」，而一個中程週期，差不多包含了三個「短波」。**

透過以上的分析，我們可以知道，熊彼得的「經濟發展理論」，或者說是「創新理論」，具有以下幾大特點：

首先，**熊彼得認為，生產技術的革新和生產方法的變革，在資本主義經濟發展過程中發揮著非常重要的作用。**並且，他還把這種創新或生產要素的新組合，看作是資本主義的最根本的特徵，在此基礎上，熊彼得認為，沒有創新，就沒有資本主義，也就不會有資本主義的發展。

其次，在分析的過程中，熊彼得還極力強調變動與發展的觀點，建議人們在對資本主義社會進行分析時，要採用歷史的方法，以動態的觀點看待問題；同時，他還認為，創新是一個「內在的因素」，經濟發展是「來自內部自身創造性」的變動，「內在因素」對經濟的發展產生主要的影響。

最後，**熊彼得非常重視企業家在資本主義經濟發展過程中的作用，把企業家看作是資本主義的靈魂，是「創新」、生產要素「新組合」以及「經濟發展」的主要組織者與推動者，沒有企業家及企業家精神，資本主義社會就不會發展起來。**

《財富的分配》

約翰·貝茨·克拉克：「邊際生產力學說」的創始人

社會收入的分配受著一個自然規律的支配，該規律如果能順利發生作用，則每個生產要素創造多少財富，就能得到多少財富。

——克拉克

約翰・貝茨・克拉克（John Bates Clark，一八四七—一九三八），美國著名資產階級庸俗經濟學家，一八四七年出生於美國一個工商業者家庭，曾就讀於布朗大學及阿姆霍斯特學院。他對哲學特別感興趣，這點對克拉克的經濟學生涯有相當深遠的影響。一八七二年，克拉克畢業於安默爾斯特大學，隨後留學德國，成為舊歷史學派代表人物卡爾・克尼斯的學生。回國後曾在多所大學任教，制度經濟學派創始人凡勃侖就曾受教於他。他還一度擔任美國經濟學會會長。自一八九五年起，任哥倫比亞大學經濟學教授達三十年之久。

克拉克是「邊際效用學派」中「邊際生產力學說」的創始人和重要代表人物，也是美國「理論學派」的創始人。十九世紀，美國的經濟學家大都只局限於論述和研究實際的經濟問題，而忽略了對基本理論的探討。早期的克拉克也暴露出歷史學派的若干特徵，也提出了相應的觀點，但他後來重新重視對價值論和分配論等基本理論的研究，並成為當時最負盛名的經濟理論家。

克拉克是帝國主義時代資產階級政治經濟學的主要代表人物，他主張把政治經濟學分為三部分，即「普遍規律」、「靜態經濟學」、「動態經濟學」。而「靜態經濟學」就是《財富的分配》的主要研究對象。該書奠定了現代美國資產階級經濟學的理論基礎。

克拉克的主要著作有：《財富的分配》、《價值哲學》、《財富的哲學》、《近代分配過程》、《經濟理論綱要》和《政治經濟學要義》等。

克拉克之所以聞名於世，主要是因為他提出了「邊際生產力理論」。它論證了「分配的自然規律」，極盡為剝削辯護之能事，博得了資產階級的喝彩。「邊際生產力理論」也因此而成為資產階級宣揚階級利益調和理論的一個重要論據。十九世紀七〇年代至二十世紀初，正處於資本義向帝國主義階段過渡、馬克思主義廣泛傳播、美國從後進躍居世界工業第一位的時期，階級鬥爭十分尖銳，特別是政治和思想理論方面。針對這些情況，再結合美國的特點，克拉克打出維護「公正」分配原則，也就是他所謂的，由各自邊際生產力決定分配的自然規律，並以「反壟斷」的幌子來為壟斷資本服務。他公開聲明，證明這一說法是上天賦予他的使命。這也是《財富的分配》一書的時代背景。

《財富的分配》是論證「邊際生產力理論」的著名著作，全書共分二十六章（除序言外）。「邊際生產力理論」（也有人譯為「最後生產力」），最初是在德國人屠能的《孤立國》一書中提出的。但把它更加系統化且大肆宣揚的，卻是克拉克的這本《財富的分配》。

《財富的分配》先談財富的分配，然後再將這一觀點擴大到經濟學整體。**克拉克認為，財富的分配不是由社會制度決定的，而是由自然規律決定的，財富的分配問題是經濟活動中必不可少的一個環節；在勞動創造工資，社會資本創造利潤，企業家職能創造企業利潤的自然規律的作用下，所有財富都有自己適合的去向。**

這本書以邊際生產力分配理論為中心內容作了詳細的闡述。克拉克承襲了薩伊的勞動、資本和土地共同創造價值的庸俗思想，又把報酬遞減規律在農業中的應用推廣到所有產業部門。他採用邊際分析的方法，提出了勞動和資本的邊際生產力各自決定工資和利息的分配理論，據此宣揚勞動和資本的收入各有其源、公平合理，因而不存在剝削者與被剝削者的荒謬思想，充當資本主義的辯護人。

該書最先明確區分靜態經濟學與動態經濟學，這對二十世紀三〇年代以來西方動態經濟學的研究和發展產生了一定的作用。另外，該書創立的社會效用論，試圖修正和補充奧地利學派中的價值理論，也成為當時不少著名美國學者的信條。

下面簡單介紹一下《財富的分配》這本書。

在該書的一開始，克拉克就表示，他寫這本書目的在於說明社會收入分配受一個自然規律的支配，如果這一規律能順利發生作用，則每個生產要素創造多少財富就得到多少財富。

克拉克進一步強調，該書要說明的就是，在產業社會的形式及活動性質停止變化時，價格、工資和利息所依據的標準是什麼？雖然實際的社會總是動態社會，但在研究問題時，可把對分配產生作用的靜態勢力孤立出來。

克拉克認為，財富的分配是極其重要的經濟問題。社會收入分為工資、利息與利潤。它們依據怎樣的自然規律而存在，這一規律又是如何產生作用的，是需要解決的問題。他就由於分配所引起的爭論問題，發表了以下觀點：

第一，有一個支配財富分配的自然規律在產生作用。它將社會收入分為勞動、資本與企業家職能的收入，即工資、利息和利潤。每個生產職能應得的額度，都由其實際生產量來衡量。所以，全面研究分配也就是分析他們各自創造財富的功能，尋找這三個生產要素在共同生產中各自貢獻的額度。

第二，要將工人階級的福利情況與其是否受剝削區別開來。他們的福利取決於收入的多寡，而是否受剝削則看有沒有得到自己生產的全部財產。**只要不受剝削，即使收入不多，工人也許並不會想到要革命。**這就須考察：一、社會是否給予每個人以他所應得的部分，進而測定社會是否公平；二、以每個人所得的部分是增加還是減少，來測定它是否為人類造福。它們直接決定現存社會制度有無生存和發展的權利。

第三，分配論並不直接決定每人應得多少。經濟學只研究怎樣把全部社會收入分為若干種性質不同的收入以及決定它們的標準。也就是說，研究的是機能的分配。個人間的分配只決定某人收入是多少，並不管他是採用什麼方法取得的。機能的分配是決定用某種方式（勞動、資本、企業家才能）能得到多少收入。兩者的區別很明顯也很重要。如果研究機能的分配能夠獲得成功，人類分為敵對階級的重大問題就能解決。

第四，分配還可作純粹倫理上的討論。「各盡所能，各取所需」被某些社會主義者看作是最理想最公平的分配公式，而克拉克認為，如果依照這個分配原則，人們有時候要向一些人提取他們生產的一部分，分給另外一些更需要的人。那麼，這種辦法將觸及到人們通常所說的財產權。克拉克認為，關於「各盡所能，各取所需」的分配原則是否公正的問題，純粹是倫理上的問題，不屬於他研究的範圍。

第五，必須保證人們根據所有權能夠得到屬於他們自已的東西。否則，社會組織遲早要被炸毀。

關於各人取回各自生產的一份財富的自然分配規律，克拉克在本書中提供了這樣三個「法寶」：第一，「生產三要素論」；第二，邊際效用價值論；第三，由土地報酬遞減、效用遞減而引申出來的「生產力遞減規律」。

「生產三要素論」認為勞動、資本和土地是生產的三要素，這三個要素都是生產力，都對生產有貢獻，因而都能創造各自的收入。勞動創造的收人是工資，資本創造的收入為利息，土地創造的收入叫地租。

「三要素論」原本是與「生產成本論」結合在一起的，但克拉克卻把它們與邊際效用價值論聯結在一起。他認為，價值是由最後一個單位的最不重要的效用來決定的，這個最後一單位、最不重要的效用就是邊際效用，所以，工資、利息、地租也應該由其最後一單位即邊際單位的生產力來決定。但奧地利學派，如門格爾應用邊際效用價值論時，使用的是「減量」法，即假定一個一個地減少，而克拉克用的卻是「加量」法，即一個個地增加。

克拉克把「土地報酬遞減」與「效用遞減」相結合，引申出「生產力遞減規律」。他還把以上三種早已破產的庸俗理論拼湊起來並且加以修補，這就是克拉克「邊際生產力理論」所謂的理論根據的特點。

十九世紀三〇年代以後，相繼出現了「邊際生產力理論」的兩個變種：一個是「雙方壟斷論」，據說它是公正的。分配的自然規律已經被破壞了，工資實際上取決於勞資雙方的壟斷力量，而最有力量的壟斷是工會。另一個變種叫「工資與物價螺旋形上漲論」，它認為工資超過勞動的邊際生產力必然會加大成本，結果是工資上升——成本加大——物價上漲，工人不僅得不到提高工資的好處，反而形成惡性循環，據說這就是當今世界危機、失業與惡性通貨膨脹的災難根源。

「邊際生產力理論」及其變種，都是把矛頭指向無產階級，反對馬克思的剩餘價值論。說是「理論」，實際上不過是「生產三要素論」、「土地報酬遞減律」和「邊際效用價值論」幾種庸俗理論的混合物。這種說法完全沒有弄明白價值生產與價值創造之間的區別。抹煞科技進步與生產組織改善的重大作用。它以勞資互利的謊言把資本主義制度帶來的災難和不公平，美化為公正而不可抗拒的「自然規律」。它甚至宣稱，勞動人民生育過多加上工會的同盟罷工、集體合約等措施，使得工資超過了不斷下降的「勞動邊際生產力」，這是工資無法提高、工人大批失業的根源。它為物價上漲時凍結工人工資的反動立法辯護，並為嫁禍、迫害工會組織提供論據。

「邊際生產力理論」曾是十九世紀末二十世紀初資產階級庸俗經濟學分配理論的支柱，直到現在，很多庸俗經濟學家還廣泛利用。比如，**凱恩斯主義所謂決定資本家是否願意投資的「資本邊際生產率」這種預期估計，實際上就是以「資本為邊際生產力」能給資本家提供多少收入為依據的。**

克拉克認為，在充分自由競爭的靜態環境裏，存在著按勞動與資本各自對生產的實際貢獻，也就是按各自的「邊際生產力」來決定其收人的所謂公正的「分配的自然規律」。**當勞動量不變而資本相繼增加時，每增加一單位所增加的產量依次遞減，最後增加一單位資本所增加的產量就是決定利息高低的所謂「資本的邊際生產力」**。

同樣的道理，「勞動的邊際生產力」則決定工資的多少，它把土地化為資本，按決定利息的同樣方法來決定地租，它否認平均利潤的存在，把企業家的收入說成是「調和職能」的勞動報酬，或暫時存在而終究必將消失的超額利潤。所以，他認為各人創造各人的收入，說勞動者受剝削是沒有根據的，階級鬥爭與革命是完全沒有必要的。

邊際生產力理論最常碰到這樣的質疑：既然全體工人的工資都只等於邊際單位工人的最後生產量（邊際生產力），勞動的生產力又是隨單位增加而遞減的，那麼很顯然，邊際單位以前的個人勞動生產力比邊際單位勞動的生產力要大，而工資卻大家都一樣，這豈不是受到了剝削？對此，克拉克搬出了「代替」原理以區分資本與資本貨物，繼續他的辯護。他說，過去生產量比現在生產量多出的部分，不是由於工人勞動的結果，而是資本起作用的原故。任何部分的勞動的生產力與邊際地帶勞動的生產力並無差異。

在克拉克看來，自然的、正常的或靜態的價格，就是成本價格或沒有利潤的價格，它們使各個產業中每單位勞動和資本的報酬相等。在經濟生活中，產業靠勞動與資本的合作，所以區分勞動的全部產品與產業的全部產品非常重要。那麼，要完全由勞動產品來確立工資標準，必須排除資本、土地等因素創造的價值，並且使勞動產品可以單獨衡量。他認為，這樣樹立的工資規律將是：**邊際工人的收入等於自己的產品，而所有同等能力的工人則與有相同能力的邊際工人的收入相等；前者決定工資的自然標準，後者決定市場標準。**

克拉克認為，「資本」和「資本貨物」的最大區別就在於，資本永遠存在，是絕對流動的；而資本貨物則容易毀壞，且不一定是流動的。

資本可看作是一定金額的生產財富投放在不斷變化的具體東西上。那麼，它仍以不斷改變其具體形式而繼續存在。在其他條件不變的情況下，一個單位接著一個單位地投入勞動，第一個單位的勞動由於使用了全部資本，機器比較精密貴重。

它的生產力量大，第二、第三……單位的勞動投人後，由於平均每個單位只使用到二分之一、三分之一……甚至更少的資本，機器換成較差的了，所以其生產力愈來愈小。於是，他把工資規律的話反過來說，進而得到利息規律。他說，假定勞動量固定不變，資本按先後順序一單位一單位的增加，而資本生產力則呈遞減傾向。這是因為，隨著資本數額不斷增加，資本不得不發生相應形式的變化，即差的工具變為較好的直至優質的昂貴的工具，這就使每單位資本的獲益減少。進而，他認為勞動和資本不存在剝削的問題。克拉克還宣稱，資本具有創造產品的能力，進而能獲取利息。而具體的資本貨物所得的則叫租金，從根本上說是受利息支配的。

《有閒階級論》

托爾斯丹・本德・凡勃倫：制度學派的創始人

資本主義革命是一場原則上主張人人平等，但沒有能（或不願意）從根本上實現人人平等的革命。人們日漸沉湎於對物質毫無意義的追逐之中，好像幸福平等是一種可測之物，是對一切物質的佔有和消費。而真正意義上的，不需要證據的幸福，卻被排除到消費的理想之外。

——凡勃倫

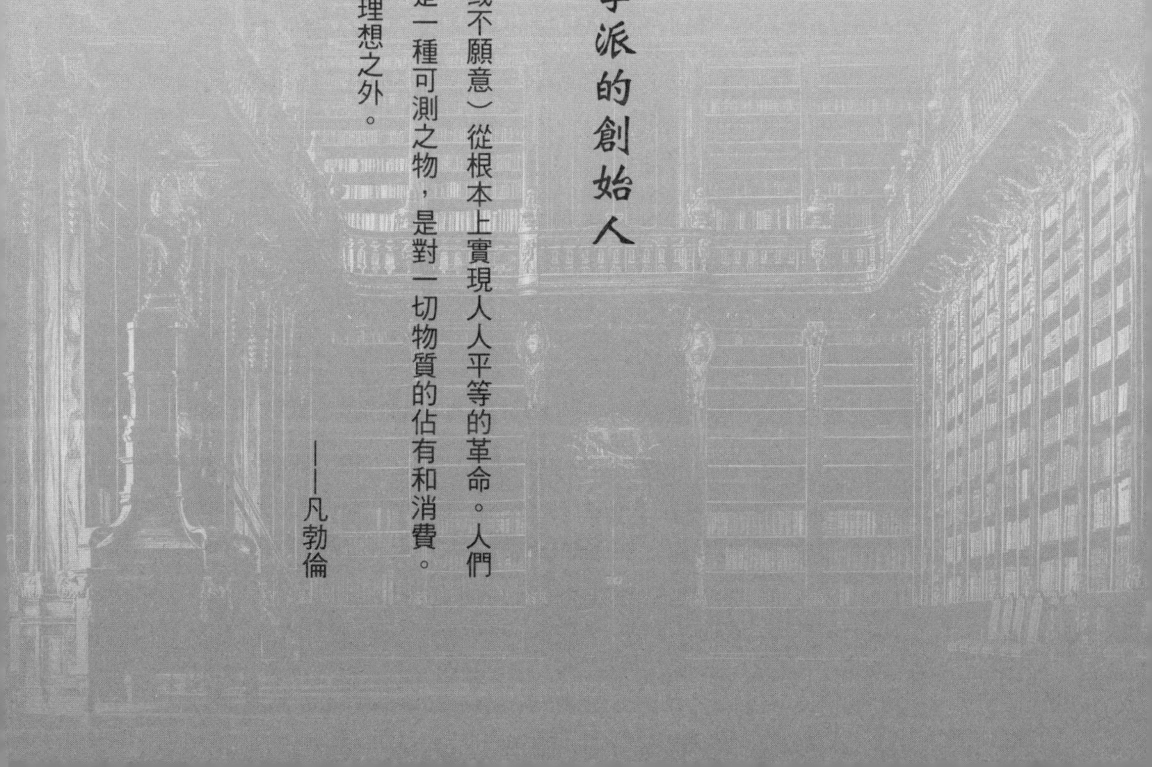

托爾斯丹・本德・凡勃倫（Thorstein Bande Veblen，一八五七—一九二九），美國經濟學家、哲學家和社會學家，制度學派的創始人和主要代表，出生在威斯康辛州一個挪威移民的小農場裏。

凡勃倫曾在卡爾頓學院跟隨約翰・貝茨・克拉克學習經濟學，接著又到約翰斯・霍普金斯學院師從查理斯・皮爾斯學習哲學，期間，他還師從美國經濟學會的創立者、傑出的經濟學家理查・伊利研修政治經濟學。後因對約翰斯・霍普金斯學院非常不滿，轉學至耶魯大學，跟隨社會達爾文主義者威廉・格雷厄姆・薩姆納研究哲學，並於一八八四年獲得了哲學博士學位。接下來的七年，凡勃倫全力隱退，過起了與世隔絕的生活。後來他又進入康乃爾大學學習經濟學。一年後，凡勃倫和他在康乃爾的導師勞克林一起來到芝加哥大學並在此執教十四年。

凡勃倫的其他主要著作還有：《企業論》、《科學在現代文明中的地位》、《工程師和價格制度》、《不在所有權與近代企業》等。

《有閒階級論》是凡勃倫在隱退期間創作的，是他的代表作，也是制度經濟學的奠基之作，主要闡述了制度經濟學的基本原理和觀點。

一八九九年，《有閒階級》一出版，就在當時社會界引起了巨大的震動和反響，成為人手一冊的風行之作。

他的學生，著名的經濟學家威斯雷・蜜雪兒曾對他的先師作過如下評論：「凡勃倫給世界帶來了一種令人困惑的影響：他像天外來客那樣，以超然的眼光，冷靜地剖析時下司空見慣的事物，他平常思想裏所熟悉的一切，就像外力在他身上煉成的奇妙產物一樣。在社會科學領域裏，沒有任何一個心智的解決者能像他那般微妙地擺脫環境的鉗制；而在思想研究領域裏，我們幾乎再也找不到一個像他一樣鍥而不捨的人。」

凡勃倫的《有閒階級論》問世已近一個世紀，但它的思想魅力卻經久不衰，啟迪後人不斷思索。可以說，《有閒階級論》一書，不管是在社會學領域還是在經濟學領域，都有其應有的位置。

凡勃倫研究消費者消費習慣的同時，也研究了二十世紀初期美國資本主義的主要特徵。這些特徵包括：

一、由機器及強盜資本家主宰的工業經濟的崛起；

二、道德觀念對控制現代商業力量的無能；

三、嚴峻的經濟週期；

四、近似於壟斷的美國鋼鐵公司和標準石油公司的興起。

和他同時代的大部分人，都在集中精力研究經濟怎樣朝著穩定均衡的方向發展，而他卻與眾不同，試圖理解、解釋他所看到的這個世界的變化。朝著這個研究方向，凡勃倫將商業活動和機器加工區分開來，並類似地將資本家和工程師區分開。

凡勃倫認為，商場企業是由那些僅對謀取利潤感興趣的資本家經營管理的。資本家是對賺錢，而不是對商品感興趣的剝削者。對資本家來說，商品可以品質低劣，毫無使用價值，只要它們能夠賺錢，其他一切都不重要。相反的，機器加工是生產產品時使用的技術程序。這些加工是由工程師設計和運作的。**與資本家、商人不同，工程師關心生產力、實用性及效率。和商業活動不同，機器加工重視技藝。它的產品是具有使用價值的實用商品，能夠滿足人們關於飲食、建設性工作的需求以及人們的好奇心。**

對凡勃倫來說，在準和平文化階段，有閒在最初是居於首位的，不論作為財富的直接證明，還是禮儀標準因素，它所占的地位始終在消費之上，但是隨著經濟的發展，社會交往範圍的擴大以及工作本能的抬頭，有閒也許會逐漸被廢除，而對財物的明顯消費的絕對或相對的重要性會日益增進。因為，有閒階級的「有閒」，是建立在工作有貴賤之別的身份制的基礎之上的，隨著以身份制為特徵的準和平階段，向以工資勞動和現金支付的和平階段的轉變，即轉向所謂的平等、民主、工作無貴賤之分的資本主義社會，明顯有閒、明顯消費不再是某個階級的特權，而成為形式上人人都能享有的民主、平等的一部分。

的確，**隨著工業制度的興起，原先的生活方式和休閒方式都陳舊不堪，資本家們越來越認識到，勞動階層的休閒習慣的變革，對工業制度的成敗將產生至關重要的作用。**休閒不僅是使工人們恢復體力，調整心態重新投入工作的惟一途徑，而且對培養工人們的個人價值，如自制力、家庭主義等而言，也是最為有效的途徑，所以到十九世紀，勞動階層的休閒在質和量上都有了明顯的提高。休閒不再是「有閒階級的特權」。

凡勃倫還指出了資本主義「內聚力的本質」與潛伏的深層次矛盾。凡勃倫認為，有閒階級是保守的，他們總是已有利益的維護者，為使下層階級也具有保守性，他們一方面盡可能地剝奪後者的生活物資，使之消費縮減，精力消耗，以致無餘力從事學習與採納新思想；另一方面，他們藉助於階級利益和階級本能，透過說服力量或一貫的示範作用，保持制度上的現狀，阻撓變遷。下層階級和上層階級並不是勢不兩立的，下層階級默認上層階級的生活方式，並試著去模仿他們，卻並不企圖取代他們。正是這種心態，使得社會得以保持平衡穩定。

儘管如此，**凡勃倫認為，資本主義社會潛伏著難以克服的深層次矛盾，這就是金錢制度與工業制度的對立。**前一類範疇同企業有關，是由有閒階級（資本家）把持的，後一類範疇與工業有關，工人階級從事著此行業的工作。工業與企業之間的矛盾表現為需求與財富的不平衡，生產的成長和購買力的矛盾，於是資本主義的生產過剩不斷爆發，資本主義市場日漸縮小，企業長期開工不足。由此可見，資本主義不是一個豐盛的社會，而是一個匱乏的社會。

凡勃倫反對傳統觀念上把消費視作實現人類幸福的一種手段的看法，並且他也駁斥了認為個體透過內省來決定他們消費不同商品所獲取的幸福的觀點。凡勃倫發展了消費的文化理論，並取代了這些觀點。習慣、風俗以及迷信的非理性都將決定人類的消費。

凡勃倫認為，消費的另一個重要目的是給他人留下印象。然後他繼續為這種現象提供歷史性說明。**通觀人類社會，可以發現大多數的「常態」是「有閒階級」擁有明顯有閒和明顯消費，但窮人卻終日勞作、饑寒交迫。**

二十世紀早期，研究經濟週期的經濟學家們往往把精力放在如何使經濟制度走向均衡上，凡勃倫與他們形成了鮮明的對比，他看到的是毫無止境的動盪與不穩定。所以凡勃倫認為，任何關於經濟是如何達到均衡的分析都是不科學的。經濟學分析要想科學化，就不得不隨時關注制度的變革，而不是關注經濟移向靜態均衡點的方式。**凡勃倫認為，機器加工和工程師能解決美國面臨的很多經濟問題。機器加工將允許生產和分配更具有計劃性。**與此同時，一方面它將結束失業的浪費，另一方面將消除炫耀性消費的浪費。

另外，凡勃倫在《有閒階級論》一書中，還對富人進行了辛辣的諷刺，不僅揭露了富人侵佔的本性，累積財富的罪惡，更觸及了社會深層次的結構矛盾。

在凡勃倫看來，有閒階級不從事任何生產性勞動，靠剝削、侵佔獲得了大量的財富，在政治、經濟文化等方面都享有特權，而大量的其他階級特別是下層階級，他們貢獻著終身的勞動，卻缺乏一切改進自身的機會。**一個社會是否富裕，不取決於生產財富的多少，而在於社會結構的本身。即使一個國家的財富總量不多，只要其社會結構合理，使每個人能分配、消費其應有的一份，那麼，這個社會就可稱為「富裕」社會。**

與之相反，儘管一個國家財富總量在不斷成長，但假如其社會結構不合理，造成少數的富人掌握著絕大多數的財富，這個社會只是一個匱乏的社會。原始社會儘管時時面臨著生存的危機，但社會關係的透明度和互補性使得它沒有貧困可言，而在我們這個區分性的社會中，每個社會關係都增添著個體的不足，因為任何擁有的東西都在對比的時候被相對化了。

凡勃倫對經紀人、資本家的本質、資本的運作方式等進行了無情的批判，並構建了自己的理論，其理論深刻地觸及到了資本主義的實質。他認為，資本主義革命是一場原則上主張人人平等，但沒有能（或不願意）從根本上實現人人平等的革命。人們日漸沉湎於對物質毫無意義的追逐之中，好像幸福平等是一種可測之物，是對一切物質的佔有和消費。而真正意義上的，不需要證據的幸福，卻被排除到消費的理想之外。

有的經濟學家認為，大多數人類行為都是理性的，人們僅尋求自身的快樂。凡勃倫拒絕這樣的經濟假設，相反的，他發現人們的行為舉止是非理性的，人們遵循習俗和習慣，而不是力求效用最大化。實際上，凡勃倫將傳統的經濟學分析完全顛倒過來，認為是人類制度及經驗幫助人們決定該相信哪些行為是愉快的，哪些是痛苦的。

商業活動是產生經濟週期的根本原因。商人借款是建立在預期未來利潤的基礎之上的。借款擴大了經濟活動並提高了商品的價格，因此導致了更高的利潤。當他們的預期得到確認時，商人對未來的利潤更為樂觀。隨著事態的順利進展，商人能夠貸更多的款，賺更多的錢。但是，在某些時候，會出現對持續利潤的憂慮，一些商人發現賺錢的機會逐漸減少。貸款被收回，一些小企業開始破產，隨之而來的便是蕭條。停滯將一直持續下去，直到商人們認為有利可圖，才樂意貸款並擴大業務。

凡勃倫把「有閒」定義為非生產性地消耗時間，即把時間花費在不創造任何價值的活動上。原始社會沒有時間的概念，勞動和休閒之間也沒有絕對的界限。當時的消費由兩種類型組成：一種是同一的、均等的個人消費；另一種是為舉行慶祝儀式而進行的集體消費。這種有閒消費的狀況是建立在原始社會生產力落後、財富共用的基礎上的。但是，隨著財富的累積，所有權的出現以及有閒階級的產生，有閒的概念得以產生，消費開始有了分化。有閒階級憑藉其巨大的財富（建立在剝削、侵佔其他階級的勞動成果上），完全脫離了勞動，享受著明顯的休閒，進行著炫耀性的消費。

這種炫耀性的消費具有了新的象徵意義，它是富裕的上層階級透過對物品的，超出實用和生存所必需的，浪費性、奢侈性和鋪張性消費，藉以向他人炫耀和展示自己的金錢財力和社會地位，以及這種地位所帶來的榮耀、聲望與名譽。這是因為**在金錢文化下，金錢成了判斷人們的社會地位、聲望及**

名譽的主要尺度，揮霍金錢進行浪費性消費無疑是對享有高地位的最及時、最便利的證明。特別是在準和平階段，對財物的消費竟被當作階級區分的標誌而存在。在經濟發展的初期，通常只有有閒階級才可以無限制地消費財物，特別是一些高級的財物。換句話說，這在觀念上，只有方式日漸多樣性的變化。

到了和平階段，即資本主義階段，消費方式表現出了由收入、職業引起的階層變化。由於消費方式源於風俗習慣，那麼消費就不再是理性思考的結果。如果意識到消費方式取決於其他人的消費，文化能夠影響消費決策，那麼消費者就不再是那些知道自己需要什麼，然後再購買什麼的自主個體。另外，人人都有缺陷，他們通常不知道自己真正需要什麼。

凡勃倫認為，他們並不是那種被動的代理者，只會把從消費不同的商品（或從事不同的事情）中獲取的樂趣累加起來。

消費由主要滿足享受，顯示富足逐漸向智力與審美力方面轉變。時下，就智力與審美力或美術的精通程度等方面的表現進行評比時，這種情況尤為突出。因此，往往會將實際只是金錢上的那種差別，理解為智力或審美力上的差別。

金錢總是轉化為等級特權、權力與文化特權，現代的有閒階級透過消費的方式，風格與眾不同，獨樹一幟。從炫耀到過分炫耀，從量的炫耀到高雅出眾的質的炫耀，從金錢到文化，他們絕對地維繫著特權。

總的來說，凡勃倫是美國二十世紀初期最著名的經濟學家之一。他把從社會科學中汲取的知識引入經濟學，並試圖以這種方式來拓展經濟學。更具體地來說，他闡明了習慣、文化以及制度怎樣塑造人類行為，以及人類行為的變化如何影響經濟。正是由於上述研究結果，凡勃倫可以稱之為制度經濟學派的智慧之父。

《商業循環問題及其調整》

威斯雷・C・米契爾：凡勃倫的得意門生

在一個商業非常繁榮的社會中，市場上各種貨物的價格會構成一個有規則的系統，而維持系統內各部分關係的積極因素，就是追求利潤。

——米契爾

威斯雷・C・米契爾（Wesley Clair Mitchell，一八七四—一九四八），美國著名的經濟學家，著名的統計學家，出生於美國伊利諾州的魯次維利。米契爾曾就讀於芝加哥大學，其間，他還曾到德國進行學習研究。畢業後，米契爾曾先後擔任加利福尼亞大學教授、哥倫比亞大學教授。在第一次世界大戰期間，米契爾曾在美國戰時工業委員會物價主管部門工作，戰後，他選擇繼續教書，並兼任了美國經濟研究所擔任研究指導。

米契爾是制度學派首腦凡勃倫的得意門生，因此，他在一般經濟的觀點上，繼承了自己恩師的理論。與制度學派的其他代表不同，米契爾著重對數量進行分析，提倡用統計方法改造經濟學，正是由於這一點，米契爾及其門徒又被稱為「統計學派」。在經濟理論的研究中，米契爾把研究的重點放在對「商業循環」問題的研究上，他所提倡的統計方法和商業循環理論，當時在西方經濟學界算得上是一種獨特的方法，對西方現代經濟學的發展產生了十分重要的影響。

米契爾的主要著作有：《商業循環問題及其調整》、《商業循環》、《經濟學與人類行為》、《貨幣在經濟理論中的地位》、《經濟學的展望》、《綠背紙幣史》、《經濟理論的定量分析》以及與本茲合著的《經濟循環的測量》等。

《商業循環問題及其調整》是米契爾非常重要的一本著作，在書中，米契爾主要應用他所宣導的「統計方法」，對「商業循環」問題（也就是生產過剩的經濟危機及經濟週期波動問題）進行了分析。米契爾的經濟理論之所以會出現在美國，是有一定的歷史背景的。

正如書中所說，當時，歐洲和加拿大的危機已經變得緩和，並且對美國經濟的發展已不會產生太大的影響了，但是，美國仍然受著三十年前的嚴重危機的影響。正是由於這一原因，美國人民對危機這一問題特別敏感。作為資產階級的代表，米契爾寫此書，就是為了透過對商業循環的統計分析來代替對其實質的分析，進而掩蓋危機的真相，並且，在書中，米契爾還為壟斷資本出謀劃策，以防止危機的再次爆發。

商業循環所涉及的各種過程

在這一章中，米契爾指出，商業循環是由許多過程的循環變動組成的。對商業循環的研究，歷來受到學者們的重視，並且他們分別從不同的過程和角度對這一問題做出了解釋，這些學說主要可分為三類：

第一類，認為商業循環是商業活動的一種自然過程，這一過程主要受到天體運動及氣候週期的影響；

第二類，認為商業循環是一種情緒過程，在這一過程中，樂觀和悲觀會交替出現；

第三類，認為商業循環是一種制度過程，它主要由技術革新的波浪式活動、普遍的生產過剩、銀行業務活動的週期性等的影響。

以上的每一種學說，都是側重於商業循環的某一變動過程。

既然商業循環是由許多過程中同時發生或相繼發生的各種變動綜合而成的，那麼，有必要作進一步量的分析，探明導致變動的每一種因素的相對重要性，以及在這些因素的影響下，變動的相對幅度、出現的次序和時間間隔會有怎樣的反應。

經濟組織與商業循環

在這一部分，米契爾主要考察了商業循環與現代經濟組織（也即商業經濟）之間的關係。

米契爾認為，商業循環只發生在具有顯著現代特徵的經濟組織裏，而現代經濟組織的特徵是：大部分經濟活動，主要是透過賺取和使用貨幣來進行的。也就是說，商業循環產生於貨幣經濟，或者說，貨幣經濟高度發達之後，就形成了所謂的商業經濟。當貨幣經濟高度發展之後，消費的主要支柱仍然是家庭，而生產，卻由一個新單位——企業來掌管。

在米契爾看來，如果一個產業是由組織非常嚴密的企業來支配的，那麼，商業循環表現得就非常顯著，並且，在這些產業中，大企業受到商業循環的影響會大於小企業。

企業活動的主要目的是賺取利潤，利潤是引導著經濟活動的變動的。在現實中，影響企業利潤的直接因素有兩個：一是買賣差價，二是交易數量。**在一個商業非常繁榮的社會中，市場上各種貨物的價格會構成一個有規則的系統，而維持系統內各部分關係的積極因素，就是追求利潤。**商人對利潤的追逐，會導致價格及交易量的變動，而物價和交易量的相互作用，會引起企業利潤和商業活動的週期性變動，進而導致商業循環的出現。

貨幣，特別是信用貨幣的流通數量和速度，是與經濟活動緊密相連的，它會隨著經濟的繁榮或衰退而增減。企業所得到的貨幣，會透過生產過程中的支出而分散於整個社會。**在社會的各種收入中，工資和薪水處於首要地位，利潤則處於第二位。但是，就與商業循環的關係而言，利潤在商業循環中變動的最大。**並且，在每年的收入中，會有很大部分被儲蓄起來，就儲蓄與商業循環的關係而言，企業儲蓄的變動與商業循環的起落成正比關係，而私人儲蓄與商業循環沒有密切聯繫。

在以貨幣作為收入分配的手段的經濟組織中，如果對這一現象不加控制，那麼，對貨物供應和需求的調節會變得非常困難。為了解決這一難題，商業經濟產生了一個精妙的合作辦法：企業管理人員指導賺錢的方法，技術專家對生產方法做出計劃，貸款者審查巨額貸款的方案，政府保護公共的利益，消費者決定生產什麼東西。在貨幣經濟晚期發展起來的由管理部門、技術專家、貸款者和消費者共同負責的指導性計劃，只在個別企業中有效，企業與企業之間是不存在著計劃的，而商業循環，就是這種無計劃組織的產物中的一種。

從國際範圍看，因為世界各國的經濟組織存在著差別，因此，他們的商業循環也必然不同。即使在商業經濟普遍比較發達的歐美各國，他們的經濟組織也存在一些不同之處，比如，在商業經濟發達程度、節儉習慣與進取精神、貨幣與銀行習慣、政府參與經濟活動的程度等方面存在差別，這些不同之處與其他的非經濟因素共同作用，使任何兩國的商業循環不會完全相似。

統計的貢獻

在這一部分，米契爾主要考察了統計對商業循環研究的貢獻。**米契爾認為，在對商業循環問題進行研究時，應將理論工作與統計分析結合起來。**這是因為，統計分析提供了確定各商業循環學說所強調的各個因素的相互關係，以及各個學說的相對重要性。

十九世紀下半期以後，隨著統計方法和統計資料的不斷完善，商業循環家對在數量基礎上建立起來的商業循環研究的進展也越來越快。其中，對時間數列的分析是中心問題：首先，必須盡可能將週期性循環變動和時間數列所容易遇到的其他變動隔開；其次，必須確定許多不同數列中各個循環變動的關係。

統計工作對商業循環研究的貢獻，主要表現在以下幾個方面：

一、關於時間數列的分析

既然商業循環在時間上是接連發生的，那麼統計資料就應該是時間數列。在這一過程中，統計學家們先將不同形式的時間數列改造成為可相互比較的數列，然後，仔細研究時期數列的長期趨向、季節變動、不規則變動等，並給這些變動配上合適的曲線，最後，從總變動中消除和分離這些變動，將循環變動孤立起來研究，以使它的變動顯得更加明顯。同時，他們還用週期分析法對經濟週期的循環變動進行研究。

二、計量各個時間數列之間的關係

為了達到這一目的，統計學家運用相關計算法來計算各種變動之間的關係，使得那些原始數學、趨向配合和離差性質由於細心地研究而更加準確，在這一基礎上，確定一個數列對另一數列的落後程度。

三、對各個過程中循環、不規則變動的幅度和時間的分析

透過對這些方面的分析，米契爾認為，商業循環是由許多具有不同幅度的各個經濟過程循環變動的集合而成的。從長期來看，各過程的時間關係有一定的規則，即某些經濟過程的循環變動總是領先或落後於另一經濟過程的相應變動。但有時，兩個數列的時序關係在商業循環的各個階段並不相同。

四、商情指數

商業循環是許多經濟活動循環變動的綜合，因此，將代表各經濟過程的時間數列合併，並將之編成一般的商情指數，就可以幫助我們更透徹地瞭解商業變動。在這裏，米契爾具體分析了商業金額指數、貿易或生產數量指數以及一般商情指數。在分析的基礎上，他指出，只要一般商情指數是用一般的材料和一般的方法編制而成的，就可以被用於比較各連續循環的持續時間、幅度及各階段的特點。

商業年鑑的貢獻

在這一部分，米契爾主要考察了商業年鑑對商業循環研究的貢獻。米契爾認為，研究商業循環的最好的資料，是包括商情指數在內的統計資料。但是，大量的統計資料在不同的時期和地區會有區別，因此，就需要商業年鑑對其進行補充。

商業年鑑顯示，商業的常態是變動，而這種變動是重複出現的，因此被稱為循環。商業循環可以分為繁榮、衰退、蕭條和復興四個階段，這四個階段在任何地方任何時間都是循環出現的，但是，在所有的循環變動中，沒有任何兩個循環是完全相同的。

根據年鑑的度量，商業循環在各個國家、各個時期都是不同的，但它們都具有圍繞中心趨向的規則性。年鑑還顯示，在商業循環的各個階段中，衰退和復興兩階段比較短暫，而繁榮和蕭條所占的時間要長一些。

從國際範圍來看，年鑑顯示，任何存在著商業活動的國家中，它的經濟狀況都會受到其他國家的影響，因此，各國的商業循環越來越趨於一致。

結果與計劃

在這一部分，米契爾主要闡明了商業循環的概念等內容。

商業循環是由許多過程（包括自然過程、心理過程和經濟過程）中的各種變動所組成的複合體。在這裏，米契爾把商業循環看作是自然的、心理的、經濟的以及社會政治的各種因素互相結合的產物；把商業循環過程中出現的各種現象，如原料、工業設備和消費品生產的波動，儲蓄和投資數量的波動，新企業創辦數量的波動以及銀行業務的週期性波動等，看作是商業循環的特徵，認為商業循環是各種過程中的各種變動的集合。米契爾進行的這些分析，實質上是想以對現象的分析來代替對本質的研究。

商業循環產生於現代經濟組織——高度發達的貨幣經濟即商業經濟中。貨幣經濟的發展，使得供給和需求的適應變得非常困難。單個企業內部生產可以按照計劃進行，而各個獨立的企業之間是沒有計劃的，因此，商業循環就是這種組織的無計劃產物中的一種。

米契爾認為，商業循環產生於商業經濟，而所謂的商業經濟，是指一個社會的大部分經濟活動，也就是生產、分配、交換、消費都已採取賺錢和實踐的組織形式，而不僅僅只把貨幣作為交換的媒介。就像書中所說的：**「商業循環的產生，是由於全體人民的賺錢和花錢的習慣引起的，而不單單是**

由於商人的賺錢和花錢的習慣引起的」。貨幣經濟的發展，使社會產生了追求利潤的企業組織及物價系統，而這些因素的相互作用，使得對供需的調節十分困難。企業內部所形成的有效的合作制度，雖使個別企業的生產具有很好的計劃性，但是，各個獨立的企業之間卻無計劃性，也就是說，整個社會的生產是處於無政府狀態之下的，而商業循環，就是這種無計劃性的產物。

在研究商業循環的問題時，應將理論工作與統計分析結合起來。這是因為，統計分析能夠提供商業循環中各個因素的相互關係及相對重要性，並能說明商業循環的基本特徵。

在第三和第四兩章中，米契爾詳細闡述了統計和商業的年鑒對商業循環研究的主要作用。米契爾說明，統計學家們運用統計方法將長期趨向、季節變動、不規則變動與循環變動隔離開來，孤立研究循環變動，並運用統計方法與統計資料研究循環過程中各種變動之間的關係、各種變動的幅度及時間、以及循環各階段的特點，也就是對商業循環進行一個比較全面、有系統的描述。商業年鑒能很好地補充統計分析的不足，它對於研究商業循環各階段的特徵以及商業循環的國際特徵具有十分重要的意義。

所謂的商業循環，就是商業活動上升和下降反覆出現的循環，在那些高度發展的商業社會中，它的大部分經濟活動都受商業循環的影響；商業循環的幅度，與循環本身的變動幅度並不相同；在經濟發展程度不同的社會中，商業循環的平均週期是不同的；由於國際市場的發展，因此，商業循環在國際範圍內越來越趨於一致。

值得注意的是，米契爾作為資產階級經濟學家，受其階級和時代的局限性，以對資本主義社會經濟現象的分析代替對其本質的分析，以量的分析代替質的分析，進而掩蓋了商業循環的經濟危機的客觀原因及其真正特點。但是，他所提倡用統計方法作為經濟研究的手段，即便是在今天，也具有十分重要的意義。

《制度經濟學》

約翰・康芒斯：舊制度經濟學派的三大巨擘之一

「業務規則」是表示一切集體行動所共有的一種普遍原則，它的直接結果是形成一種秩序。在這種秩序中，指出個人能或不能做，必須這樣做或必須不這樣做，可以或不可以做的事。

——康芒斯

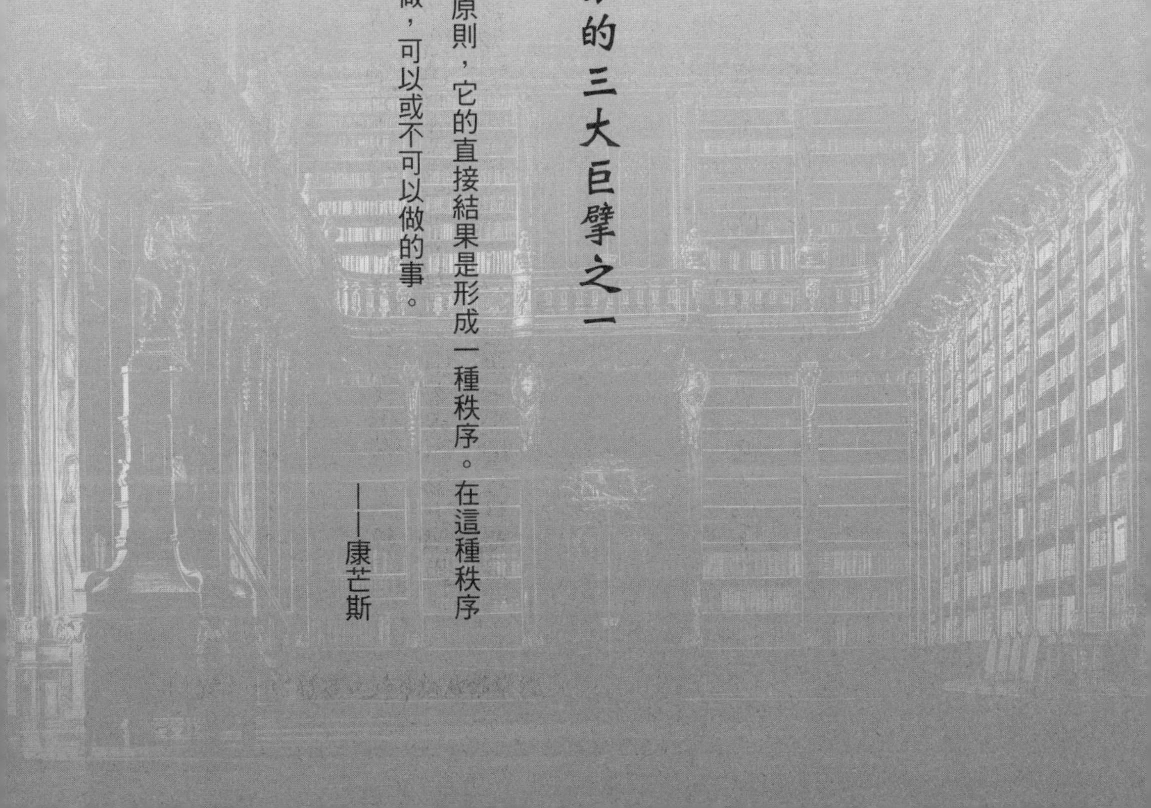

約翰•康芒斯（John Commons，一八六二—一九四四），美國著名的經濟學家，制度學派早期的重要代表人物，出生於美國俄亥俄州荷蘭堡的達克。

康芒斯曾就讀於奧柏林學院，後來，又轉到霍普金斯大學學習，其間，他開始對法律和經濟學關係的問題產生了興趣。畢業後，康芒斯曾先後執教於維斯里安大學、奧柏林大學、印第安那大學、西那庫斯大學以及威斯康辛大學。並且，他還先後擔任了許多社會職務，比如美國經濟學會會長、全國經濟調查會會長、產業關係委員會會員、全國經濟協會會長以及全國消費者聯合會會長等。

一八八三年，康芒斯參加了克利夫印刷工會，此後，在長達半個世紀的時間裏，他積極參加集體活動，這一切，都對他的思想產生了非常深刻的影響，也為他以後的研究打下了堅實的基礎。

康芒斯在經濟理論上的主要貢獻在於，強調了制度因素在經濟發展和社會進步方面的推動作用，特別是法律制度對資本主義的產生和發展的影響，在此基礎上，他提出了「法制居先於經濟」的重要論斷。

康芒斯與凡勃倫、米契爾一道，被稱為舊制度經濟學派的三大巨擘，與其他的兩位經濟學家不同的是，康芒斯看重的是法律制度的作用。他的經濟思想，大致可以歸結為三個方面：集體行動控制個人行動、利益協調論以及法律制度高於一切。

康芒斯的主要著作有：《制度經濟學》、《美國產業社會史料》、《財富的根本》、《美國勞工史》、《資本主義的法律基礎》等。

《制度經濟學》是康芒斯的主要著作之一，也是制度學派的一部重要的代表作。和制度學派的其他代表人物一樣，康芒斯也認為，「制度」因素是經濟發展的基本動力，但是，與其他的制度學派的代表人物不同的是，康芒斯特別強調法律制度對於經濟制度變化所產生的作用，這一點，在本書得到了明顯的展現。

在論述方法上，本書也有自己的特色。正如康芒斯在前言中所說的：本書仿效的是自然科學教科書，書中所列入的每一種觀念，都追溯到了它的創始人，然後對這一觀念的逐步發展和變化進行了陳述。並且，又將各觀念早期的雙重的或三重的意義分開，直到使每種觀念作為單一的意義，能夠與康芒斯理想中的政治經濟科學裏的其他觀念結合起來。

法律上所有權的「交易關係」

康芒斯在對其制度進行分析時，是以法律上所有權的「交易關係」作為基本點的。康芒斯繼承了凡勃倫所開創的批判分析傳統，認為正統派經濟學家們將財富的兩種意義混淆了，他們既說財富是一種物質的東西，又認為它是那種東西的所有權。

這種說法的矛盾在於，所有權意味著限制數量以便維持價格的權力，而「物質的東西」卻產生於利用生產甚至生產過剩的效率來增加其數量。

在對財富的兩種意義作了上述區別之後，康芒斯發現「物質和所有權的相互關係，是在一種經濟活動的單位——交易裏化身的，並且，存在於那種對有利的交易的預期裏」。

康芒斯進一步解釋道，正統經濟理論之所以無法對財富的兩種意義做出區別，是因為它把經濟關係僅僅理解為人類和自然的關係，而人與人之間的關係卻不包括在內。

康芒斯說：「如果政治經濟學的題材不是個人和自然的勢力，而是人類透過財產權的互相轉移，透過彼此的相互依賴來維持生活，那麼，我們就必須從法律和倫理中尋找這種人類活動的重要的轉捩點。」法律處理人類的活動或糾紛，依據的不是人與自然的關係，而是人對自然物的所有權，也就是

「利益的衝突」。

康芒斯認為，僅僅有「衝突」是遠遠不夠的，因為人與人之間的關係是一種既相互衝突又相互依賴的關係，因此，在衝突與依存的相互作用中，還必須要建立一種對未來的「可靠的預期」機制，康芒斯把這種機制叫做「秩序」。由此，**「衝突、依存和秩序」共同構成了人類所有活動的三項基本原則，而能夠同時展現這三項原則的，只有人與人之間的「交易關係」**。從這個意義上來說，「交易」構成了制度經濟學研究的「最小單位」。

「交易」和「交換」

「交易」並不等同於「交換」，在老派經濟學家的觀點裏，所謂交換關係，是指商品的實際移交，而交易關係，則是商品的所有權的轉移，是法律上的一種制度。商品的所有權決定了商品的價格及其競爭的，而決定競爭是否公平的是所有權的轉移，不是實物的交換。

但是，交換和交易之間是有密切關係的。在這裏，康芒斯舉例說明，如果一個小商販帶著自己的商品和貨幣到市場上去，並拿它們與其他的人交換，那麼，他會同時完成兩種性質不同的活動：一種是貨物的實際交換，就是把貨物實體從一個人的手中轉移到其他人的手中，另一種是對所有權的讓渡和取得，也就是交易活動。從上邊的例子我們可以知道，交換與交易是存在於同一過程之中的。

既然交易不是對實際物品的轉讓，而是人們之間對物品的未來所有權的讓渡，那麼，決定交易能否進行的前提就不應該是勞動，而應該是（按康芒斯的說法）業務規則，也就是倫理學上的「行為準則」和法律上的「合理程序」。因此，在對所有權進行轉移時，必須要按照社會的業務規則，先在有關方面之間進行「談判」，之後，勞動者才能生產或者消費者才能消費，而商品，也才會實際地交給其他的人。

作為所有權轉移的交易，在現實社會中有三種主要類型，康芒斯分別把它們命名為「買賣的交易」、「管理的交易」和「限額的交易」。

第一，買賣的交易。**所謂買賣的交易，是指發生在法律上、經濟上地位平等的人之間的所有權轉移的關係。**它強調的是買賣雙方關係的平等，而管理的和限額的交易，則無論在法律上還是在經濟上都是一種上級對下級的關係。買賣的交易的作用是，對財富進行分配，這種分配是透過「勸誘或強迫」的手段實現的，並且，它取決於機會、競爭和討價還價的能力；

第二，管理的交易。在管理的交易中，上級是個人或是少數人的組織，他們發號施令，下級對他們絕對服從，如工頭對工人、州長對市民的關係就是管理的交易關係。它的作用在於財富的生產，是透過「命令或服從」的手段來實現；

第三，限額的交易。在限額的交易中，上級是一個集體或者是這個集體的正式代表，如立法機關、法院、公司董事會、工會、專制政府等等。它的作用是對創造的財富進行分配，並且，對生產的利益和負擔也進行分配。它主要是依靠「強制或暴力」的手段來實現的。

集體行動控制個體行動

在康芒斯看來，將上述三種類型的交易結合在一起，就構成了經濟研究中的一個「較大的單位」，即「制度」或「運行中的機構」。這種運行中的機構，是靠「業務規則」或者說是「秩序」來推動的，它的範圍從家庭、公司、工會直至同業協會和國家本身。

對制度範疇的特徵，康芒斯作了簡要的描述：凡是「動的」而不是「靜的」東西，或是講「程序」而不講商品、講活動不講感覺、講管理不講平衡、講控制不講放任的東西，都屬於「制度」的範疇，或者是制度經濟學的研究對象。康芒斯進一步闡述道：**如果我們想要找出一種普通的原則，使之適用於一切屬於制度的行為，那麼，我們就可以把制度解釋為用集體行動來控制個體行動。**

集體行動的種類非常多，範圍也極其廣泛，從無組織的習俗到許多有組織的所謂「運行中的機構」。康芒斯指出，集體運動在習俗中的表現更為普遍，從某種意義上說，一個運行中的機構只是一種習俗，而法律則是習俗「精確化」、「命令化」的表現。

「業務規則」是表示一切集體行動所共有的一種普遍原則，它的直接結果是形成一種秩序。在這種秩序中，指出個人能不能做，必須這樣做或必須不這樣做，可以或不可以做的事。因此，集體行動不僅僅是對個體行動的控制，並且，透過控制行為，可以達到兩種效果：首先，它使個體行動得到解放，使其免受強迫、威脅、歧視或不公平的競爭；其次，它使個體意志得到擴張。按照「業務規則」，一個跨國公司的首腦發出命令，那麼，無論下屬在任何國家的任何地方，都要執行這一命令。因此，「業務規則」又可以被看成是被集體行動所控制、解放和擴張的個人行動。

在集體行動透過各種制裁手段對個體行動進行控制的普遍原則中，產生了權利、義務、無權利、無義務等法律上的關係，而這些關係是與經濟上的關係相適應的。在本書中，康芒斯把這些關係歸結為安全和服從，自由和暴露四種。

「服從」，是指處於債務或義務的地位上的個人或集體，對集體行動的業務規則的服從狀態，而所謂的安全，是指由於對上述服從的預期，進而產生的安全狀態；若集體採取一種禁例的方式對人們進行控制，那麼，這個禁例就會給那個因此可以免受傷害的人造成一種經濟上的「自由」狀態。但是，一個人的自由可以給另一個有關的人帶來利益或損失，造成一種「暴露」的經濟狀態，即「暴露於對方的自由」。比如，雇主暴露於雇員有工作或離去的自由，雇員暴露於雇主有雇傭或解雇的自由，此外，源於商業信譽、營業特許權、注冊商標等「無形的」財產也展現了這種「暴露——自由」的關係。以上四種經濟關係，是人類所有活動的基本「交易」關係。

法律居先於經濟

康芒斯在對社會經濟發展的解釋中，從法學的角度出發，得出了「法律居先於經濟」的論斷，也就是說，作為所有權的轉移的「交易關係」應該先於作為「物質的移交」的交換關係而存在。

康芒斯認為，資本主義制度的產生，應首先歸功於法院，因為是法院保證了資本主義法制的勝利，破壞了封建社會制度，並為資本主義的長足發展掃清了道路。

在這裏，康芒斯指出，資本主義制度從產生到現在，共經歷了「自由競爭資本主義」、「金融資本主義」和「管理的資本主義」（也就是所謂的「合理的資本主義」）三個階段。其中，任何一個發展階段都離不開法制的作用，它們都是國家法律制度對私人企業活動進行干預的結果。

康芒斯還指出，現代資本主義制度與過去有很大的差異，它的進步性主要表現在兩點：首先，它能夠更好地免除自身的缺點和矛盾；其次，資本主義制度的進一步完善和發展，有賴於法律的完善和發展。康芒斯舉例說明，美國的法律制度已使資本的所有權趨於分散，這種所有權的擴大，或者說是投資者的好感的擴大，已經使得千百萬的美國人對於保存資本主義感到興趣。因此，美國已由個人主義變成公司主義，私人財產也已經變成了法人財產。

「衝突、依存和秩序」共同構成了人類所有活動的三項基本原則，而能夠同時展現這三項原則的，只有人與人之間的「交易關係」。

《就業、利息和貨幣通論》

約翰・梅納德・凱恩斯：現代宏觀經濟學的創始人

我們可以靠增加貨幣支出來增加就業量，一直到實際工資降低到與勞動力之邊際負效用相等時為止。這一點，依據定義，就是充分就業之點。

——凱恩斯

約翰・梅納德・凱恩斯（John Maynard Keynes，一八八三—一九四六），英國著名經濟學家，現代宏觀經濟學的創始人。一九〇五年畢業於劍橋大學，後又在該校任教，並創立政治經濟學俱樂部。一九〇八年任皇家學院研究員。從一九一一年起，他長期擔任皇家經濟學會的《經濟學雜誌》主編，以後又多次擔任政府經濟部門官員。一九一九年，他又任財政部的巴黎和會代表。二戰期間，他曾任英格蘭銀行董事。一九四二年他被封為勳爵。一九四四年他率英國代表團出席在布雷頓召開的聯合國貨幣金融會議，籌劃建立「國際貨幣基金組織」和「國際復興銀行」。

除了政治方面的活動以外，凱恩斯也經營私人企業。他是「國民互助人壽保險公司」的董事長和一家投資公司的負責人，並從事金融投機事業。此外，他創建了劍橋藝術劇院。凱恩斯的遺產約為五十萬英鎊，大致相當於今天的一千萬美元，成為有史以來最富有的西方經濟學家之一。

凱恩斯一生著作頗豐，其中最著名的是一九三六年發表的《就業、利息和貨幣通論》一書，該書被公認為二十世紀最重要的西方經濟學著作。他所提出的「有效需求理論」和「乘數理論」代替了傳統的經濟理論，獲得了經濟學界的公認，並被人們稱為「凱恩斯革命」。從此以後，凱恩斯革命成為西方世界通用的名詞，凱恩斯不但被認為是現代宏觀經濟學甚至是二十世紀西方經濟學的開山鼻祖，而且還被置身於具有歷史里程碑意義的西方經濟學家的行列，能與亞當・史密斯相提並論。

有人認為，如果說亞當史密斯的經濟理論是年輕的、進步的、鬥爭的新興資產階級的樂觀主義的經濟哲學，那麼，凱恩斯的經濟理論，則是資本主義晚期的，悲觀的資產階級經濟思想。還有西方學者甚至把該書對世界的重要性，與達爾文的《物種起源》和馬克思的《資本論》等量齊觀。

凱恩斯革命主要表現在三個方面：第一，根據薩伊定律，供給總是能自動創造需求。而凱恩斯認為，由於三個基本心理因素的共同作用會造成有效需求不足，在新古典經濟學體系裏是不會出現這種情況的；第二，工資之所以不能適應需求不足的變化是因為它存在剛性，不可能像新古典經濟學體系描述的那樣迅速變動；第三，市場出現大蕭條的原因是市場本身無法自動調節。因此，凱恩斯主張國家干預市場。就這樣，凱恩斯有效地解釋了大蕭條，並創立了宏觀經濟學。

凱恩斯對大量的宏觀概念進行了歸納和整合，使經濟學的發展開始跳出價格分析的限制，進而以一種全新的角度與全新的理論對自由資本主義的缺陷給予解釋和彌補。

除了《就業、利息和貨幣通論》之外，凱恩斯的其他主要著作有：《機率論》、《貨幣論》、《貨幣改革論》等。

「薩伊定律」與充分就業均衡

凱恩斯《通論》的核心是就業不均衡理論。**凱恩斯認為，經典學派僅承認兩個失業範疇：一是摩擦失業，一是自願失業。**經典學派的就業理論基於兩大前提：第一，工資等於勞動力之邊際生產力；第二，當就業量不變時，工資效用就等於該就業量的邊際負效用。按照這種傳統的就業論，社會的就業量與實際工資都由勞動的供需雙方所決定。勞動的供給方得到實際工資，即工資，藉以購買實物，被認為是導致他們從事勞動的動機；而阻礙人們從事勞動的阻力是勞動的負效用，即由於勞動所帶來的不舒服之處，比如疲倦、精神緊張等。在既定的實際工資水準中，凡是認為該水準的工資可以補償其勞動的負效用的人們都已就業，**只有那些嫌工資太低，不能補償其負效用的人才會失業。這些不願「屈就」的人，因為他們拒絕為現行的工資勞動，因此被西方學者稱為自願失業者。**換言之，資本主義總是處於充分就業狀態，所有願意從事勞動的人都會就業，只有自願失業者或正在轉換就業位置的人（即暫時性的「摩擦失業」）才會處於失業的狀態。

凱恩斯反對薩伊有關供給會創造需求的「薩伊定律」。他認為薩伊忽略了貨幣這個因素。事實上，供給與需求不一定會平衡。他提出的法則是：儲蓄動機與投資動機不同，人們有可能儲蓄過多而消費過少，而使儲蓄和投資不一致，進而產生市場需求不足——對消費品、生產原物料需求不足，供過於求，最終導致生產過剩的經濟危機與失業。

西方傳統就業理論的核心是薩伊的銷售論，該理論普遍地被西方學者稱之為薩伊定律。薩伊定律在西方具有很多不同的表達方式，其中最簡單的一種是「供給會自動創造需求」，意思是說，生產者進行生產，不僅僅是為了滿足自己消費，主要是為了拿自己的產品與其他生產者的進行交換，以便得到他所需要的其他東西。只要社會上存在著一種供給，就會自動地存在著一種相應的需求。所以，按照薩伊的說法，社會上的一切產品都能被賣掉，因此不會出現生產過剩的現象。不僅如此，據說由於每個生產者都想享用品種最多和數量最大的各種物品，因此每個生產者都儘量製造出最大數量的產品和別人相交換。也就是說，社會不僅沒有生產過剩的現象，而且還能使生產達到最高的水準，即達到充分就業狀態。

有效需求原則

「凱恩斯革命」的真實底蘊，是與古典經濟分析理論觀的教條的徹底決裂，以總量水準的總供需均衡分析取代古典傳統的總量恆等分析，因此，以有效需求原則取代薩伊定律與瓦爾拉定理。凱恩斯的就業論就是依據他的「有效需求原理」展開的。

所謂有效需求，是指商品的總供給價格和總需求價格達到均衡時的社會總需求。有效需求不足，是因為貨幣的購買能力不足，並由此導致了蕭條。實際就經濟分析理論而言，凱恩斯革命的實質便是以總量水準的「均衡分析」觀點來解釋經濟現象。「均衡」表示某一時間的總供給與總需求的數量相等，它只在惟一特定的實際水準中實現，因此，凱恩斯用總供給函數和總需求函數來解釋「均衡」：「均衡」表示總供給函數和總需求函數相互交叉的一個點。於是，**凱恩斯提出了兩個無可置疑的命題：第一，在一種生產活動中，社會各分子所得收入的總數，正好等於該產物的價值；第二，個人財富淨增量的總和，恰好等於社會財富總量的增量。**

凱恩斯對總供給函數的三個基本觀念表達得非常清楚：

第一，只有在短期內，假設技術、資源以及生產要素成本都不變的情況下，總就業量與總供給數量（價值量）貨幣利息率之間構成的固定函數關係才有效。第二，資源是經濟體系對總供給數量貨幣利息率的惟一約束，因此只要不是充分就業，貨幣利息率就是完全可以自由變動的。第三，依據總供給函數畫出的總供給曲線，在經濟分析中只產生客觀參考標準的作用。特定時期的總需求量若高於這條曲線，那麼就業可能繼續擴大；低於這條曲線，則就業勢必縮減；等於這條曲線，就業既不增加，也不減少。

顯然，在凱恩斯經濟分析中，總供給的作用完全是被動的、消極的；而總需求在經濟體系中則是主動的、積極變化的。

在社會尚存在閒置資源的情況下，一個社會的均衡收入水準應由該經濟體系的總需求狀況來決定，而對總需求狀況產生制約作用的，則是**凱恩斯的三大基本心理法則規定的三個決策變數——消費傾向決定社會的總消費，資本邊際效率和貨幣利息率的關係決定社會的總投資，總消費加總投資構成經濟體系一定時期的總需求。**

凱恩斯採用供需均衡分析法，對就業問題進行實際分析。他認為，總需求函數與總供給函數的交叉點決定就業量。並且在這一點上，資本家的預期利潤達到最大量。當預期收益大於總供給價格時，資本家覺得有利可取，他們會增加工人，結果使成本提高，最後變得無利可圖；當預期收益小於總供給價格，資本家覺得無利可圖，就會減少就業量。只有在預期收益與總供給價格相等時，總供給和總需求相等，其均衡點就是「均衡就業量」。

凱恩斯強調，總需求函數與總供給函數交叉點的值，就是有效需求。**凱恩斯認為，因為有效需求充足，資本家的預期收益小於總供給價格，所以才會有充分就業。**他認定，在每一個時期都有一個決定性的就業量，那是資本家在達到最大利潤的情況下提供給工人的。在沒有對投資品的大量預期收益的情況下，資本家的預期收益勢必小於他們為所有願意工作的人提供就業所必需的數額。

據此，**凱恩斯為充分就業下了這樣的定義：當某一就業量超過均衡點的就業量時，產量和就業量**

將不再增加。他認為他的理論是一個「通論」，而經典學派理論僅僅是這個「通論」的一個特例。

消費傾向

凱恩斯認為，當就業量增加時，總所得也隨之增加。然而社會往往出現這樣一種情況：總的真實所得增加時，總消費量也在增加，但沒有所得增加得那麼快。這是一個心理法則，無論從人性來看，還是從實際事實來看，這都是毫無疑問的。

他詳細列舉了影響消費傾向的客觀、主觀因素，客觀因素主要包括：工資的改變、所得與淨所得差別的改變、在計算淨所得時沒有考慮到的資本價值的意外改變、時間貼現率的改變、財政政策的改變等；主觀因素則包括人性的心理特徵，社會習俗和社會制度等。

消費傾向代表社會的消費量和國民收入之間的比例。在大多數情況下，由於社會的消費量不會超過它的國民收入，因此消費傾向的數值低於一。也就是說，社會總是會把國民收入的一部分儲蓄起來，被儲蓄起來的部分必須由對投資品的購買來加以彌補，否則，充分就業的社會所生產出來的部分產品就會賣不掉，進而導致生產過剩的危機以及隨之而來的失業現象。

消費傾向決定總需求中的社會總消費的支出水準。人們總是喜歡按習慣來安排他們的經常性開銷，所以，在短期內，消費者的消費行為一般不會有大的變化。也正是這個原因，人們的消費傾向，尤其是整個經濟體制的社會平均消費傾向，在短期內通常是比較穩定的。但是就長期來看，隨著個人及社會收入和財富的持續成長，邊際消費傾向則會持續減小，進而導致社會總儲蓄水準的不斷擴大。假如這時沒有足夠的投資意願來吸收不斷增加的儲蓄增量，則整個經濟體系的總產出水準就只能停留在一個較低的水準，經濟體系處於非充分就業均衡狀態。

消費傾向是凱恩斯在《通論》中提出的第一項心理法則，因為人們在獲得收入後的第一組決策，就是決定把收入的幾分之幾用作消費，幾分之幾用於儲蓄。

資本邊際效率

凱恩斯把一種資本資產（投資品，也就是廠房機器設備等）的未來收益與它的供給價格之間的關係稱為這種資本資產的資本邊際效率。資本資產的未來收益，是從資本資產在所生產的生產物的價值中，減去為取得該生產物而支付的開支之後所得的剩餘額。資本資產的供給價格是指資本家為了增加資產所需的費用或重新替換設備的投資成本（或稱為重置成本）。

凱恩斯認為，從現實意義上來說，資本邊際效率其實等於貼現率，因為按照貼現率將資本資產的

未來收益折為現值，這個現值正好等於該資本資產的供給價格。他認為，各類資本的邊際效率，是不會超過現行利率的。

凱恩斯認為，資本邊際效率之所以會隨著投資的增加而減少，主要有兩個原因，一是該類資本的供給增加，進而引起未來收益下降；二是該類資本的產量增大後，加大生產設備的壓力，使供給價格提高。他認為在短期內能達到均衡，主要是因為後者，而時間越長，前者的重要性愈大。

凱恩斯相信，因為經濟體系的現狀是完全被動的、確定的，所以，對於未來的種種不同看法足以影響目前的情況。也可以這麼說，經濟體系的現狀是利益主體關於未來看法的函數，人們對於未來種種情況的預期是引數，而經濟體系目前的狀況則是因變數。因此，人們在對實際時間中運行的經濟過程研究時，與被動的、確定的現狀相比，肯定對主動的、不確定的未來更感興趣。

因此，凱恩斯特別強調預期的重要意義。他認為，人們預測未來，一方面取決於現在的事實，另一方面取決於未來的發展。前者是多少能知道得相當確定的，後者則僅能靠預測。而預測是十分不確定的，在投資股票的情況下更是如此。

因此，凱恩斯特別強調：一特定量資本邊際效率與預期的改變有關，這一點非常重要。因為有著這種關係，資本邊際效率才會發生急劇的變動，才會產生商業循環。他就是用資本邊際效率與利率的相對變動，來說明在繁榮之後為何會有不景氣，不景氣之後又怎麼會有繁榮的。

利率與靈活偏好

凱恩斯認為，只知道資產的未來收益以及該資產的邊際效率，仍然無從知道利率怎樣或該資產的現值怎樣。因此，還必須從其他方面考察如何決定利率，然後按照該利率將該資產的未來收益還原，求得該資產的現值。

按照比較傳統的觀念來說，利息是「節欲」或稱為「忍欲」（即節制現在的消費）或「等待」（即等待將來的消費）的報酬，投資的需求曲線與對投資的供給曲線（即儲蓄曲線）的交點決定利息率的高低。凱恩斯認為，收入決定儲蓄量，儲蓄曲線的位置取決於收入的水準。

換句話說，相對於某一個收入水準，存在著一條相應的儲蓄曲線，那麼，在各種不同的收入水準，就會存在著一連串的儲蓄曲線。這些曲線和既定的投資曲線會有許多代表不同利息率的交點，而不是單一的交點。也可以這麼說，在收入不確定的條件下，人們無法知道，在投資和儲蓄曲線所決定的數量眾多的利息率中，到底哪一個代表實際存在的利息率。因此，傳統經濟學的投資與儲蓄能決定利息率的說法不能成立。

凱恩斯認為，利率取決於所謂的「靈活偏好」和貨幣量。他說，一個人在處置他的所得時會碰到

「個人心理的時間優先」問題。

第一是消費傾向，在所得中有多少用作消費，有多少以某種方式保留為對未來消費的支配權。

第二，他持有的所得或儲蓄保留為對未來消費的支配權的方式，可以是即期的、流動的，如貨幣或其他相應物，也可以是把即期的支配權放棄一些時候，而由未來的市場狀況來決定。這便是「靈活偏好」。**利息就是放棄周轉靈活性的報酬。利率所衡量的是貨幣持有者不願意放棄對貨幣的靈活控制權的程度。**他說對利率前途的預測，也像資本邊際效率一樣取決於市場上群眾的心理，然後再影響「靈活偏好」。人們要有「靈活偏好」是基於需要現金以備個人或業務上交易之用，或想保障一部分資源在未來的現金價值或在市場用作投機以從中取利。

凱恩斯是把利率與貨幣直接結合起來闡明利率的。在他看來，不同資產預期價值的變動方向和大小都是不相同的，進而各自的利息率也不同，既能是正值也能是負值，其中貨幣、資產本身的利率就稱作貨幣利息率。貨幣作為實際資產的一種，其本身利率主要來源於同時間發生的流動性升值，即來源於經濟體系中微觀主體對貨幣避免損失、獲得盈餘的流動性能力的心理預期或期待。

如果貨幣利息率能夠等於零，則資本邊際效率也就能降為零，進而經濟體系就能實現充分就業，然而凱恩斯依據理論和經驗分析否定了這種假定的現實可能性。貨幣利息率不可能降低至零，這就構成整個經濟體系的資本稀少。

歸根究底，本書中**凱恩斯理論體系主要包括：解決危機和失業問題的對策或政策不外乎使消費傾向、資本邊際效率和利息率的數值處於能維持充分就業的狀態。**消費傾向、預期收益、供給價格與流動性偏好這四個變數系由人們的自發的市場行為所決定，因此，國家的政策很難加以控制。只有貨幣數量，能由國家的貨幣政策所掌握。所以，國家必須直接進行投資來使社會的投資量等於充分就業條件下的儲蓄量，以便解決資本主義的危機和失業問題。

消費傾向是凱恩斯在《通論》中提出的第一項心理法則，因為人們在獲得收入後的第一組決策，就是決定把收入的幾分之幾用作消費，幾分之幾用於儲蓄。

《經濟政策和充分就業》

阿爾文·哈威·漢森：凱恩斯學派創始人

如何使消費和儲蓄取得平衡，實在是維持經濟均衡和充分就業中，一個非常複雜而困難的問題核心。

——漢森

阿爾文・哈威・漢森（Alvin Harvey Hansen，一八八七—一九七五），美國經濟學家，凱恩斯學派創始人。漢森早年曾致力於「商業循環論」的研究，後轉而信奉凱恩斯主義，並提出「長期停滯論」和「混合經濟論」。漢森認為，資本主義在經過十九世紀末、二十世紀初的高速發展步入緩慢發展期後，必須加強國家對社會經濟生活的干預和調節，重點是以公共投資來抵補私人投資的不足，即「實行混合經濟制度」。

漢森的主要論著有《經濟政策和充分就業》、《貨幣理論與財政政策》、《經濟週期理論》、《凱恩斯學說指南》、《經濟週期與國民收入》等。

《經濟政策與充分就業》是一部關於充分就業理論的著作。早在第二次世界大戰正在進行，美國的失業問題還不嚴重的時候，一向以積極主張國家要有「向前看的長期計劃」而著稱的漢森，就已經開始擔心戰爭結束後，軍隊復員時可能造成大量失業的危險形勢了。

因此戰後，漢森不像正統經濟學家那樣惟恐通貨膨脹，急於採取收縮的措施，而是提醒人們應認清「市場不足的危險更大地威脅著我們」，告誡政府要把實現充分就業，當作自己經濟政策的主要目標，而千萬不要因為「醫治通貨膨脹而引起通貨緊縮失業」。《經濟政策和充分就業》一書，就在這樣的背景下寫成的。

對美國通貨膨脹問題的探討

漢森專門研究了通貨膨脹問題，這似乎與全書主旨有衝突，其實這是作者精心安排的。二戰剛結束時，美國舉國上下都在恐懼通貨膨脹，認為失業是次要問題。面對這種現實，一方面為避免人們批評自己無視通脹的危害性，另一方面更重要的是為減輕人們在討論充分就業時對通貨的恐懼感，漢森便首先討論了通貨膨脹問題，認為仍然要正視通貨膨脹，但是，目前的通貨危險只是戰爭造成的一種暫時現象。如果國家採取各種管制措施，戰後通貨膨脹的局面並不是不可避免的。

在詳細分析了美國在二戰時期成功防止了通貨膨脹的原因後，漢森認為，通貨膨脹的壓力能很快地用預算盈餘以及物價管理等方法予以控制。他勸告人們相信，由於美國具有龐大的儲蓄能力，巨大的課稅能力和驚人的生產能力，從長期看，它不易產生通貨膨脹，相反地，我們有很大的生產潛力，但缺少充分的總需求。

按漢森的理論，一旦出現總需求不足，就必然後導致通貨緊縮和失業。顯然，通貨膨脹並不可怕，真正可怕的是總需求不足，是失業。

國家在實現充分就業中的作用

在本書中，漢森全面論述了國家在實現充分就業中的重要作用。他認為，隨著經濟機會內容的變化，國家的職責也要發生變化。以前，經濟機會主要是指個人能否有經營自己的小農莊或小企業的機會。因此，國家的職責是保證每個公民都有創立他們自己的企業的權利。今天則不同了，在所有近代民主國家中，生產技術發展的趨勢都限制了極大多數人獲得一個工作的（但不是去建立他們自己企業的）經濟機會。能夠得到有效的、有報酬的和經常的就業權利，已成為今天經濟機會的象徵了。因此，隨著維持充足的就業機會，就必然成為現代民主政治國家的首要職責了。

對於「充分就業」，漢森認為，它不是指政府擔保為每個人都找到工作，而只是造成一種狀態使人人都有尋找工作的機會。他認為，在一個動態的市場經濟中，摩擦性失業、結構性失業以及自願失業均不可避免地存在著。因此，充分就業在美國就意味著有四%或五%的失業率。

那麼，如何實現上述充分就業的目標呢？漢森認為，好的就業機會有賴於對貨物和勞務的充分需求，因此，足夠的總需求是維持充分就業的首要前提。然而，只靠私人的、自發的支出，是不可能提供足以達到和維持充分就業的總需求量的。因此，只有利用不斷擴大的公共支出來彌補私人支出的不足，才能保持足夠的總需求。很明顯，一個由龐大的政府預算所支持的、為維持一個充足的總需求量所必需的公共支出，是實現充分就業所必不可少的先決條件。**漢森認為，這是一個非常重要的事實，舊的市場經濟已經崩潰，我們必須在國內和國際範圍內重建市場經濟，即建立一個既能保護以市場或價格制度為特徵的私人企業制度，又能充分發揮國家對經濟的調節和控制作用的新的經濟制度。**這個經濟制度，不是真正純粹的私人資本主義，也不是完全的社會主義，而是一種「混合經濟」制度。只有在這種經濟制度下，市場經濟才能在高度而穩定的收入和就業水準之上有效地運行。

根據上述分析，**漢森認為，要發揮國家在穩定經濟和維持充分就業中的作用，美國政府應採用以下三種方式：一是廣泛而靈活的公共支出計劃；二是全面的社會安全制度；三是所得稅基準稅率的隨時變動。**漢森深信，這些方法一經實行，國家就可以左右經濟的發展，無政府狀態的資本主義就可以變成有組織的資本主義。

為了強調國家計劃的作用，漢森對米塞斯和哈耶克等人把實行國家計劃看成是走向「奴隸之路」的觀點，進行了嚴厲的攻擊。漢森認為，現代經濟生活的職能再也不能聽任自發力量去擺佈了，對於美國這樣一個具有法律和政治方面的豐富遺產的國家來說，只要我們的國家計劃得以用民主的法治來管理，我們就一定能達成既有進步、穩定和充分就業，同時又有不朽的個人價值和個人自由的崇高目標。

保證充分就業的基本政策

在本書中，漢森提出了實現充分就業所需要的基本政策的見解，並對每項政策的具體內容進行了論述。這些政策包括：

一、租稅政策

漢森認為，在公共支出不斷增加的今天，我們必須更重視發揮租稅政策，在穩定經濟和保證充分就業方面的作用。漢森首先分析了稅收和舉債，對經濟穩定和充分就業所產生的不同影響。他認為，應當以稅收為主，又輔之以適當舉債來保證足夠的總需求。接著，分別闡述了他對控制的舉債、補償稅收政策、修正的所得稅方案以及其他利用租稅刺激投資的方法的看法。

他認為，舉債的方法不但不會從公眾手中取去貨幣，反而會增加他們手中的儲蓄，因此，有限度的舉債方法，常常會勝過百分之百的徵稅籌集經費的方法，如果長期以此代替過度的重稅，會使全社會人民增加安全感，進而由現在收入中增強消費傾向。

關於補償稅收政策，漢森認為，減免稅收和變動稅率是有力的反蕭條措施，也是維持充分就業的頭等重要的手段。在將來，作為「反商業循環」的措施，稅率的變動將取代利率的變動而產生主要的作用。他認為，**應把稅率的變動主要放在基準個人所得稅率上，而不改變公司所得稅率，以保證企業的穩定**。他還主張廣泛利用減免稅收等一切可以刺激投資的租稅方法，鼓勵私人的新投資和新的企業的產生。

二、利率政策

漢森認為，傳統的利率調節已不再是控制商業循環的有效手段了。這是因為，首先，在繁榮時期提高利率，不但不能有效地制止各種投機活動，反而還會使經濟中的健康部分受到打擊；其次，利率在繁榮時期一經提高，在繼之而起的蕭條時期就很難重新降低，這對於經濟的復甦是不利的；再次，利率的巨幅變動，不論從短期看還是從長期看，都將對財產價值發生重大的影響，必然會對實業界發生嚴重的擾亂，進而不利於新投資和消費支出總量的增加。

漢森據此認為，各種選擇性的管制方法和包羅一切的財政控制措施，與利率變動相比將成為反循環波動的更多有效的武器。**漢森還主張低利率政策，認為這樣可以刺激投資，進而有利於穩定和充分就業。**

三、工資政策

漢森以工資對利潤的比率是偏高的這一假定出發，認為對均衡問題有靜態和動態兩種分析方法。如果依據靜態分析的方法，用削減工資來恢復均衡和增加就業，那必然引起工人的反對，並可能招致通貨緊縮的後果。因此，他主張應依據動態分析的方法，採取不斷改進生產方法以降低成本和提高總需求兩項措施，來實現恢復均衡和增加就業的目標。但是，工資率的提高要受到生產率提高的限制，否則只會引起通貨膨脹而不能增加就業。

根據上述分析，漢森認為，保證充分就業的工資政策包括以下內容：第一，隨著總需求的擴張來控制工資率水準，以便一方面促進工資對利潤的均衡比例，另一方面制止單位成本和物價的上漲；第二，維持一個平衡的工資率結構，以免若干重要產品（例如建築）的價格超過一般市場價格；第三，降低成本，包括技術改進以及消除各種壟斷性的和限制性的行為。

四、消費

在論述這個問題時，漢森首先引入了「消費函數」的概念，同時又進一步把它區分為「家庭消費函數」和「國民消費函數」兩種。漢森認為，從長期看，消費函數是穩定的，但這並不意味著就不存在投資和儲蓄問題了。租稅結構的變化，會引起消費函數和儲蓄函數的變化。如果稅款大部分取自消費者大眾，則消費支出就會大量減少；如果稅款主要來自上層收入階級層，則儲蓄函數就會降低。這兩種情況都會不同程度地導致消費函數的下降。因此，以舉債籌措公共經費是保證充分就業的更有效方法，因為它不會減少消費支出的數量。**漢森認為，在現代社會中，消費函數趨向太低，而儲蓄函數趨向太高，如何使消費和儲蓄取得平衡，實在是維持經濟均衡和充分就業中，一個非常複雜而困難的問題的核心。**

他主張，必須依靠國家的力量來解決消費函數過低的問題。**政府應該透過對衛生、營養、教育和住宅等方面進行大量公共投資的辦法，來保證最低限度的消費標準，進而提高整個社會的國民消費水準，以維持穩定和充分就業。**

五、私人投資

漢森把私人投資分為三類：機器設備；住宅；其他。

漢森認為，「就業」標準（單純為滿足充分就業的需要）的投資並不等於「成長」標準（考慮到人口增加和技術進步的實際需要）的投資，而正是後者應該指導我們的投資政策。由後者而產生的儲蓄過高和投資不足的問題，應採取如下措施來解決：一是一部或全部以舉債籌措的公共投資；二是採用各種方法來變動消費與儲蓄函數；三是調整租稅水準。

漢森認為，在私人投資不足的情況下，有三種公共政策可以刺激私人企業，在機器設備上的投資：一是充分就業；二是增加科學與工業研究經費；三是鼓勵性的租稅制度。

六、公共投資

漢森認為，如果沒有大量的公共投資，充分就業將是無法實現的。至於籌措公共支出的方法，以既徵累進所得稅，又舉適當數量的公債為宜。接著，漢森還對公共投資所包括的範圍和投資數量等問題進行了討論。

為了強調上述各種政策主張，漢森還對幾種與自己不同的政策建議，逐一進行了否定性的評述。

《來自競爭的繁榮》

路德維希・艾哈德：「經濟奇跡之父」

社會市場經濟的政策是應該以消費者為服務對象的，消費者才是一切經濟政策的裁判員。

——艾哈德

路德維希·艾哈德（Ludwig Erhard，一八九七—一九七七），德國著名的經濟學家和政治家，新自由主義的主要代表，一八九七年出生於德國的菲爾德。艾哈德曾就讀於法蘭克福大學，並獲得了博士學位。畢業後，艾哈德曾任巴伐利亞經濟部長、德意志共和國經濟部長、德國總理、基督教民主聯盟主席等職務。一九七七年，艾哈德在德國波恩去世。

艾哈德的主要貢獻是，全面有系統地闡述和發揮了西德新自由主義學派奠基人瓦爾特·歐根創立的社會市場經濟理論，並且在經濟生活的各個領域對這一理論進行了全面的實踐，對德國資本主義經濟的發展產生了深刻的影響。

西方社會一般認為西德的「經濟奇跡」是以它的「社會市場體制」為基礎的，而艾哈德本人，則被稱為「經濟奇跡之父」。

艾哈德的主要著作有：《來自競爭的繁榮》、《德國又重返國際市場》、《德國的經濟政策》等。

《來自競爭的繁榮》是一部實證性的經濟學著作，透過對事實的敘述，總結出了理論的一般通則。正如艾哈德所說，他之所以寫作本書，不是要在理論上建立一個完整的體系，而是要把戰後十餘年德國經濟改革的發展情況向德國人民作一個彙報。因此，這是一本實踐與理論緊密結合的著作。

社會市場經濟理論的提出及其基本目標

二戰之後，德國處於一片廢墟之中，幾乎所有的城鎮民房、工廠、鐵路、發電站、通訊系統以及一個現代工業社會的整個基礎結構都遭到了巨大的破壞。面對這種百廢待興的局面，政府和經濟學家都在謀求恢復德國經濟的良策。以艾哈德為代表的德國新自由主義者同社會民主黨的代言人，圍繞著經濟政策的核心問題——自由競爭和國家干預，展開了一場激烈的論戰。

這場爭論具體表現在戰後德國的貨幣改革過程中。**艾哈德認為，要復興德國的經濟，必須選擇「理念經濟模型」的一種形式，也就是「自由市場經濟」，讓市場價格機制對經濟活動進行自發的調節。**而所謂的社會市場經濟，則是指「自由市場經濟」模型最完美的展現。因此，艾哈德認為，德國的當務之急是要放鬆和廢除政府對經濟的管理，使消費和生產者從政府管制的束縛下解放出來，這才是復興德國經濟的必經之路。

與此相反，社會民主黨代言人則認為，德國所處的經濟蕭條的特殊條件，決定了當時只能選擇「理念經濟模型」的另一種形式，也就是「集中管理經濟」，他們提倡透過政府計劃和行政命令，對經濟進行管理。他們的理由是，多年來，德國經濟的發展一直不正常，因此，貨幣改革也不會創造什麼奇跡，只有透過政府堅決地實行有系統的經濟計劃和有系統的經濟指導，才能使德國重新站立起來。因此，他們主張實行以國家干預為核心的經濟政策，否則，德國的經濟將難以得到振興。

由於兩派所主張的經濟政策不同，因此，在解決當時嚴重的失業問題上，兩派所使用的方法也不相同。**艾哈德指出，消除失業應依賴於生產的擴大，而要想擴大生產，就必須實行自由經濟的政策。**而社會民主黨代言人則主張，只要採取放鬆銀根的通貨膨脹政策，藉以消除購買力不足、產品銷路呆滯的現象，就可以提高就業率。艾哈德對這種觀點進行了批判，認為這種做法只會導致物價上漲和政府干預的加強，對減少失業率不會產生什麼作用，並且，這種觀點也是與社會市場經濟理論相矛盾的。

社會市場經濟要實現的基本目標，就是要使愈來愈多的德國人民走向富裕。也就是說，它要消滅社會上的貧富懸殊的現象，使絕大多數人享受經濟繁榮的帶來的好處。艾哈德認為，現代社會經濟組織可以分為兩個階層，第一階層人數很少，但他們什麼都買得起，這一階層其實就是富豪階層，第二階層人數很多，但這些人的購買力普遍不足，也就是貧困階層。

社會市場經濟的主要目的，就是要打破阻礙社會向前發展的階級界限，消除窮人和富人之間的敵對情緒，實現「全民的共同繁榮」。

全民繁榮的目標，主要表現在以下幾個方面：

第一，勞動生產和產品產量得到大幅度的提高。換句話說，就是資源得到了充分利用，並且實現了最優配置，進而達到了在成本既定的條件下使產量最大化，或者在產量既定的情況下使成本降到最小。

第二，在社會生產力高度發展的基礎上，不斷提高工人的工資。但是，工資的成長要有個最高限額，因為如果工資成長超過了生產力成長，就違反了物價穩定的原則，可能會造成通貨膨脹。因此，必須對這一現象進行限制，使工資的增加與生產力發展相適應。

第三，降低物價水準，但要保證物價的穩定。如果通貨不夠穩定，那麼，社會市場經濟就不能夠健全地發展。這是因為，在現實經濟生活中，物價稍有上漲，存款率就會立即下降，進而引起投資縮減和生產規模的縮小，並最終威脅到經濟的成長。

從這裏，我們可以看出，**社會市場經濟的政策應該以消費者為服務對象的，消費者才是一切經濟政策的裁判員**。只有那些可以使消費者從自己不斷增大的勞動努力和不斷提高的勞動生產率中，得到好處的經濟政策，才是「社會的」經濟政策。這些目標，就是艾哈德所宣導的「三位一體」的經濟目標，也可以將之作為經濟繁榮的具體表現。

實現社會市場經濟目標的基本途徑

本書的書名是《來自競爭的繁榮》，由此，我們知道，「全民繁榮」來自於經濟競爭，也就是說，自由競爭的市場機制是實現經濟繁榮的基本途徑。在這裏，艾哈德強調指出，市場經濟理論所主張的自由競爭的市場機制，與亞當・史密斯所提倡的毫無控制的自由放任政策是不相同的，它是一種需要以國家調節為必要輔助的市場機制。

而德國的經濟發展，就是要在絕對自由與極權之間尋找一條健全的中間道路，促進經濟健康穩定地發展。因此，**艾哈德主張，社會市場經濟政策的基本要義，就是要將經濟自由與國家干預可以良好地結合起來，讓經濟發展更加合理。這是實行自由市場機制、實現經濟繁榮必須要遵循的基本原則。**

艾哈德指出，經濟自由包括消費自由和生產自由。消費自由是指消費者可以自由地選擇自己所需要的產品，而生產自由是指，在社會市場經濟中，每個廠商都有生產的自由、銷售的自由、管理企業的自由以及競爭的自由等，其中的自由競爭，是社會市場經濟制度的主要支柱，是透過不斷解放來開闢新道路的一種工具。**只有企業間的競爭是自由的，才能降低商品成本，改進生產技術，增進企業的活力，也才能保證社會經濟體系協調順利地運行。**戰後德國的經濟發展，充分證明了自由競爭所帶來的強大威力。**德國正是在經濟自由的原則下進行生產，才創造了經濟發展的「奇蹟」。**

艾哈德強調自由競爭機制的重要性，同時，也強調了國家干預的輔助作用。為了更好地解釋經濟自由與國家干預之間的關係，艾哈德援引了德國新自由主義經濟學家伯姆·羅布凱所作的足球比賽的比喻：

在社會市場經濟中，政府充當的是裁判員的角色，它的職能是使比賽有規則地進行，而不是親自去踢球。政府的責任是制定和執行經濟政策，在精神上和物質上給私人企業家以指導和支援，而不是直接干預經濟事務。而私人企業家就像足球比賽中的運動員，他們必須對自己的事業負責。政府作為裁判員，其行為一定不要超過自己的職權範圍，也就是運用為社會市場經濟制度所允許的手段，為市場經濟的順利運行創造必要的條件和適宜的環境。政府的這種輔助作用，正好是自由競爭機制本身所不具備的。

政府對自由市場經濟的這種輔助作用，不只表現在國內經濟生活的各個領域，還反映在國際經濟的各個領域。比如，完全依靠自由貿易，歐洲經濟一體化是很難實現的，它需要各國政府採取統一的政策，制定一致的步驟，也就是說**國際之間的自由貿易，離不開各國政府一定程度的、合理的干預。**

自由競爭的對立物——壟斷

自由競爭具有如此明顯的優越性，因此，人們應該集中全力反對壟斷的存在，因為，壟斷是自由競爭的對立物。回顧人類歷史的進程，我們不難看出，人類社會的最輝煌的進步，產生於自由經濟時代，也就是十九世紀初的資本主義初期發展階段。在當時，生產者可以自由活動、自由競爭，他們的經濟利益則完全由市場來決定。而到了十九世紀末，壟斷產生了，它不僅限制了市場經濟的有效性，也引起了社會與政治的緊張局面。因此，**艾哈德認為，自由競爭的經濟制度，是所有經濟制度中最經濟、最合理的制度。**

社會市場經濟要求產品的生產者能夠自由地競爭，並且，這些生產者可以根據市場上的供需關係的變動，自由地決定產品的價格。透過自由競爭和自由地調整價格，對市場進行隨時隨地地調節，並使供需雙方和國民收入與國民生產，在數量上和品質上不斷地趨於均衡。

而壟斷組織恰好與此相反：首先，它排斥自由競爭，排斥自由定價；其次，每一種壟斷都隱藏著某種對消費者的欺騙行為，這是與社會市場經濟的目標不相容的，後者是為了保護消費者的利益；最後，壟斷組織吞食了技術進步和經濟發展的成果，使得經濟止步不前。

如果政府在制定經濟政策時，是有意識地鼓勵私人壟斷，那麼，在以後的經濟生活中，政府將不斷嘗到由自己的不良初衷而帶來的後果。因此，要堅持社會市場經濟的政策，就必須得反對壟斷制度。

德國新自由主義的經濟一體化思想

在這一部分，艾哈德對新自由主義的經濟一體化思想，做了一個全面有系統的闡述。目前，這一思想已經成為歐洲經濟共同體的理論基礎。艾哈德認為，國際自由經濟政策是社會市場經濟理論的一個重要組成部分，或者說，是整個經濟自由政策的一個組成部分，而經濟一體化，則是自由經濟政策在國際間的具體表現。

在國際經濟交往中，要實現經濟自由，就要堅持自由貿易。基於這種思想，艾哈德堅決反對「雙邊協定」，認為要實現經濟一體化，無論是對內還是對外，都應該貫徹統一的、自由的經濟政策。建立歐洲共同體，只是在全世界範圍內實行經濟自由主義的初次嘗試。為了實現歐洲經濟的共同繁榮，不僅要在一國內部實行經濟自由，並且，在國與國之間，也應堅持經濟自由的原則。

要實現歐洲經濟一體化，就應該把工作的重心放在建立自由的區域經濟秩序上面，並且，不應該把歐洲一體化看成是一個組織，而應該把它視為自由經濟合作的「功能」。因此，首要的工作是要致力於發展各國間的經濟聯繫，而不是先讓各國在政治上走向一體化，因為，這樣就會使歐洲共同體變成一個超國家的中央經濟管制組織。為了實現這一目標，艾哈德建議，應該建立一套自由的區域經濟體制的具體措施（包括商品和勞動交換的自由，以及資本和就業自由等內容）。

艾哈德在對社會一致化的錯誤觀點進行批判的同時，指出了歐洲共同體是一個永久性的經濟合作組織，它絕不是各個成員國在數量上的機械組合，而是立足於廣泛的自由和競爭基礎之上的更高一級的經濟合作。社會一致化只能在經濟一體化過程中，透過各國生活方式的逐漸同化，慢慢地實現。

透過以上的分析，我們可以知道，艾哈德確立了社會市場經濟理論的完整體系，同時，也發展了德國新自由主義的經濟思想。並且，這一體系對當今資本主義各國經濟的發展，產生了非常重要的影響。

德國的自由主義經濟實踐，只經過一代人的時間，就實現了經濟的全面振興，並且，使得德國再次成為歐洲各國中最強盛、最有活力的「超級經濟大國」。**之所以會出現德國的經濟復興奇蹟，一個非常重要的原因是，它採取的是經濟自由主義政策，在自由的基礎上促使經濟的快速發展。而《來自競爭的繁榮》，對德國由蕭條走向經濟繁榮的過程，進行了真實生動地記錄。**

《壟斷競爭理論》

愛德華・張伯倫：現代西方壟斷經濟學的代表人物之一

所有的產品都有其差別，而這種差別在整個經濟活動中是非常重要的。在產品存在差別的情況下，壟斷和競爭這兩種因素是同時存在的。

——張伯倫

愛德華・張伯倫（Edward Chamberlin，一八九九—一九六七），當代美國著名經濟學家，現代西方壟斷經濟學的代表人物之一，出生於美國華盛頓的拉康納。張伯倫一九二〇年畢業於衣阿華大學，先後獲得獲密執安大學碩士學位、哈佛大學碩士學位、哈佛大學博士學位。張伯倫大學畢業後，一直在大學任教，先後擔任密執安大學講師、哈佛大學助教授、副教授和教授，自一九三七年起任哈佛大學經濟學系主任，從一九五八年起擔任哈佛大學《經濟學季刊》的主編。

張伯倫的主要著作有：《壟斷競爭理論》、《工會的意義》、《一種更為一般的價值理論》等。《壟斷競爭理論》是張伯倫最主要的著作，原是張伯倫一九二七年在哈佛大學提交的博士論文（張伯倫以此取得了博士學位），經修改和補充後於一九三三年由哈佛大學出版社出版。這本《壟斷競爭理論》的出版，被認為引起了西方經濟學上的一場「壟斷競爭革命」。英國經濟學家瓊・羅賓遜在同一年出版的《不完全競爭經濟學》中，也獨立地提出了與張伯倫基本相同的理論。

在《壟斷競爭理論》出版以前，西方經濟學的著作中，競爭和壟斷這兩個概念是割裂的。經濟學家認為，壟斷和競爭不僅是相反的，而且是相互排斥的。某種商品的市場，不是屬於競爭，就是屬於壟斷。而張伯倫則認為，在資本主義社會大多數的價格決定中，既有壟斷的因素，又有競爭的因素，必須把這兩種因素結合起來，構成一種壟斷競爭理論，才能對價格決定的理論指出一種更為明確的論點。

張伯倫在《壟斷競爭理論》一書中，分析了壟斷競爭市場的特性。他指出，在這種市場中，因為每個廠商的產品存在差別，所以每個廠商都是有某種程度的壟斷權；同時，每個廠商的產品的需求，又因為其他廠商的存在而受到影響，所以廠商之間又是互相競爭的。在這種市場中，競爭可以採取價格競爭，也可以採取產品競爭的方式，廣告宣傳對廠商的競爭是很重要的。對於壟斷競爭市場產生的原因，張伯倫不是強調市場的不完全，而是強調產品的差別，如商品的商標、特殊的品質、樣式、包裝和銷售服務等。其分析的一個重要結論是，超額生產能力是壟斷競爭市場的特徵。

張伯倫提出的壟斷競爭理論，對於說明資本主義社會壟斷競爭市場均衡價格決定的機制和壟斷競爭市場的特性，是有創見和貢獻的。但是，張伯倫把壟斷形成的原因歸於產品的差別，認為只要廠商生產的產品與別的廠商有所不同、廠商的地理位置或服務態度有所不同，該廠商就具有某種壟斷因素。張伯倫把壟斷看作是產品的一種自然屬性，把小企業、小生產者也說成是壟斷者，這就混淆和掩蓋了在資本主義集中基礎上所形成的壟斷的實質。

壟斷競爭

張伯倫指出，經濟理論往往是不切實際的，這並不是由於方法的錯誤，而是因為其基本假定不符合要解釋的實際情況。傳統的經濟學家認為，商品市場只有競爭或壟斷這兩種極端的情況，而沒有介於兩者之間的中間情況。然而，實際上經濟是錯綜複雜的，競爭和壟斷這兩種因素之間具有複雜而多樣的關聯，這兩種力量往往是同時存在的，實際上的競爭往往包含壟斷的因素。

所以，以純粹競爭或純粹壟斷的理論來解釋經濟現象，就會推導出與事實不符的結論，並使理論含混不清。因此，對於價格理論的論述，首先必須給競爭和壟斷這兩種基本因素一個明確的定義，然後再把兩者綜合起來。

純粹競爭是指沒有任何壟斷因素摻雜在內的競爭。純粹競爭的含義與完全競爭有所不同，完全競爭不但指沒有壟斷因素，還指生產要素的流動性方面沒有摩擦，並包括對未來的完全瞭解，不存在不確定的後果等等。這裏採用純粹競爭的概念，是為了簡單和確切。純粹壟斷是指某個廠商生產的商品不存在任何替代品的競爭，該廠商完全控制了商品的供給，同時也就控制了該商品的價格。

透過上述關於純粹競爭和純粹壟斷的定義可以得知，純粹競爭存在的先決條件是，沒有一個廠商對產品的供給和產品的價格有任何程度的控制。這就要求：第一，必須存在大量的買者和賣者，進而使任何一個廠商或幾個廠商的組合，對產品供給所產生的影響都小到可以忽略不計的程度，這時每個廠商都能按市場通行的價格出售其全部產品而沒有什麼困難；第二，一切生產者必須生產同樣的產品，並且在同一個市場出售，才能完全排除個別廠商對價格的控制。

為什麼產品必須要標準化呢？針對這個問題，張伯倫談了自己的看法。假如任何一個廠商的產品與別人稍有不同，他就能在某種程度內控制他那種產品的價格。同時，販售者（廠商）也必須標準化。任何能夠使購買者喜歡這一販售者而不喜歡那一販售者的事情，例如，販售者的人格聲譽，位址的方便，服務態度等，都會使對所購買的東西產生某種程度的差別，因為所購買的東西實際上是一組綜合的效用，而這些事情即是其中的一部分。一切販售者對購買者所貢獻的效用必須完全相同，否則個別販售者就能在某種程度上控制其產品的價格。

從上述純粹競爭存在的兩個必要條件來看，有兩種情況可能使壟斷和競爭這兩種因素混合起來。第一，在同一市場出售同樣產品的販售者可以是一個、少數幾個或者很多人。如果該市場的販售者既不是獨此一家，又不是多到難以計算，而是由少數幾個或者為數不太多的販售者組成時，每個廠商的供給量都在總供給中佔有一定的比重，因此每個廠商對產品的供給和產品的價格都具有某種程度的控制，即具有壟斷因素；同時，這些企業之間又存在利害關係的衝突和相互的競爭。第二，販售者出售的產品可能是相同的、稍有差別的或者完全不同的。如果產品有差別，就會產生壟斷因素，差別的程度越大，壟斷的因素也越大。這時，該廠商產品的需求曲線就不是一條水平線（純粹競爭市場廠商產品需求曲線的特性，即需求彈性無限大），而是一條自左上方或右下方延伸的曲線；同時，該廠商又會遭受到生產其替代品的無數廠商的競爭。

張伯倫指出，在這兩種情況中，壟斷和競爭這兩種力量是混合在一起的，每個廠商既是一個壟斷者，又是一個競爭者。壟斷競爭一詞，廣義地說，就是描述壟斷和競爭因素的混合，因此可以把上述兩種混合的類型都包括在內；狹義地說，壟斷競爭一詞更適合第二種情況，因此一般把第一種情況稱為寡頭壟斷，把第二種情況稱為壟斷競爭。這樣，所有商品的市場就可以劃分為四種類型，即純粹競爭市場，純粹壟斷市場，以及介於這兩個極端之間的寡頭壟斷市場與壟斷競爭市場。其中，壟斷競爭市場的問題是特別有趣而且是特別重要的。

產品的差別

在一般狀況下，不同販售者的商品都是有差別的。這種差別可能是具體的，也可能是想像的，只要它對購買者具有重要性，使消費者偏好這種商品而不喜歡那種商品，都可以構成產品的差別。產品的差別可能是根據產品本身的某些特點，例如，獨有的專利權、商標、商店的名稱等的不同，或是產

品的品質、設計、顏色、式樣和包裝等方面的差別。產品的差別也可能是根據販售者周圍的各種不同條件，例如，販售者地址的便利、該商店的風尚和特點、做生意的方法、公平交易的信譽、對顧客的招待和工作效率等。這種種不易感覺到的因素，是每個販售者都不相同的。在每種情況下，產品都或多或少有些不同，在購買者看來，好像買下了商品，同時也買下了這些情況一樣。

張伯倫認為，在零售交易的場合，地點因素對購買者的重要性，可以看作產品有其空間上的差別，它會引起「空間壟斷」，表示販售者由於他的地點而能控制供給。購買者認為這一販售者的地點對於自己的住所很方便，而願意在他那裏購買商品，這樣較遠地點的同樣商品就成為不完全的代替品了。當產品存在差別時，購買者就有了一種偏好的基礎，他和販售者之間的交易不再是無所選擇了，而是根據他的偏好來選擇。一種產品有其某方面的獨特性而與其他產品不同，這是它壟斷的一面，一種產品與其他的產品基本相同而僅是不太相似，這是它競爭的一面。對於兩者而言，它們之間的差別僅僅表現在程度的不同上。

上述情況顯示，所有的產品都有其差別，而這種差別在整個經濟活動中是非常重要的。在產品存在差別的情況下，壟斷和競爭這兩種因素是同時存在的。

個人均衡

張伯倫指出，在壟斷競爭市場中，銷售者在一定程度內是同他的競爭者們分開的，他的銷售量是由以下三個因素所限制和決定的：一是產品的價格；二是產品的品質；三是廣告支出。壟斷競爭廠商產品的需求曲線不是一條水平線，這表示該市場不是純粹競爭，廠商對其產品的供給存在某種壟斷因素。廠商可以根據其產品的需求曲線和成本曲線的形狀，決定其產品的價格，使總利潤達到極大。在存在產品差別時，廠商的銷售量還依賴其產品與其他產品的差別。廠商對「產品」的選擇和調整，例如，改進技術，設計新的式樣和新的裝潢，改進服務等，也是為了得到最大的利潤。販售者的廣告支出可以增加其產品的需求，這是因為廣告宣傳為消費者提供了有關其商品的資訊，他們原來可能不太知道，此外廣告宣傳還能形成或者改變消費者的欲望。廣告支出一方面增加產品的需求，同時也增加產品的成本，廠商將權衡利弊，把廣告支出調整到使利潤達到最大的水準。

張伯倫就個別廠商的均衡，即個人均衡的問題，著重進行了分析。假定一切代替品的性質和價格都既定不變，個別廠商為了得到最大的利潤，將調整其價格和「產品」（暫時不討論廣告費等銷售支出的調整）。該廠商將根據他的環境，同時調整這兩者，或者分別調整其中的一項。

首先，假定他的產品由於它的性質和過去的情況所決定而保持不變，廠商只注意價格的調整。

其次，假定他的產品價格是由習慣、交易經驗或由生產者代他（假如他是一個零售商）決定的，他現在就要選擇自己的「產品」，或對他的產品作某些方面的改變，如改變產品的商標、品質、包裝、交易地點等。產品的變化會使生產成本發生變化，並會影響需求。現在的問題是，在價格已知的情況下，廠商如何選擇「產品」，使該產品的市場需求和生產成本，能給他帶來最大的利潤。

最後，把價格和「產品」的調整結合起來。在廠商經過調整達到均衡時，他在「產品」方面應該沒有更好的選擇，同時在價格上也很難加以改進了。

集團均衡

張伯倫指出，壟斷競爭理論不僅涉及個人均衡，而且涉及集團均衡，即一群壟斷競爭者之間的競爭和調整。所謂集團均衡的問題，即研究產品間有密切替代關係的許多生產者的價格和「產品」的調整問題。為了簡化，假定整個集團中一切「產品」的需求曲線和成本曲線都是相同的。這時，產品的差別仍然存在，只是假定消費者的偏好是平均地分配在各種不同的產品中，而且產品的差別並不致引起成本的不同。就像研究個別廠商的均衡一樣，暫時假定「產品」不變，而注意於價格的調整。

實際上，當新的生產者進入該市場的範圍時，成本曲線可能因為所雇傭的生產要素價格上漲而向上移動，也可能由於外部經濟而向下移動，或者可能由於沒有上述的兩種傾向或兩種傾向彼此抵消而保持不變。成本曲線的移動，會影響均衡位置的水準，但不會影響均衡調整的機制及均衡位置的性質。**當「產品」和價格兩者都可以調整變化時，每個廠商將綜合地選擇他的「產品」和價格，以期望達到最大的利潤。**他根據每種產品在各種可能的價格所能得到的利潤，選擇其中利潤最大的一種。當他的競爭者也和他做同樣的事情時，重新調整就成為必要。一直到最後達到集團均衡的位置，正如同「產品」和價格分別調整時一樣，集團均衡達到時，沒有一個廠商可以透過進一步的調整而增加其利潤。**張伯倫指出，壟斷利潤的存在，會引起生產資源的流入和壟斷利潤的消失；虧損的存在，會引起生產資源的流出和正常利潤的恢復。**透過廠商的加入和退出及廠商產銷量的調整，廠商產品的需求曲線最後達到與平均成本曲線相切的位置。這時，存留在該市場範圍內的廠商恰好獲得正常利潤，即產品的價格等於平均成本，該市場集團的廠商人數，各廠商的產銷量和產品價格也就會達到均衡的水準。

銷售成本與均衡狀態

在本書中，張伯倫對銷售成本問題作了開創性的研究。**銷售成本最典型的是廣告支出，其他還包**

括推銷員的薪水、零售部門的開支、櫥窗的佈置、新產品的介紹等方面的支出。銷售支出能創造或增加產品的需求，這是因為，購買者對商品的資訊瞭解不完全，廣告宣傳能傳播商品資訊，告訴購買者商品的價格和品質，商品的供給和減價等消息，以及各種商品的比較。廣告還向人們宣傳新產品的發明、介紹新產品的性能和效用。因此，廣告和其他銷售方法還能改變人們的某些欲望。

張伯倫強調指出，銷售成本與生產成本是不同的。生產成本包括由商品或勞務的生產直到運至購買者手中以滿足其欲望的過程中一切必須補償的開支，銷售成本則包括獲得產品需求或產品市場的一切開支。生產成本創造滿足欲望的效用，增加產品的供給，銷售成本則創造需求或是改變廠商產品需求曲線的形狀和位置。由此可見，產品的銷售量，不但決定於產品的價格，還決定於廠商的銷售支出。這就是說，銷售量同時是產品價格和銷售支出的函數。如果我們要研究銷售量和廣告支出之間的關係，就必須先選擇一個產品價格並使它固定不變，然後再來測量二者之間的關係。

在某一固定的產品價格下，隨著銷售支出的增加，單位銷售支出所增加的銷售量，有時是遞增的，有時是遞減的。為了最有效地使用銷售成本，銷售支出中的各項因素必須合理地組合。當然，各項要素的合理組合不是絕對的，它隨「產品」、潛在市場的性質以及總銷售支出的變化而變化。

我們有必要把銷售成本和生產成本綜合起來進行研究，以便進行全面分析。把一定數量的銷售成本包含到總成本中去，把原來的平均成本曲線置換成綜合的平均成本曲線（既包括生產成本又包括銷售成本），分析的方法仍然和以前相同。

在一般的情況下，個別廠商為了獲得最大的利潤，他可以任意地同時調整他的產品、價格和銷售支出這三者。廠商將根據最有利的價格和銷售支出對各種產品作反覆的試驗，以選擇可以獲得最大利潤的那種產品，或是根據最好的產品和價格綜合地對各種可能的銷售支出作重複的試驗。對於各部分用什麼樣的程序來組合是沒有什麼關係的，廠商總是在競爭的替代品的情況為既定時，綜合地選擇產品、價格和銷售支出，使這三種可變因素達到最適當的一種調整。

如果個別廠商在這種調整之下，獲得了超過資本和經營能力所必需的最低利潤，即獲得了高於正常利潤的超額利潤，就會吸引更多的廠商加入該市場，而使每個廠商的需求縮減，需求曲線將會降低並向左移動，產品可能改變並改進其品質，同時單位產品的銷售成本會迅速增加。這一切力量都會使利潤減少，這種變動將一直持續到超額利潤完全消失。

如果廠商不能得到正常利潤，則調整的方向相反，廠商的數目因部分廠商的退出而減少，存留廠商的產品需求增大。產品的品質可能退化，同時單位產品的銷售成本將會降低。

當個別廠商的需求曲線與綜合的平均成本曲線相切時，單位產品的綜合成本等於價格，總的綜合成本等於廠商的總收益，不存在超額利潤，也不存在虧損，廠商的總收益正好維持現有的生產規模，沒有廠商再加入或退出該集團。這時，任何廠商都不可能靠改變其「產品」、價格或銷售成本的方法來增進利潤，所有廠商對於這三方面的決策都達到了最優的均衡狀態。

《繁榮與蕭條》

戈特弗里德・哈伯勒：西方經濟週期理論的集大成者

資本在國際方面的移動，不但會加速或推進信用的擴張或收縮，進而影響到純貨幣局勢，而且對生產結構也會發生影響。

——哈伯勒

戈特弗里德・哈伯勒（Gottfried Haberler，一九〇〇—一九九五），美國著名經濟學家，一九二三—一九三四年，任維也納大學經濟學、統計學教授，一九三四—一九三六年，應國際聯盟的邀請就職於金融財政局，研究經濟週期理論，後應哈佛大學之聘，任經濟學教授。二戰後，曾任國際經濟學會第一任主席。

哈伯勒在理論上的主要貢獻是：闡明了價格水準概念和使用價值指數衡量其變動的方法；根據當代的一般均衡理論詳細闡述了古典國際貿易基礎理論和比較成本理論，並由此引申出福利的含義；對自由貿易和保護的優點與不足做出了精確的陳述；還綜合了經濟週期的主要理論，剖析了通貨膨脹的起因和醫治辦法等等。

哈伯勒的主要著作有：《繁榮與蕭條》、《指數的意義》、《國際貿易》、《國際貿易理論及其在商業政策上的應用》、《經濟成長與穩定》等。

《繁榮與蕭條》發表於一九三七年，第一版問世後，在西方經濟理論界引起了關於經濟週期問題的熱烈討論，並先後四次重印。該書是西方有關經濟週期理論集大成的著作。

書中研究了各種不同的經濟週期理論，找出了他們的共同之處，對經濟週期的發生與發展做出了綜合的陳述，並為避免經濟危機提供了理論依據。正如哈伯勒在結論中所說的：「本書所研究的只限於分析現存的各種經濟週期理論，進而對經濟波動的性質及其各種可能的原因做出綜合的說明。……目的在於找出蕭條的原因和挽救方法。」

有關經濟週期性質和原因的綜合說明

在這一部分裏，哈伯勒對所分析的各種經濟週期理論進行了綜合陳述。正像他自己所說，他並不指望人們會把這本書裏所提出的理論當成一種全新的認識，因為他只不過是就現有的種種理論加以綜合和引申罷了。**哈伯勒明確了有關經濟週期的含義。他從就業、消費、生產這三個方面來定義蕭條與繁榮，並且把一般意義上的經濟週期與學術意義上的經濟週期相區別，闡明了經濟週期的四個階段：高漲、低落、危機和復甦，並且指出了週期的兩個經常性特徵：一是生產與貨幣需求的平行動向，二是生產品格外猛烈的波動。**在上述理論的基礎上哈伯勒又對擴張過程和收縮過程進行了分析：從擴張的起點開始，分析擴張在未運用生產原物料條件下的演進，他認為，此時勞動力的供應具有充分的彈性，投資與消費相互促進，價格、成本和利潤都有提高，固定資本投資受到刺激成長並尤為顯著。

在這一過程中，貨幣流通額的擴張是一個必要條件，由於新投資機會的出現，使得所吸收的資金超過了儲蓄，儲蓄不足的部分，便不得不求助於通貨膨脹。

資金供應方面的變動，往往會使擴張力量進一步加強，因為經濟的擴張，足以使貸出者提高信心，願意以較低的利率貸出資金。在擴張過程中，由於對製成品需求的反應、預期的作用、資本與勞動的比率，特別是加速原則的作用，使得生產品和耐久品的生產比非耐久消費品的生產成長得更快。擴張過程中不同時期儲蓄的變化也在不同程度上加劇了擴張本身。

哈伯勒指出，收縮過程跟擴張過程一樣，也是累積性的，是自行加強的。而在這一過程中，假如把通貨緊縮理解為以貨幣計量的商品總需求的逐漸減退，則收縮就會產生主導作用。因為通貨收縮的蔓延被各種因素加強，會造成累積性的經濟收縮。

這一過程在貨幣上的表現是總需求的減退，投資的累積性下降，資金供應的枯竭。其原因在於中央銀行直接發動的通貨收縮，使得市場上也出現一連串的收縮現象，比如個人貯藏黃金和紙幣、商業銀行收縮信用、企業機構進行貯藏、非銀行債務的清償、債務人被迫出售資產等等。

與擴張過程相反，生產品和耐久品的生產要比消費品與非耐久品的生產減退得快，這裏加速原則又產生了主要作用。關於兩個轉捩點——危機與復甦，哈伯勒進行了以下的分析。

對於收縮（即危機）的原因，哈伯勒認為主要有以下三種：第一，局部干擾引起總需求的減退；第二，政府與銀行實行通貨收縮；第三，成本提高引起局部的衰退。然而，為什麼當經濟體系擴張演進超過了某一點之後，市場就越來越經不起通貨收縮的衝擊呢？

這是因為，擴張得以順利進行需要兩個最主要的條件：一是彈性的貨幣供應；二是彈性的生產原物料供應。當擴張超過了某一點之後，貨幣供應和生產原物料供應就變得缺乏彈性，勞動力資源日趨枯竭，障礙便逐漸產生。這時擴張過程自身也釀成干擾：生產結構的失調、加速原理的作用、工人效率的降低、無可避免的生產變更、由於需求不足引起投資減退收縮和生產要素不足對派生需求的影響等等，最終導致危機的產生。

在哈伯勒看來，經濟走向復甦的原因主要有：生產者支出、可投資金供應的成長、可投資金需求的成長、對投資的某些刺激和消費支出的成長等。那麼，為什麼當經濟體系收縮進程超過了某一點之後，市場對擴張刺激會越來越敏感呢？

這是由於生產要素供應與信用供應隨著收縮的演進逐漸恢復了彈性，進而使收縮喪失了動力，而收縮過程也多半會發生擴張傾向，比如信心的恢復、投資的活絡、重置的需求、工資的降低等，都會使經濟出現新的轉機，並走向復甦的高漲。

最後，哈伯勒闡述了經濟週期的國際方面。在這一部分，哈伯勒著重分析了以下三個因素對國際間經濟週期的影響：一是運輸成本，也就是商品和勞務的不完全可動性。它可能使繁榮與蕭條共存；二是投資、信用和銀行業務的地方化，即資本的不完全可動性。它們對週期動向所發生的影響是多種多樣的，有時候會對當地的繁榮與蕭條產生抑制作用，而有時則相反；三是國家的通貨自主。在這裏，哈伯勒主要探討了金本位、匯兌本位與自由匯兌三種條件下的資金國際間流動以及經濟週期對不同國家的影響。

對經濟週期理論的有系統分析

在這一部分中，哈伯勒主要分析了現存的經濟週期理論。他首先指出，各種理論的分歧往往只是由於側重點的不同所致，因此他努力揭示其共同之處。他把要研究的問題歸納成幾個要點：一是一般性特徵；二是高漲的解釋；三是高漲轉捩點的解釋；四是低落的解釋；五是低潮轉捩點的解釋；六是反覆性、週期性等現象產生的原因；七是國際間的複雜關係。然後就以此對各種週期理論進行分析。

一、純貨幣理論

哈伯勒選擇霍特里的學說作為代表，霍特里認為，經濟週期乃是一種純貨幣現象，即「貨幣流動」是產生繁榮和蕭條的惟一具有充分理由的原因。**經濟週期的高漲是由累積的信用擴張引起的，而信用擴張中止以後，繁榮也便到了盡頭。然後是累積性的收縮過程，使經濟陷於痛苦而漫長的蕭條之中。直至信用再一次擴張給經濟帶來新一輪的復甦。**哈伯勒認為，霍特里先生關於經濟週期的貨幣理論中，對擴張過程和收縮過程的累積性的論證和分析格外有意味。在這一點上，各派理論家之間有著較大的一致性。至於霍特里理論的另外一些觀點，哈伯勒卻認為是比較有疑問的。

二、投資過度論

這一理論是對很多理論家所提出的相互間密切關聯理論的概括，他們的中心論點是，生產原物料或資本品的工業，與生產消費品的工業相比，有了過度的發展。也就是說，生產資本品的工業受經濟週期的影響，遠比那些生產日常消費品的工業嚴重得多。

持相似關點的理論家很多，根據其觀點還可以把他們細分為三個派別。

第一個派別，提出的是貨幣投資過度論。在他們看來，在繁榮與蕭條之間，生產之所以會發生不平衡，是因為在某種信用機構（比如銀行體系）形成下活動的貨幣力量。在這一點上，他們能被列入經濟週期貨幣解釋的範圍，所不同的是，對這類專家來說，經濟週期並不僅僅是一個純貨幣現象。透過貨幣因素造成的實際上的生產結構失調，結果會使繁榮趨於崩潰。這一派的代表人物主要是哈耶克、馬克路普、米塞斯、羅賓斯、羅布凱與斯特里爾。

第二個派別，所持觀點被哈伯勒稱之為非貨幣投資過度論。斯庇索夫和卡斯爾是這一派的傑出代表。和前一派不同，他們把對經濟週期研究的重點放在生產範圍內的那些因素上，比如新發明、新發現、新市場開闢等等，概括起來也就是為新投資提供機會的那些環境。在他們的論斷中，**蕭條常常是由資本品生產的過剩和消費品的不足所致**。

第三個派別，認為由製成品需求變動引起投資過度，也就是所謂的派生需求加速和擴大原則。

這一派的理論家指出，由於技術上的原因，消費品生產的變動，會引起一般生產品的生產，特別是固定資本設備的生產發生更為猛烈的波動，這就是所謂的「派生需求加速與擴大」原則，阿夫坦利翁、比克達克、庇古等人對這一原則進行了闡述，克拉克和哈樂德曾用這一原則來解釋經濟週期。

在分析了成本變動、橫的失調和負債過度等危機與蕭條的原因之後，哈伯勒又探討了「消費不足論」、「心理理論」和農業與經濟週期——「收穫論」。哈伯勒在「關於新近發展的經濟週期理論研究」一章中，有系統的闡述了凱恩斯的理論：隨著經濟的高漲，收入和消費都將隨之增加，然而由於邊際消費及儲蓄傾向的作用，使得消費的成長趕不上收入的成長。再者，**資本邊際效率的崩潰，使得投資小於儲蓄，這就造成了有效需求的不足，進而最終導致失業和經濟蕭條**。至此，哈伯勒對現存的經濟週期理論進行了有系統的分析，並為其關於經濟週期性質與原因的研究奠定了基礎。

影響經濟穩定的貨幣因素和實際因素

在本書的第三篇和兩個附錄中，哈伯勒對現代西方經濟理論的某些傾向進行了評論，並對經濟週期最近的一些演變進行了概括和評價。在這裡，哈伯勒認為，時下的經濟理論有很大一部分過於看重實際因素，而對貨幣因素以及與之密切相關的制度的價格剛性與工資剛性等現象，則略而不論，或者是對它們的重要意義在大體上沒有加以重視。在他看來，**廣泛定義下的貨幣因素，對短期的經濟不穩定（也就是通常所說的經濟週期以及支付平衡不穩定和長期失調的形成）是負有重大責任的。**

《博弈論與經濟行為》

約翰・馮・諾依曼：博弈論與電腦思想的奠基人

在一些精確的自然科學的許多部分裏，一項普遍的經驗是，對一些適當的特殊情形的徹底瞭解，很可能成為科學發展的理論的先導。

——諾依曼

《博弈論與經濟行為》一書被認為是二十世紀社會科學的經典著作之一，是博弈論（也稱為對策論）的奠基性著作。該書是由馮·諾依曼和摩根斯特恩合著的。

約翰·馮·諾依曼（John Von Noumann，一九〇三—一九五七），美籍匈牙利數學家和理論經濟學家，博弈論與電腦思想的奠基人。一九〇三年，馮·諾依曼生於奧匈帝國的布達佩斯。一九二六年，他畢業於蘇黎世工業學院，並於同年獲布達佩斯大學博士學位。一九二六—一九二九年，他擔任柏林大學無薪教師。一九二九—一九三〇年，他任漢堡大學私人講師。一九三一—一九三三年，他任普林斯頓大學數學、物理學教授。一九三三—一九五七年，他任普林斯頓大學高等研究所數學教授、電腦研究所所長，和全國科學院成員。可以說，諾依曼是二十世紀的一個奇才。二十世紀許多重要的科學成就都受惠於他的思想，包括量子力學、統計力學、動力氣象學、電腦科學和人工智慧等領域。一九五七年，諾依曼因病去世，享年五十四歲。

諾依曼一生著作頗豐，但大多屬於非經濟領域。在經濟學方面的主要著述有：《博弈論與經濟行為》（與摩根斯特恩合著）和論文《一般經濟均衡模型》等。另外，他還提出了有名的多部門經濟成長類型，即「馮·諾依曼成長模型」，為當代經濟成長理論做出了重要貢獻。

奧斯卡·摩根斯特恩（OskarMorgensterm，一九〇二—一九七七），美國經濟學家，生於德國，曾擔任維也納大學（一九二九—一九三八）、普林斯頓大學（一九三八—一九七〇）和紐約大學

（一九七〇—一九七七）教授。他致力於研究經濟預測和國防經濟。他的主要著作有：《博弈論與經濟行為》（與諾依曼合著）、《經濟預測》、《經濟政策的限度》、《論經濟觀察值精確性》等。

《博弈論與經濟行為》一書，首先從討論經濟行為出發，說明了建立博弈論的必要性。透過細緻的分析，引出了對博弈概念的公理化描述，在有系統的而全面地建立了博弈理論之後，又回過來研究經濟行為以及其他方面的一些問題，作為理論的直接應用。

本書理論建立的線索是：首先，建立二人零和博弈的完整理論；其次，在二人零和博弈論的基礎上，建立N人零和博弈的理論；最後，證明一個一般的N人非零和博弈可以化為一個（N＋1）人零和博弈。這樣，就在理論上解決了一切有窮博弈的問題。作為博弈論的經典著作，它的結論適用於所有的糾紛情況。該書相當大的篇幅都用在建造有系統的數學理論上面，所以，閱讀該書需要一定的數學基礎。

《博弈論與經濟行為》共分為十二章：經濟問題的陳述；策略對策的一般形式描述；二人零和博弈；三人零和博弈；理論的一般陳述；N人零和博弈；四人零和博弈；某些有關參加人數「N≧5」時的註記；博弈的合成與分解；單純博弈；一般非零和博弈；優超與解的要領的推廣。另外，從第二版起，又增加了一個效用的公理化處理的附錄。

現按原書的順序，對內容做一簡要的介紹。

在該書第一章中，諾依曼就一連串基本的問題，特別是經濟學和數學的關係進行了論述。在他看來，數學在經濟學中應用還不太成功的原因主要有以下三點：第一，很多經濟學問題往往提得很不明確，常有許多不確定因素。第二，在那些問題提得相當明確的地方，由於未能使用合適的數學工具，也常常導致失敗。第三，經濟學中經驗背景不足，至今尚未有系統的、科學的有效觀察。所以，很難期望數學能順利地進入經濟研究領域。

諾依曼說，本書的目的不在於經驗研究，而是試圖從有關人類行為的一般性論點著手，尋找既有助於數字處理，又有重要經濟學意義的研究途徑。諾依曼認為，要做到這一點，就要發展新的數學方法，甚至創立新的數學分科。諾依曼指出，在一個社會性交換經濟中，其特徵與普通的極值問題不同，是多個相互衝突的最大值問題的一種混合。

這類問題的複雜性取決於事件參加者的人數。

三人博弈與二人博弈根本不同，而四人博弈又和三人的情況不一樣。如果參加者很多，以至於單個人的作用可以忽略不計時，問題倒反而簡單了。有大量參加者的情況，可用經典的競爭理論來解釋，而對於經濟問題來說，二、三、四……個參加者的情況，也沒有完全相同的理論。所以，必須先從有少數參加者的情況出發，逐漸進入到有大量參加者的情況，透過「極限轉換」進入到自由競爭的情形。

諾依曼在論述了把效用函數作為一個數值函數是合理的之後，闡述了什麼叫「一個博弈問題的解」。在諾依曼看來，首先應說明什麼叫「社會總體的行為標準」。從這個「標準」出發，人們就能對兩個社會狀態進行比較，比較它們誰優誰劣，或者兩者「沒有差別」或者兩者「無法比較」。所謂問題的解就是某一種狀態，從總體上說，就是人們找不到比它更優的其他狀態。**博弈問題的狀態在一個社會經濟問題中，可理解成一種對資源或利益的分配。**

在該書第二章，主要論述了用數字形式對博弈問題進行規範化的表達。一個博弈問題，可根據有多少個參加者來分類，比如，有二人參加的叫二人博弈（如下棋），有三四個人參加的叫三四人博弈（如打牌）。每個參加者有一套自己的策略與代表其利益的支付函數。支付函數的值取決於各個參加者所採取的策略。如果參加者的利益總和為零，比如下棋雙方的一輸一贏或和局，這種博弈稱為零和博弈，否則為非零和博弈。

在有的博弈中，參與者都能瞭解所有情況，則稱為「具有完全資訊的博弈」，反之則為「具有不

完全資訊的博弈」。有的問題允許參加者相互合作，這稱為「合作博弈」，相反的情形則稱為「非合作博弈。」諾依曼分別用嚴格的定義與數學方式對它們進行了陳述，這對於後面進一步的專題討論是必不可少的。由於對博弈問題進行的是數學的描述，必須藉助集合論作為工具，為此，第二章用相當的篇幅陳述了集合論的基本知識。

在第三、第四兩章中，作者集中論述了二人零和博弈。主要的理論結論是著名的「馮・諾依曼最小最大定理」。

該定理內容大致如下：在二人零和博弈中，由於兩人的支付函數之和為零，故可用一個函數來代表兩個人的利益，即函數既表示甲的支付，又表示乙的相應收益。對甲來說，他採取的策略是保證使其支付越少越好，然而由於甲不知道乙採取什麼策略，於是他採取的一種謹慎的做法就是對自己採取的所有策略都做了預期最壞的打算。

考慮其每一策略都可能有的最大，而在所有這些最大支付中取最小者，由此可得到甲的所謂「最小最大策略」。同理可提出對乙的「最大最小策略」。當兩者分別採取這樣的策略後，由於相互都已考慮了最壞的情況，最終結果就不會比預期的更壞。

一般而言，對於一個二人零和博弈，不一定達到兩個人所預期的「最小最大」和「最大最小」的情況。但是，「諾依曼最小最大定理」指出，假如允許考慮所謂的「混合策略」，即在博弈中引進機率概念，按照這種觀點，博弈中的兩人所採取的策略都是隨機的，例如甲採取策略A的可能性為六

○％，採取策略B的可能性為四○％，等等。那麼，在支付函數滿足一定合理條件的情況下，甲的「最小最大混合策略」與乙的「最大最小混合策略」一定能在某個策略組合下達到一致。

在完成了二人零和博弈的一般討論後，在第四章，諾依曼又進而考察了二人零和博弈的一些特殊例子。其中重點考察了配銅錢遊戲和撲克遊戲。對於配銅錢遊戲，作者不僅給出了博弈詳盡的定量討論，還用博弈論的語言做了定性的說明，其中也包括一些推廣和一些更複雜情形的討論。**對於撲克遊戲，為了用二人零和博弈加以討論，作者用博弈論的語言表達了該遊戲，包括對撲克的描述、規則的精確表達、策略的描述、問題的敘述等。**

接下來，諾依曼詳細論述瞭解的確定法、解的詳盡分析和解的解釋。最後對撲克遊戲中一些較複雜的情況也作了論述。正像作者在本章中所說，這些例子將比任何一般的抽象討論更加深刻地揭示出博弈理論的各個組成部分的真正含義。特別是，它們將顯示，怎樣可以給博弈理論裏的某些形式化的方法以直接的、常識的解釋。

該書第五章到第十章，是對零和對策更進一步的討論。在第五章，**作者提出，從二人零和博弈轉移到三人零和博弈使單純的利害對立退出了問題的核心**。並且，在博弈參加者中，出現了挑選同盟者以建立共同利害關係的問題，而這一問題在二人零和博弈中是不存在的。所以，在第五章中，作者重點考察了默契與合夥問題，以便為第六章對幾人零和博弈的一般討論作一些必要的鋪墊。

作者在第六章一開始便指出，第五章中關於「N=3」的情況的討論顯示，選手之間合夥的可能性將在正在發展的理論中產生決定性的作用。所以，有必要引進一種數學工具，把上面所說的「可能性」以數量的方式表示出來。作者這裏所說的數學工具即是本章中引出的特徵函數。在對特徵函數的基本性質進行了討論之後，作者又對把已知的特徵函數應用於博弈做了分析。作者希望把N人零和博弈的全部理論都展現在這個函數上。作者利用特徵函數這一工具，對三人零和博弈作了重新考慮，確定了三人零和博弈的本質，並作了討論。

作者強調，關於這一類博弈的知識還有著很多空白點，進而迫使作者採取了一種不是很詳盡而且主要是辯論式的處理方法。

然而，即使是不完全的討論，也會揭露出一般理論各個方面質的主要特性，這些特性在以前是不可能出現的。這暗示了博弈的複雜性會隨著參加者人數的增加而顯著增加。在第八章中，作者給出了N人零和博弈中參加人數的嚴格說明。這使人們看到隨著參加者數目的增大，博弈的複雜程度是如何急速變化的。所以，為了研究參加者較多的博弈，有必要尋求一些研究的技巧。

對此，作者在第九章用了較大篇幅來討論合成與分解的理論。諾依曼寫道：「在目前的情況下，我們當然不指望有任何有系統或窮盡的方法。所以，合理的辦法是：尋找一些包含許多個參加者的特殊博弈類型，它們是能夠確切地加以處理的。在一些精確的自然科學理論裏，一項普遍的經驗是，對一些適當的特殊情形（這些情形是在技術上能夠解決的，但它們是能展現基本原則的情形）的徹底瞭解，很可能成為發展系統和窮盡理論的先導。」

作者對合成與分解、理論的修改、分解的分割、可分解的博弈；理論的進一步擴充、過剩額的限制；擴充的理論的結構、在可分解的博弈中全部解的確定等理論做了詳細介紹。在第十章，沿著第九章的思路，作者重點考察了被他稱之為簡單博弈的一類博弈。在作者看來，對這一類型的博弈加以討論，可能會比一般N人零和博弈的討論更容易些。

在第十一章中，作者放棄了零和（或一般的常數和）的限制。在作者看來，零和的限制在可觀的程度上減弱了博弈與經濟問題之間的關聯。在這一章中，作者論述了一般非零和博弈。在這一過程中，作者創造性地提出了以某種方式連結博弈的一般理論與零和博弈理論的綱領：**任意已給的一般博弈可以重新解釋為一個零和博弈。**

具體而言，對於一個已給的一般博弈，引入第（N+1）個參加者（虛設的），他的損失數量為其餘N個（實在的）參加者所獲得的數量，反之亦然。

在此基礎上，作者透過擴展特徵函數的概念，使一般的非零和博弈也完全建立在特徵函數上。此後，作者具體地討論了博弈參加者「N>3」時的全部一般博弈的解，並給出了經濟學的解釋。最後，作者從博弈的角度考察了一般市場問題，由於問題的複雜性，作者只給出了問題的陳述與對一些特殊情形的簡要討論。

在本書的最後一章，第十二章中，作者重點論述瞭解的概念的推廣。

作者試圖用數學上完整的原則來說明社會性商品經濟參加者的「合理行為」，並從中引出這一行為的一般特徵。一方面，這些原則應當完全是一般性的，即在所有情況下都能成立的；另一方面，如果目前僅能解決某些典型的特殊情況，也是令人滿意的。如果按照這一原則來建立一個經濟活動的模型，結果就得到對博弈的描述，這對於描述市場形態是特別突出的，而歸根到底，經濟體系的核心是市場。

《富裕社會》

約翰·肯尼斯·加爾布雷思：新制度經濟學派最重要的代表人物之一

個別貧困通常與若干個性有關，諸如心理缺陷、身體不健康、不能適應現代生活的訓練或者生育過多、酗酒、缺乏教育等等。

——加爾布雷思

約翰・肯尼斯・加爾布雷思（John Kenneth Galbraith，一九〇八—一九八七），美國作家、外交家、總統顧問、社會評論家和當代著名經濟學家，新制度經濟學派最重要的代表人物之一。他退休後，仍擔任哈佛大學名譽教授。加爾布雷思在經濟理論方面的主要貢獻在於：提出了權力轉移論、目標更換論、生產者主權論、企業與外界關係轉變論、階級衝突變化論、二元體系論、結構改革論等。

加爾布雷思著述頗豐，主要有：《富裕社會》、《一種價格管制理論》、《經濟發展論》、《新工業國》、《沒有把握的時代》、《貨幣》、等。

《富裕社會》一書是加爾布雷思的成名作。自出版後，被列為西方最受歡迎的二十本暢銷書之一。西方經濟學家和一些政界人物對之大加讚賞。英國工黨理論家約翰・斯特拉徹說：「這是一本偉大的書。……它將與我們時代中創造歷史的一兩本書籍同樣地被人稱道……二十年以後，《富裕社會》一書所發生的影響，將與今天《就業、利息和貨幣通論》所發生的影響相比擬。」英國《每日電訊》載文稱頌，「作者的答案，其重要性可與二十世紀三〇年代凱恩斯的著作相比……在二十世紀六〇年代，它將提供作為處理我們早已富裕的社會中陌生問題的流行的思想工具」。

觀念的轉變

本書第一章概述了全書的主題。**加爾布雷思認為，過去的經濟學是以貧困社會為研究對象的，即使那些已經富裕的人民的觀念，也不是在財富的世界中鑄造出來的，而是貧困世界的產物。**因此，人們一直被貧困的觀念困擾。目前，美國雖然已經進入富裕社會，人們的觀念雖然已經有所調整，但也只不過是一種不被理解的調整。作者的中心議題是，當前人們的觀念，必須從貧困社會轉向富裕社會。

於是，作者又進一步分析了觀念轉變的問題。他把過去的經濟學稱為「傳統智慧」，而這種「傳統智慧」充滿了悲觀沮喪情緒。亞當・史密斯雖然對社會富裕抱有希望，但他的視野是一個前進的社會，而不是一個停滯而走下坡路的社會。他只說「國富」，只說「總財富」，「並沒有希望以商人、製造家為一方，而以工人大眾為另一方之間的分配，將大有利於後者」。因此在事件的正常過程中，工人大眾的收入可能被越壓越低。**李嘉圖的分配論，馬爾薩斯的人口論，也都描繪了社會的黑暗面。**

凱里雖說是一個例外，但也不是絕對的樂觀主義者。凱里認為，人們並不像李嘉圖所說的那樣，被迫申請耕作越來越貧瘠的土地，使他們的報酬越來越低。相反的，他們首先耕種山頂貧瘠而不受阻礙的土地，然後在較晚的時期，再著手解決山谷間濃密的植物，把樹木清除以後再進而開墾肥沃的沖積土，他們勞役的報酬不是更少些而是更多些。但是凱里仍有保留意見，他贊成馬爾薩斯的觀點，甚至猜想人們「將無立足之地」。

至於喬治・亨利和凡勃倫，不但遠沒有樂觀的態度，反而都成為「憂鬱的預言家」，在某些方面甚至比李嘉圖走得更遠。

作者透過歷史的敘述，最後得出結論說：「傳統智慧的敵人不是觀念而是事件的發展。正如我所提醒的，傳統智慧並不是要適應它要解釋的世界，而是要適應聽眾的世界觀。」因此，為了適應變化了的現實，必須轉變觀念。

經濟安全和國家安全

在分析了「傳統智慧」之後，加爾布雷思又分別考察了不均、經濟安全、生產地位、消費者需求和國家安全等問題。

在競爭社會中，效率總是受到鼓勵。能幹的企業家和工人受到獎賞，無能和懶惰者受到懲罰。如果人們是貧困的，惟一的希望是收入的重新分配。收入若是普遍分散的，就會被普遍消耗掉，但若流入富人集中的川流中，一部分將被儲蓄起來用於投資。因此富人是必要的，過分的均等將使文化一律而單調。

在本書的體系中，分配不均只是一個鋪墊，因為在加爾布雷思看來，不均是一種不安全因素。因此，緊接著他就進入了經濟安全的分析。他認為，**在競爭社會，不安全是固有的。個別企業家或工人的好運在任何時候都有可能遇到突然的衰落。這種好運的變化，既是不可避免的，也是有用的。**所謂「不可避免」，是由於他們是這個制度適應變化能力的一部分。當需要和願望變化的時候，人們就會受雇於新崗位而游離出舊崗位。資本在舊工業中被註銷而重新投放到新工業中去。所謂「不安全有用」，是因為它驅使人們盡其所能作最有效的服務，而對於不能適應者則給予嚴厲的懲戒。

經濟不安全雖說在原則上很有價值，但並不是最佳狀態，人們在現實生活中總是傾向於追求安全。令人欣慰的是，在現代經濟生活中經濟不安全因素已開始消除。因為不安全的根源，是競爭以及競爭市場價格的自由而不能預見的變動。壟斷的產生，使企業得以控制供給和價格，進而也就實現了一定的經濟安全。尤其是在現代大公司的權力範圍內，可以減輕或消除以往工商企業所遭遇的一切重大風險。這是對企業或公司而言，那麼對工人、農民或其他個別公民來說又會怎樣呢？加爾布雷思認為，他們獲得安全必須求助於政府的援助，或者自發建立起來的組織，如工會。

傳統觀念認為，經濟不安全是效率和經濟進步不可缺少的因素。其實，這是「經濟觀念史中最大的失算」。**加爾布雷思認為，經濟安全和效率並不矛盾。**「事實上，對於經濟安全日益關心的年代，也是生產率無比增進的年代」。作者引用了大量資料說明了安全年代產量的成長，並指出：「**在美國和其他西方國家的歷史上，產量中最令人難忘的增加，一般發生在當人們開始關心減少競爭制度的危險以後。**」

關於對國家安全的見解，加爾布雷思也和「傳統智慧」大相徑庭。在「傳統智慧」的命題中，國家力量和經濟力量之間有著直接的關聯，第二次世界大戰就證明了下述事實：最後的勝利決定於最大的國民總產額，也就是說，軍事力量是經濟力量的函數。加爾布雷思認為這是一種無稽之談。

在一個富裕社會，民用經濟很難轉向戰時經濟的需要。朝鮮戰爭爆發以後，消費者預料到貨物可能會減少，立刻開始保護他們自己以免被剝奪消費的權利。他們跑到商店去購置汽車、無線電、廚房耐用品、傢俱、罐頭食品……一九六一年第一季國防支出較和平時期最後一季上升一二九億美元，而小平民支出卻增加了一九〇億美元。消費者為保持平時的生活水準，有效地先占了經濟總產量，其結果是帶來有損害的通貨膨脹。平民對購置貨物的競爭，使軍事生產成長緩慢而費力，由此可見，**經濟力量和軍事力量並非總是成正比。**

因此，**支持國家安全的因素並不完全是經濟規模，而在於民用經濟有多少可轉用於公共目標，其中不僅包括用於武器和防禦的開支，而且包括教育和訓練所需的高度發展的人力方面的開支。**因此，和平時期防禦設施的準備對國家安全的維護比經濟實力更重要。

通貨膨脹和物價穩定

接著，作者討論了通貨膨脹和物價穩定的問題。

通貨膨脹和物價的持續上漲，是生產高度擴張的一種表現。當供應不易增加的時候，需求的增加可能帶來物價的上升。加爾布雷思的這種觀點和凱恩斯的理論有些類似，即需求拉動引起通貨膨脹。

加爾布雷思反對用增產的辦法救治通貨膨脹。因為增加生產一般要增加生產能力，其中包含著投資的增加，而投資的增加又將以工資、原物料、資本報酬的形式擴大支出，這必然會導致需求增加，進而又會導致更為厲害的通貨膨脹和物價上漲。

加爾布雷思認為，貨幣政策和財政政策對消除通貨膨脹和實現物價穩定，都難以達到預期效果。因為貨幣政策雖然具有魔力，但銀行必須具有無上的權力。貨幣政策屬於銀行界，這種權威的運用不應受政治家的干涉或仲裁。中央銀行要保持「獨立」於政府之外，並且在某種程度上凌駕於政府之上。在現代社會，這種特權並不存在。

至於財政政策，當通貨膨脹襲來的時候，通常採取增稅的辦法，藉提高課稅來壓縮需求。在需求不足和經濟蕭條的時候，透過減稅和增加公共支出來增加就業和總需求，現在已經普遍被接受了。可是，透過增稅抑制通貨膨脹，必然增加消費者的生活費用或減少他們的收入。這恰恰發生在當通貨膨脹使許多人難以維持生活習慣的時候。因此透過提高課稅來打擊通貨膨脹的辦法，必將遭到大多數人的反對。究竟怎麼才能消除通貨膨脹，實現物價穩定呢？加爾布雷思對此發問較多，正面回答卻語焉不詳。他只是模糊地提到，只有在降低的需求使生產量低於現有設備和勞動力的生產能力的時候，才能有效。也就是說，要暫時犧牲生產以求得物價穩定。

社會平衡和投資平衡

關於社會平衡的解釋，加爾布雷思認為可分為以下兩點：第一，各種產品的生產之間的比例關係。比如：鋼鐵、石油和工作母機的產量是與汽車的生產相關聯的，對運輸的投資必須和待運貨物的產量並駕齊驅，動力的供應必須和需要動力的工業的成長相適應。第二，社會消費的平衡。一種產品需求上的增加難免引起人們對其他產品需要的增加。比如，我們消費更多的汽車，我們也得要更多的汽油，還必須有更多的汽車保險以及使用汽車的空間。價格制度加上十分豐裕的其他相關情況是造成消費不平衡的動力。在加爾布雷思的社會平衡學說裏，勞務佔有十分重要的地位。勞務主要是指提供社會服務的「活動」。為了說明私人生產的和國家生產的貨物和勞務之間的令人滿意的關係，這個名詞我們稱之為社會平衡。可見，社會平衡是一個十分寬泛的概念。

所謂投資平衡，指的是資本數量增加的比例關係，特別是物力投資和人力投資的比例關係。在投資結構中，加爾布雷思特別強調人力投資的重要性，這是由現代社會技術進步的性質所決定的。

在現代社會，隨著龐大而複雜的工業設備的發展，單純的經驗型人才就難以適應了。所以，對人的投資，像對物的投資一樣重要。換句話說就是，一種投資要依靠另一種投資而存在。更為重要的是，目前以技術進步為支點的投資的改進，幾乎全靠對個人的教育、訓練和科學機會上的投資。

傳統經濟學中對物質資本的投資配置，是透過市場分配實現的。假如石油工業的收益較高，紡織工業的收益較低，那麼資本就會流入石油工業。透過市場配置資源，無疑會提高效率。但是這種「自由流轉」的配置方法在人力資本上顯然只能是不確定和無效率的。因為幾乎所有對人的投資都在公共領域以內，而且實際上都在市場體系以外。因此，**實現物力投資和人力投資之間的投資平衡，就只能依靠國家，正是國家，透過初級和中等學校，透過學院和大學，對人做了最大的投資。**

普遍貧困的消除和「新階級」的生成

本書的最後又回到了開始時討論的主題：富裕和貧困的問題，實際上是對全書的總結。**加爾布雷思強調，傳統經濟學關於「貧困」問題的說教，現在正受到現實的挑戰，那就是「富裕社會」。他認**

為，現在貧困的確仍然存在，但是已經發生了很大的變化。

現代貧困大體上可分為兩類：一類是「個別貧困」。不論社會多麼繁榮，這類現象都會存在。**加爾布雷思認為，個別貧困通常與若干個性有關，諸如心理缺陷、身體不健康、不能適應現代生活的訓練或者生育過多、酗酒、缺乏教育等等。**因此使他們不能分享一般的福利。另一類被作者稱為「島國的貧困」，或「貧困的島嶼」。在這個島嶼上的每個人幾乎都是貧困的。這顯然不能用個人缺陷來解釋，加爾布雷思只好另外尋找答案。他把島國的貧困歸結為下面的原因，即比較多數的人們願意把他們的生命消耗在（或者接近）他們出生的地方。這種留戀家鄉的本能阻礙了他們尋找脫離貧困島嶼的辦法。

總之，現代美國已進入富裕社會，甚至已經富裕到了「死於食物太多的人比餓死的人多」，富裕到「特別是男人，有時故意把衣著穿得破爛一些」，「大多數人的極端貧困」已經轉變為「比較少數人的極端貧困」。貧困的原因只是個人或家庭的特殊性質和地理環境，而與社會制度無關。**救治貧困的方法是增加生產和實行社會救濟。**

社會的豐裕和貧困的消除，「苦力」勞動者人數的減少，「空閒時間」的增多，工作變得悠閒和愉快，勞動者成為「新階級」——工作不再具有痛苦、疲乏或其他精神上或體力上不舒適的階級。這就是「富裕社會」所要努力追求的「主要社會目標」，並且是現在已經開始實現和逐步接近的「主要社會目標」。

《經濟學》

保羅・A・薩繆爾森：享譽世界的經濟學家

在完全競爭的條件下，市場機制確實導致了分配效率。

——薩繆爾森

保羅・A・薩繆爾森（Paul A.Samuelson），麻省理工學院榮譽退休教授，一九一五年生於美國印第安那州加里鎮。薩繆爾森的父母是美國典型的「自由派」，薩繆爾森從小就受這種思想的影響，在這樣的家庭氣氛中成長起來。薩繆爾森曾先後獲得過芝加哥大學文學學士學位、芝加哥大學文學博士學位、哈佛大學文學碩士學位。其間，他曾是社會科學研究會的在讀博士，並且加入了哈佛研究生協會，成為其會員。

薩繆爾森的博士論文是《經濟理論的操作意義》，憑這一論文，他獲得了哈佛大學的大衛・A・威爾斯獎。也是從這時起，世界上的經濟學者們開始注意這個企圖用數學知識修正古典經濟學的研究院學生，薩繆爾森也從此走上了輝煌的理論研究之路。

畢業後，薩繆爾森出任麻省理工學院經濟系助理教授一職，四年後，升任副教授，不久，又被提升為教授。也就是在這一年，薩繆爾森作為「四十歲以下的對經濟思想和知識的主體做出最顯著貢獻的在世的經濟學家」，被美國經濟學會授予約翰・貝茲・克拉克獎章。之後，薩繆爾森曾擔任了福特基金會研究員，獲得了芝加哥大學、奧柏林學院、印第安那大學以及英國東安格裏亞大學的榮譽法學博士學位。一九七〇年，由於在靜態和動態經濟理論上的傑出貢獻，薩繆爾森被授予諾貝爾經濟學獎。

作為理論界的權威，薩繆爾森還積極參加過諸多榮譽組織和學術組織的活動，比如，他曾是美國經濟學會會長、美國經濟計量學編輯委員會會長、國際經濟學會會長，以及美國藝術科學院、美國哲學會和英國科學院的會員。

薩繆爾森不僅是一位享譽世界的經濟學家，同時，也是社會各界所倚重的資深顧問。他曾作為美國國家資源計劃局顧問，為政府制定持續充分就業的戰時計劃。此後，他又先後出任了美國預算局顧問、美國總統國家目標委員會的研究顧問、美國國家經濟教育特別小組成員、美國財政部顧問、聯邦儲備銀行顧問、美國著名的管理諮詢公司——蘭德公司的顧問。並且，薩繆爾森還對政治活動十分熱心，常常為政治家出謀劃策。

薩繆爾森在其博士論文《經濟理論的操作意義》的基礎上，出版了專著《經濟分析的基礎》，首次提出了用數學方法對經濟問題進行分析的方法，因此，此書成為了數理經濟學的名著。並且，此書一出版，就成了有史以來最為暢銷的經濟學教科書，當時即售出百萬冊以上，後來，又被翻譯成法語、德語、西班牙語、義大利語、漢語、葡萄牙語、日語以及韓語等眾多譯版。該書除了經濟理論和數學方法外，涵蓋經濟學史、財政學、會計學、貨幣銀行學、勞動經濟學、經濟計量學、國際金融、國際貿易等內容，相當於「一部小型的西方經濟學百科全書」

薩繆爾森的其他著作還有《經濟學》、《經濟學選讀》和《線性規劃和經濟分析》。在《線性規劃和經濟分析》中，薩繆爾森針對國際貿易、運輸和市場學、工業生產，以及商業競爭策略和政府工作等複雜的現實問題，以數理分析為依據，提供了實用性強的可操作的分析方法。

此外，薩繆爾森還在各種期刊雜誌上發表過數百篇文章。

在薩繆爾森的研究生涯中，他將自己有同情心的、有頭腦的經濟學在幾十年的研究中慢慢地層現於世人面前，他說：「我有一個人道的經濟夢。」他把由此產生的最優化妥協稱為有同情心的經濟學。他利用數學方法提升了經濟理論分析過程中的科學性，成為新古典經濟學的「有頭腦的」典範人物。

薩繆爾森自稱是「專業化時代最後一個經濟學通才」，他的研究範圍從數理經濟學到當代金融評論。在經濟理論的研究中，他涉足了現代福利經濟學、線性規劃、凱恩斯經濟學、動態經濟學、國際貿易理論以及邏輯選擇和最大化的內容等。在研究中，他還經常使用一些相當高深的數學知識，因此，對於西方經濟學的發展，特別是關於數學在西方經濟理論上的應用，產生著重要的推波助瀾的作用。

《經濟學》一書，是薩繆爾森為美國大學生編寫的一本教科書，其中應用了許多幽默的警句，語言生動活潑，內容通俗易懂，在日本等國被評為經濟學優秀入門書之一。這本書將現代經濟理論與美國經濟實際地結合起來，並將傳統庸俗經濟學與凱恩斯主義合併，內容的劃分基本採用現在教科書上普遍採用的形式，第一部分為微觀經濟學，第二部分為宏觀經濟學。

一、什麼是經濟學

在本書的一開始，薩繆爾森便寫道：「**經濟學研究的主要問題，是關於人和社會如何做出最終抉擇的問題。在使用貨幣的情況下，人們可以使用有其他用途的稀缺的生產性資源，在現在或將來生產出各種商品，並把商品分配給社會的各個成員或集團，讓他們進行消費。而經濟學，則對改善資源配置形式所需的代價和可能得到的利益進行分析。**」在這種觀點下，薩繆爾森把不同社會制度的經濟問題，歸結為三個基本方面：第一，生產什麼商品以及生產多少；第二，怎樣進行生產；第三，應該為誰進行生產。這三個問題是密切相關的：第一個講的是生產的目的問題；第二個是生產的手段問題；第三個是關於分配的問題。在對這些問題進行分析時，薩繆爾森拋開了社會制度，認為在一個所謂「自由企業的經濟」中，生產什麼、怎樣生產與為誰生產之類的問題，主要是由一種價格制度（市場制度，盈利與虧損制度等）來決定的。

為了能夠更詳細地闡述這一問題，隨後，薩繆爾森提出了一個「稀缺規律」，這一規律也是他的經濟理論的基本前提和出發點。在他看來，**如果資源是取之不盡、用之不竭的，那麼，生產什麼、怎樣生產與為誰生產就無需研究。**然而，在任何歷史條件下，社會中存在的生產要素和資源的數量都是很有限的，生產技術也會有一定的限度，因此，人們只能生產出與社會條件相適應的商品，即一定的數量，符合條件的品質。在這種情況下，為了能夠得到盡可能多的商品，人們必須在各種相對稀缺的商品中間進行選擇，以生產自己最需要的商品。薩繆爾森把這種「稀缺性」的限制，稱作「社會的生產可能性邊界」，並使用新古典經濟學派的分析方法，對這一問題進行說明。

從本質上說，經濟學研究的問題是社會稀缺資源的合理配置，即經濟地、節約地使用有限的人力、物力，如能源、土地、人員等，以保證用最小的成本使消費者得到最大限度的滿足。經濟研究的一個基本的標準是，要使國民總產值（包括商品與勞務在內的一切最終產品的價值總和）與國民收入（使各種生產要素所得的報酬總和）儘快成長。因此，可以說，經濟學在社會科學居於首要地位。

二、「混合經濟體制」的理論模式

在眾多版本的《經濟學》教科書中，有關「混合經濟體制」的概念，一直沒有一個明確統一的說法。但是，從本書中，我們還是可以基本上瞭解所謂的「混合經濟體制」的理論體系。

市場上的主要生產者是企業，包括單人業主企業以及合夥經營的企業與股份公司。**股份公司可以透過發行債券或股票，在社會中籌集到巨額資本，但同時，也把自身的所有權分散在千百個小股東手中，使得公司的所有權和管理權的分離。**對於那些大股東來說，只要掌握公司全部股票的二〇%，就可以對公司實行有效的控制。隨著少數大公司逐漸發展成為龐然大物，並最終取得壟斷地位時，它們就會為自己的產品規定過高的價格，破壞消費者利益，同時也造成了資源的浪費。所以說，壟斷會破壞市場機制協調經濟活動的功能。

在本書中，薩繆爾森認為，市場與政府是經濟活動的兩個主角，而二者的統一，就是當代的「混合經濟」。競爭市場與價格制度，可以解決經濟的基本問題。供給與需求，是市場上的兩股相互作用、相互影響的基本力量。比方說，在市場上，一種商品的需求大於供給，買主的競爭就會抬高它的價格，而生產者根據這一訊號，將會擴大生產以滿足需求的空缺，當然，更主要的是賺取高額利潤。相反的，廠商就會縮減生產。消費者對不同商品所投的貨幣選票，決定了廠商生產的內容。至於怎樣生產，則取決於不同生產者之間的競爭。**在社會發展的任何時期，那些能夠以最低的成本生產出相同的產品，並且生產效率也比較高的生產方法，總會取代那些費用較高的生產方法。**同樣的道理，勞動市場上的供需狀況決定了工資的高低，利息、地租也用同樣的方法決定，這些因素構成了每個人的收入，同時解決了為誰生產的問題。當競爭不受任何限制時，市場與價格就可以自發地協調社會上的經濟活動，使之有條不紊地運行。

自二十世紀三〇年代以來，政府在現代混合經濟中的作用日益明顯、日益重要。關於這一點，可以從以下三個方面反映出來：首先，政府支出的數量成長；其次，國家對國民收入的再分配；最後，國家對經濟生活的直接調節。

在已開發國家中，政府透過稅收取走了國民總產值的二〇%至四〇%。當然，在這些國家中，政府的支出已經不再只限於國防、司法治安與公眾設施，而是擴展到更多的領域。**透過對收入徵收累進稅，並把它返還給低收入的人（稱為政府的轉移支付），政府可以實現：第一，能部分地矯正市場所**

造成的貧富懸殊；第二，直接對經濟活動進行調節，以克服經濟的劇烈波動；第三，能夠透過立法，對壟斷進行限制。在一個國家中，政府的主要事務是管理那些「每人都該管的事，卻不會有人去管的事」。因此，薩繆爾森指出，應該將壟斷和競爭這兩種不同的市場形式結合起來，以達到互補有無的目的。在凱恩斯理論失靈的情況下，薩繆爾森試圖從市場經濟本身尋找出路，因此，他提出了我們應該重新重視自由企業制度的優點。並且，他還提醒人們：「每個人都能感覺到政府在控制經濟活動方面做了多少事情。……但是，人們忽視的是，有多少正在進行的經濟活動，沒有受到政府的干預。」**薩繆爾森認為，在現代的混合經濟中，經濟學的三個基本問題不是依靠集權的中央法令所決定，而是依靠市場和價格制度來決定的**。

然而，在實際生活中，很多競爭都是「不完全的」，這是因為：第一，廠商不會總是預測到消費者愛好的變動，所以，他們生產的物品不可能完全符合市場的需求；第二，許多生產者根本不清楚其他生產者所使用的方法，進而不能很好地降低成本，改進生產技術；第三，最重要的是，由於市場中存在壟斷，因此，人們常常會對價格的決定形成一種錯誤的認識。也就是在這一基礎上，**薩繆爾森認為，一切經濟活動都是競爭成分與壟斷成分的混合物**。在市場中，經常存在的方式是不完全競爭（即壟斷競爭），而不是完全競爭。一個社會所能爭取的，僅僅是最接近於完全競爭的不完全競爭。從這種壟斷競爭理論出發，我們可以看出，價格制度並不是完美無缺的，其他的任何制度也不可能達到完美無缺的地步。因此，**經濟學所要解決的問題是維持發生作用的「有效競爭」，而不是千方百計的追**

求完全競爭。但是，關於混合經濟能不能給資本主義帶來永久性的繁榮，以及它能不能消除「停滯性通貨膨脹」的問題，薩繆爾森本人也沒有絕對的把握。基於這一事實，薩繆爾森只能說：「**混合經濟仍然遠遠不能為這些新的、可怕的市場固疾提供有效的治療方案。**」

三、「新古典綜合」經濟學

在本書的第八版之前，薩繆爾森將自己的理論稱為「新古典綜合」，之後，則改稱為「後凱恩斯主流經濟學」。名字雖然被改動了，但是本書的內容並無實質性的變化，它們都展現了凱恩斯主義和傳統的新古典經濟學的綜合。

在這一部分，**薩繆爾森把經濟學分為微觀經濟學和宏觀經濟學。**其中，自約翰・穆勒的《政治經濟學原理》、馬歇爾的《經濟學原理》以來，西方經濟學主要研究個量問題，因此，被薩繆爾森歸為微觀經濟學的範疇；而凱恩斯主義理論，則著重於對總量問題進行考察，自然被歸為宏觀經濟學的範疇。**微觀經濟學把充分就業作為分析前提，宏觀經濟學則著重研究在各種不同的就業水準上，就業量到底能夠達到多少。**透過這樣的劃分，薩繆爾森很好地將當時兩種不同的理論（傳統的自由放任理論和凱恩斯的國家干預理論），納入到同一系統之中，進而彌補了西方經濟學內部的漏洞。同時，對這一理論的研究，也構成西方經濟學的主流學派。

在傳統經濟學中，學者們進行研究的基礎是完全競爭條件下的「均衡價格論」。而凱恩斯主義則認為，資本主義社會經常出現有效需求不足的情況，換句話說，也就是總供給和總需求的不均衡才是資本主義經濟的常態。薩繆爾森基本上堅持了凱恩斯主義的立場，他也認為，無論如何，現代社會不能再倒退到自由資本主義時代。然而，他又主張「按新古典派的方法來加以綜合」，認為在混合經濟中所運用的宏觀經濟學，可以使傳統經濟學的微觀經濟理論重新發揮作用。

更確切地說，**薩繆爾森認為，凱恩斯主義提出的運用財政政策和貨幣政策的方法，可以對經濟活動進行調節，那麼，以這種理論為前提的「混合經濟」，就有可能促使充分就業的實現。**在這種情況下，一般均衡將會再度出現。

在凱恩斯理論中，只要總供給與總需求能夠保持一致，那麼，充分就業就可以實現。但是，此時的總供給與總需求，只是社會純產品的概念，而在薩繆爾森的分析中，達到均衡水準的總供給和總需求，則採用了國民總產值的概念。所謂的國民總產值，是指一切最終產品的總和，其中包括消費品和投資，或者是國民收入或國民淨產值再加上折舊。換句話說，國民總產值等於國民收入加上折舊。但是，薩繆爾森不想用淨產值的概念，因此，他得出了這樣一個結論：即使在商品市場上總供給與總需求保持一致，此時的總供給也不可能等於充分就業前提下的總供給。關於這種情況，**薩繆爾森說：「只有當這兩個想要有的支出的總和等於正在生產的國民總產值的數值時，總供給和總需求才會達到均衡。」而這裏所提的均衡，是指充分就業的均衡。**那麼，在現實中，應該怎樣實現這種均衡呢？通常的做法是增加消費需求或者新投資需求，但是，薩繆爾森提出了運用政府開支來解決這個矛盾，他認為，透過這種方法，就能保證總需求與充分就業條件下的總供給相等。

在形成自己的理論的過程中，薩繆爾森也承襲了馬歇爾的觀點，即用生產要素的價格來對分配進行確定，同時，他還接受了薩伊的「三位一體」公式，在此基礎上，又提出了他自己的邊際生產率分配理論。**薩繆爾森指出：某種生產要素的「邊際生產」，是指在其他生產要素保持不變時，由於增加一個單位這一生產要素，所增加的產品的數量。由於受「收益遞減規律」的影響，邊際生產的收益也會遞減。隨著薩繆爾森理論的最終形成，「分配之謎」也就得以解開了。**

勞動在分配中的額度是事先確定的，因此，在總產量（國民生產毛額）已知的情況下，地租在分配中的額度也能夠確定。而地租的產生，完全是邊際生產收益遞減的結果。這些內容，用公式可以表示如下：

工資＝勞動的邊際生產

地租＝土地的邊際生產

其他生產要素也依此類推

正由於工資、地租、利潤、利息以及其他的生產要素，都來自於每一種生產要素的邊際生產，所以，產品的成本實際上就由每種生產要素的價格來決定，即，勞動的邊際收益決定勞動的價格，土地的邊際收益決定土地的價格等。這些要素都是生產成本的一個組成部分，將這些要素組合起來，就組成了生產成本。

除了《經濟學》中所涉及的，薩繆爾森的觀點還展現在其他諸多方面，可以說，他是一個多產的學者，而他所著的《經濟分析的基礎》，被認為是一部對他的理論概括的最全面的著作。綜合薩繆爾森所有的著作與發表的文章，西方經濟學界認為，他的貢獻主要包括以五個方面。第一，動態經經學。薩繆爾森提出了動態分析的理論，用對應原理將動態經濟學與靜態經濟學緊密地結合起來，使之在內容上更加全面。第二，顯示偏好理論。薩繆爾森將乘數原理與加速原理相結合，建立了經濟循環的理論模型，在此基礎上，他提出了現實偏好理論。這一理論彌補了序數論的不足，為消費理論的發展奠定了堅實的基礎。第三，社會福利理論。薩繆爾森還發展了社會福利函數的社會福利理論，並開創了實際效率理論。第四，生產要素價格等同理論。薩繆爾森證明，隨著國際貿易的開展，各貿易國的生產要素報酬，如工資、利息等將趨於相等。同時，他還修正了國際貿易理論中的其他一些重要的內容。第五，提出「大道定理」。又稱為「高速公路定理」，在這一理論中，薩繆爾森澄清了公共財貨在資源最優配置理論中的地位。

西方經濟學者對於薩繆爾森的理論存在著不同的評價，一部分西方經濟學者認為，薩繆爾森將西方經濟學的研究水準提高了一個層次，使它向前邁進了一大步；另一部分學者則認為，薩繆爾森使西方經濟學只注重於形式和分析技術的精美，而忽視了所有的理論都應該與現實緊密相連。不管怎麼說，薩繆爾森完成了新古典主義與新凱恩斯主義的結合，成就了一代經典的理論形式。

《經濟成長的階段》

沃爾特・惠特曼・羅斯托：經濟成長階段理論的提出者

根據人類的動機來說，許多最深刻的經濟變化，是人類非經濟動機的願望所造成的結果。人類的動機是經濟成長的基礎。

——羅斯托

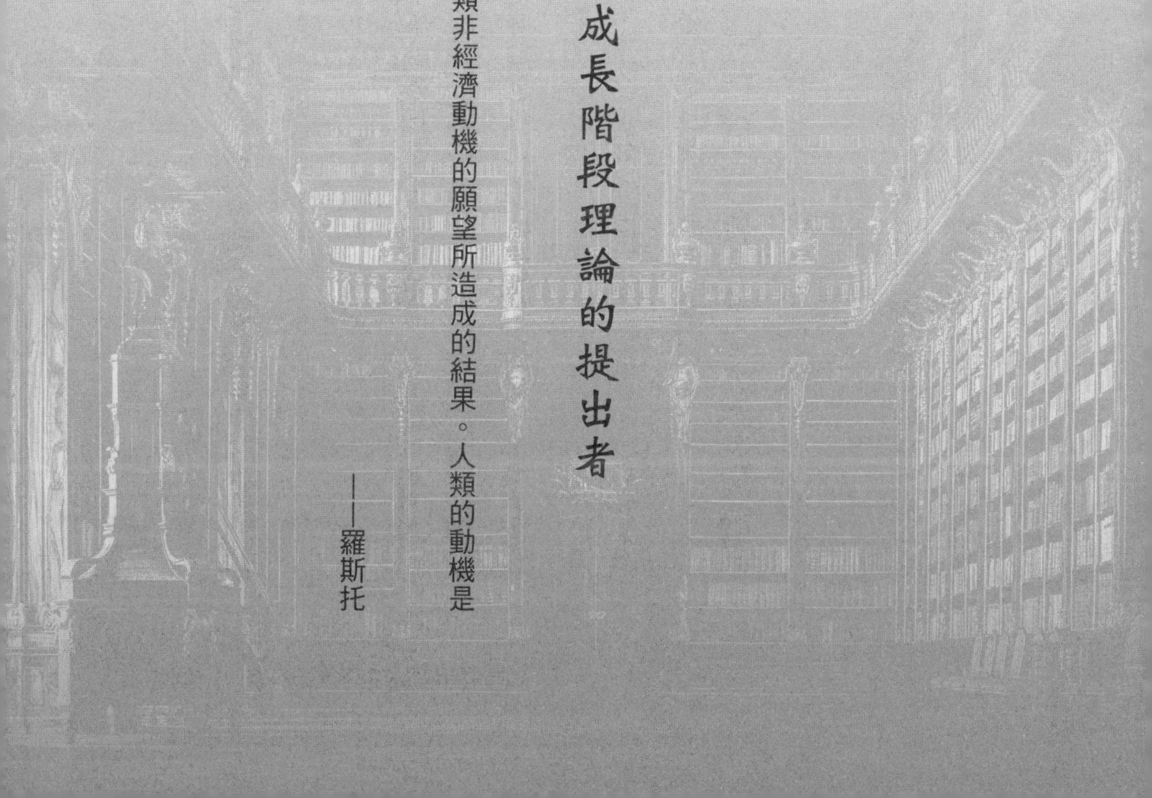

沃爾特・惠特曼・羅斯托（Walt Whitman Rostow），一九一六年生於紐約，美國著名經濟學家和經濟史學家，經濟成長階段理論的提出者，德克薩斯大學教授。一九三六年和一九三九年分別獲得耶魯大學文學博士和哲學博士學位。他還先後在哥倫比亞大學、牛津大學、麻省理工學院任教。一九六一—一九六九年在美國甘迺迪和詹森兩界政府內任職，成為美國總統智囊團中的核心人物之一。羅斯托一直從事經濟史與國際關係的研究。他所提出的「起飛」理論，在經濟學中影響甚大。

羅斯特的主要著作有：《經濟成長的階段》、《經濟成長的過程》、《世界經濟：歷史與展望》等。

《經濟成長的階段》一書，除序言和附錄外，共分十章：緒論；五個成長階段——綜論；為起飛創造前提條件階段；起飛階段；向成熟推進階段；高額群眾消費時代；俄國和美國的成長；相對的成長階段和侵略；相對的成長階段和和平問題；馬克思主義、共產主義和成長階段論。

經濟成長的五個階段

羅斯托在「緒論」中明確提出，經濟成長階段論既是一種關於經濟成長的學說，又是一種關於整個現代史的更一般性的學說。**羅斯托認為：「雖然成長階段論是一種從經濟方面觀察整個社會的方法。但他絕不意味著政治、社會組織和文化等方面只是以經濟為基礎，而且只是從經濟中派生出來的上層建築。」**

接著，羅斯托著重詳細論述了經濟成長的前三個階段。

一、傳統社會階段

這是經濟成長的第一個階段。羅斯托認為，「傳統社會是這樣一個社會，它的社會結構是在生產功能有限情況下發展起來的，它是以牛頓以前的科學和技術以及牛頓以前的對物質世界的態度為基礎的。」傳統社會的概念絕不意味著它是停止不前的，而且也不排除生產可以成長的情形。

例如，耕地面積可能擴大，在商業、工業和農業中可能有某種技術革新，提高生產能力，使產品大量增加等。

但是，傳統社會最基本的特點是按人均計算的，其可以達到的生產水準有個最高限度。產生這個最高限度的原因是：在傳統社會裏，現代科學技術所提供的各種生產方法或者是根本不存在，或者是沒有能夠得到經常和有計劃的利用。由於生產能力受到限制，因而不得不將很大一部分生產力用於農業。與農業制度相適應的是一個僵化的社會階層結構。在這樣的社會階層機構中，家庭和氏族關係在社會組織中產生很大作用，社會觀念以宿命論為基準。

羅斯托將中國的各個朝代、中東和地中海文明和中世紀的歐洲等都包括在傳統社會階段內。

二、為起飛創造前提條件階段——經濟成長的第二個階段

羅斯托認為，這個階段是個過渡時期。從歷史上看，由第一階段進入第二階段有兩種情況：第一種為一般情況，第二階段是第一階段發展的結果。例如，亞洲、非洲和大部分歐洲國家是在其傳統社會發生根本性的變革時，才大大改變了社會結構、政治制度和生產技術的。

第二種為特殊情況，第二階段是直接出現的。例如，美國、澳大利亞、紐西蘭和加拿大這些國家，歷史上不存在傳統社會，它們的發展進程主要是經濟性和技術性的，即由充足的社會間接資本帶來良好的經濟環境，進而有利於農業和貿易業向製造業的轉變。本書主要集中討論了第一種情況。

羅斯托認為，第二個階段作為一個過渡時期，將發生一系列的變化：第一，以農業為主轉變為以工業、交通、商業和服務業為主；第二，自給自足的社會轉變到開放的社會；第三，生育觀的變化導

致出生率的降低；第四，投資方向由別墅、僕役、裝飾品和廟宇轉變到公路、鐵路、學校和工廠；第五，價值觀由人的價值取決於氏族和血緣關係，轉變到人的價值在取決於工作的能力；第六，自然觀由認為自然或環境是天賜或神造的，轉變到認為自然或環境是有規律的和人能改變的。

投資率的提高反映了這些深刻的社會變化。因為投資率的提高要求一系列高度的改變，包括對科學的態度、技術創新的態度和冒風險的態度等。在這一過渡階段，有兩個主導部門：一個是農業和採掘業，另一個是社會間接資本投資業。

三、經濟成長的起飛階段

羅斯托認為，起飛階段是一個社會歷史進程中有決定意義的時期，進入此階段，社會就會獲得持續成長，即成長成為社會正常情況了。「起飛」的必要條件是，淨投資在國民收入中的比例由五%增到一〇%以上。看一個社會是否進入「起飛」階段的標準是：看它是否具有自我持續成長的能力，其中包括足夠大的投資率、主導部門的存在和發展以及相應和必需的社會、政治體制和結構等。

「起飛」所需的資金有三個來源：改變收入分配，使資金轉移到生產者手中；迅速發展的部門將利潤重新投資；資本輸入。

與此相應可以採取三個措施：實行沒收性和財政性的賦稅；發展經濟的主導部門；引進外資。羅斯托在書中特別強調了企業家才能，認為他們不僅有物質上的動機——追逐利潤，而且還有非物質性質的動機。

羅斯托著重分析了起飛階段中主導部門的作用。他認為，**國民經濟的總成長率是由各經濟部門的不同成長率造成的，而各經濟部門的不同成長率產生的原因也不同。**為此，有必要進行具體的分析。

他把經濟部門分為兩類：第一類，主要成長部門和主導部門，在這些部門中，有可能透過革新創造或者透過利用至今尚未開發的新資源，進而形成很高的成長率並帶動社會經濟中其他方面的擴充力量。第二類，補充成長部門，在這些部門中，由於直接適應主要成長部門的發展，或者是作為主要成長部門發展的條件，而有迅速的進展。例如，與鐵路發展有關的煤、鐵和機器工業等。

經濟成長階段論的實際運用和理論比較

接著，羅斯托將他的經濟成長階段論運用到對世界經濟、政治的形勢分析中去。在此著重介紹一下他有關開發中國家的觀點。

羅斯托認為，目前亞、非、拉的開發中國家基本處在過渡階段，它們的情況與資本主義國家在為起飛創造前提條件的階段和起飛階段的情況，既有類似的地方，也有不同的地方。類似的地方是：

一、**經濟方面的問題**

必須將很大一部分資源用於社會經營資本、農業和初級產品出口部門，這三個非工業部門是工業成長的母體；必須尋找能透過使用現代技術獲得迅速成長的加工業和製造業，並使利潤中很大部分用於再投資；必須設法把超過消費水準的收入投入現代工業部門；必須設法把有進取心的人從貿易部門調到工業部門；等等。

二、**非經濟方面的問題**

如何說服農民為市場進行生產；如何培養出一批能掌握現代技術的技術人員；如何培養出一批從事創新活動、擴大生產的企業家；等等。不同的地方是：目前開發中地區有許多現成的技術可以利用，這是有利的一面。但隨著公共衛生條件和醫療技術的提高，也會降低死亡率，使人口迅速增加，這是不利的一面。**羅斯托對處於過渡階段的開發中國家提出了三方面的建議；一是重視農業；二是利用外資；三是發揮知識份子和企業家的作用。**

羅斯托又將他的經濟成長階段論與馬克思主義理論進行了比較。他認為，兩者有六個方面的相似之處：第一，兩者都是從經濟角度來看一切社會問題；第二，兩者都同意經濟變化會導致社會、政治和文化後果；第三，兩者都同意，在政治和社會發展過程中，存在著與經濟利益相關聯的集團和階段；第四，兩者都同意經濟利益衝突是決定引起某些戰爭的重要因素；第五，兩者最後都提出了物質真正豐富這個目標或問題；第六，就經濟技術而言，兩者都以成長過程的各部門的分析為依據。接著，羅斯托還對馬克思主義、列寧主義和共產主義進行了批評。

從上面的介紹我們也可以看出，**羅斯托妄想用它的經濟成長的五個階段理論來證明，只有資本主義制度才是經濟成長的最好途徑，只有帝國主義才是經濟成長的最高階段。**實際上，他的目的只不過是為了瘋狂地反對馬克思主義對人類社會發展歷史序列的科學分析，拼命地反對社會主義革命和社會主義制度而已。

《資產累積與經濟活動》

詹姆斯・托賓：後凱恩斯主義的主要代表者之一

由於工資的剛性，因而在短時期內，對商品需求的變化和勞動市場需求的變化，將會導致就業和產量的變化，對一般物價水準或通貨膨脹率的變化則沒有影響。因此，在這種情況下，用緊縮政策來抑制通貨膨脹，只能導致大量和持久的失業。

——托賓

詹姆斯・托賓（James Tobin），美國著名的經濟學家，後凱恩斯主義的主要代表者之一，一九一八年出生於美國伊利諾州。托賓曾就讀於哈佛大學，獲得了經濟學學士學位、碩士學位，期間，他還受到了約瑟夫・熊彼得、愛德華・張伯倫、華西里・里昂惕夫等著名經濟學家的指導。

二次世界大戰爆發後，托賓先在政府部門任職，後到美國海軍服役，退役時獲海軍預備役上尉軍銜。離開部隊後，托賓繼續到哈佛大學學習，並獲得了經濟學博士學位。

此後，托賓曾先後擔任過耶魯大學經濟系教授、柯立芝基金會主席、美國計量經濟學會會長、美國甘迺迪總統顧問、美國經濟學會會長、美國科學院成員等職務，並被授予錫拉丘茲大學、伊利諾大學、達特茅思學院、斯沃恩莫爾學院法學名譽博士及新里斯本大學經濟學名譽博士稱號。一九七七年，托賓任美國東部經濟學會會長。並且，在托賓任柯立芝基金會主席期間，曾幫助過許多年輕的經濟學家，贏得了同事們的喜愛和尊重。

托賓的研究範圍十分廣泛，涉及到經濟學的各個領域，在經濟計量方法、風險理論、家庭和廠商行為理論、一般宏觀經濟理論、成長理論和需求管理政策的實用分析等方面都取得了成果。

托賓在經濟計量學分析方法方面有很高的造詣，因而在研究各種問題時，能以理論指導實踐，以實證支持其理論。托賓在長期學術生涯中，結合美國經濟條件的發展變化和經濟科學本身的發展，對凱恩斯宏觀經濟理論和政策主張的許多方面，做出了修正補充和發展。正是由於他在金融市場及其與各項支出的決策、生產、就業和物價等方面的相互聯繫的分析，獲得了一九八一年的諾貝爾經濟學獎。

托賓的另一重要貢獻，是把資產選擇理論的一些觀點，發展成一個包括金融資產和實物資產的一般均衡模型，來分析一個經濟體系中金融市場與實物市場之間的相互作用。

托賓的主要成果可以概括為兩個相互聯結的方面，一是涉及不確定性條件下的資產選擇理論，二是涉及金融市場與實物市場之間的相互關係或稱傳導機制的理論。

托賓還發展了投資組合理論，並曾為克林頓總統提供意見。

托賓的重要著作包括：《資產累積與經濟活動》、《資產的持有和支出決定》、《新經濟學的過去十年》、《十年來的新經濟學》、《經濟學論文集：宏觀經濟學》、《經濟學論文集：消費和經濟計量學》、《經濟學論文集：理論和政策》等。

《資產累積與經濟活動》基本上是從純理論的角度出發，對「理論預期學派」進行了評論，同時，托賓也闡述了自己的觀點。可以說，本書是理解托賓思想的重要依據，並且，透過這本書，讀者也可以很好地理解托賓與「理性預期學派」的不同之處。總之，要想瞭解托賓的經濟學理論，就不可不讀這本書。

在本書的開篇，托賓先對實際餘額效應進行了重新的考察，接下來，他又對新古典宏觀經濟學的主要內容進行了闡述，在結尾處，托賓還對存量與流量的關係問題作了分析。

導言

二十世紀六〇年代中期以來，後凱恩斯主義「新古典綜合」的理論和政策開始受到質問，並且，人們也開始懷疑積極的財政和貨幣干預是否真的具有穩定經濟的潛在能力。當時，許多經濟學家，甚至經濟學之外的人都認為，宏觀經濟學出現了危機。但是，關於危機的性質和對付危機的辦法，人們則持不同的看法。其中，一般均衡數理經濟學家普遍認為，傳統的宏觀經濟理論的弊端，在於它沒有以微觀經濟理論為基礎。

宏觀模型的行為方式，並不是從微觀經濟主體的最優化行為和市場出清這兩個前提推導出來的，換句話說，也就是宏觀經濟模型與一般的均衡模型不大相同。在對這一問題的討論過程中，經濟學家們分成了兩大派別：

一、**接受凱恩斯的經濟學理論的流派**

這一流派的主要代表人物有萊榮霍德、克勞爾、巴羅和格羅斯曼等。他們認為，價格並沒有連續地使所有市場的供給和需求趨於平衡。在這一前提下，他們把存在著超額供給或需求的成交價格作為既定的前提，然後考察在這些既定價格下，最優化的經濟主體透過買進和賣出的數量的變動，怎樣使供給和需求趨於平衡。也就是說，他們想證明市場的出清是透過數量調整完成的，而不是像人們認為的那樣，是透過價格調整來完成的。

這一點，與凱恩斯理論非常相似，凱恩斯曾論述過，如果利息和價格沒有使儲蓄與投資趨於平衡，那麼，國民收入的變動會做到這一點。

二、對凱恩斯的經濟學理論進行批判的派別

這一流派的主要代表人物有羅伯特·盧卡斯，湯瑪斯·沙金特，尼耳·瓦拉斯和羅伯特·巴羅等，在他們看來，後凱恩斯主義的宏觀模型存在著兩大致命的缺陷。

首先，他們認為凱恩斯宏觀模型中的微觀經濟主體，是非理性地行事的。所謂非理性，是指在對消費者、工人和廠商根據當前情況對價格和其他變數的預期的研究中，沒有假定這些預期是建立在完全資訊的基礎之上的。因此，他們認為，要解決這一情況，就要假定經濟主體關於將來會發生的情況的預期是理性的，也就是說，假定人們對未來將發生的情況的預期，最終會被證明是正確的，是符合事實的。

其次，這些理論家們認為，市場會被價格出清的假設是不成立的。在第二章中，托賓將對這一「新的古典宏觀經濟學」的理論（即理性預期和連續的市場出清）進行詳細地探討，在這裏就不多做

介紹。

當時的那場論戰，實際上是凱恩斯在四十年前向舊的古典宏觀經濟學提出的挑戰的舊話重提，爭論的中心問題依然是：有伸縮性的名義價格能否導致市場出清，如果能，它是怎樣導致的。當時，在所有的名義價格中，人們最關心的是工資，因此，爭論的重點就傾向於研究有伸縮性的名義工資能否和怎樣消除過剩的勞動供給（即非自願的失業）。

因此，在第二章中，托賓重新考察了實際餘額效應，這一理論是庇古教授（馬歇爾的學生，凱恩斯在劍橋大學的同事和同學）於一九四三年提出的，當時，庇古為了否定凱恩斯的非自願失業理論，提出了這一論點。這將為本書在第二章和第三章論及的新古典宏觀經濟學提供背景材料。

實際餘額效應的重新考察

一、庇古效應

凱恩斯在《通論》的前三章，否定了以庇古為代表的古典學派。他批判的重點是：在完全競爭的市場中，透過價格的調節必將消除勞動和其他生產資源的超額供給。在對這一理論進行批判的基礎上，凱恩斯得出了自己的結論，即在國民經濟達於供需平衡的時候，也會存在著非自願的失業。凱恩斯的論據主要有兩條：

第一，解釋了為什麼處於失業狀態時，工資不會相應下降。

對於這一點，凱恩斯說，雇主不可能總會知道工人已經失業，並且工人也不可能讓雇主知道這一資訊，因為這樣一來，工人就得接受較低的工資。因此，工資不像商品價格的競爭一樣，工資不會透過失業者與就業者之間的競爭來確定。在雇主與工人的討價還價過程中，雙方關注的是工資率在不同行業和職業之間的相對關係，而不是在工廠大門外有無更多的競爭對手。

第二，凱恩斯還論證了即使工資下降，就業也不可能增加。

當工資下降時，工人購買能力也會同比例下降，進而導致物價同比例下降，工人的工資實際上並沒有降低，總需求也就不會增加，生產產業也不可能隨著工資的下降而提供更多的就業機會。

庇古將矛頭直指這一點，**庇古效應指出：當由於失業的存在而使工資下降時，產品的成本就會下降，進而使得物價下降，那麼，公眾擁有的資產的實際購買力就會增加。**此時，公眾的財富就增加了，他們會增加對消費品的需求，由此帶動生產和就業的增加，一直到實現充分就業為止。

二、凱恩斯效應

「實際餘額效應」，也就是「庇古效應」，在凱恩斯的宏觀理論中也是存在的：隨著工資和物價的下降，貨幣的實際購買力就會增加，用於日常交易所需的貨幣量就會減少，因而可用於投機動機的貨幣就相應地增加了，由此導致利率下降，刺激投資增加和生產就業的增加。這種由實際餘額增加而帶來的利率下降、投資增加，進而促進生產和就業增加的一連串反應，被稱為「凱恩斯效應」。

在「凱恩斯效應」的基礎上，凱恩斯宏觀模型中的非充分就業均衡的存在性，必須以流動性陷阱的存在為前提，關於這一點，可以解釋為：只要利息率的下降有一個最低限度，而且，資本的邊際效率沒有超過利息率，那麼，投資的擴張總會受到限制，進而使社會經濟到達均衡狀態時，可能由於有效需求（由消費需求和投資需求共同構成）不足，造成工人的非自願失業。

三、資產選擇的投資效應——托賓效應

在托賓看來，當物價下降進而使得人們擁有的資金的實際價值增加後，除了會產生上述庇古效應（財富增加促進消費增加）和凱恩斯效應（利率下降刺激投資）外，按照「資產選擇理論」，人們在發現自己更為富有之後，會減少儲蓄增加消費，並且，當人們發現自己增加的財富中以貨幣形式持有的數額相對增多時，就會購買更多的股票或實物資產，進而使得股票價格的上升，並最終導致企業投資活動的增加。

在以上分析的基礎上，托賓指出，庇古效應打破了通貨緊縮與貨幣政策的對應關係，因此，庇古效應所能辦到的事情，與之對應的通貨膨脹（主要是凱恩斯理論）不一定都能做到。但庇古效應的通貨緊縮方案所能達到的效果，比如擴大政府開支或減少稅收的財政政策（可以透過增加鈔票發行量

的方式實現），凱恩斯理論可以達到同樣的效果。並且，在凱恩斯理論中，不僅提供了直接的財政刺激，而且像通貨緊縮所取得的效果一樣，公眾手中的貨幣資產的存量也相應地增加了。

四、貨幣與國民財富的創造

透過以上的論述，很多人可能會提出這樣的疑問：在國家的資源（人力資源和非人力資源，也就是物質資源）一定的情況下，國家怎樣透過增加每單位貨幣的購買力（庇古的方案）或增加鈔票的流通量（凱恩斯方案）來使人們變得更為富有呢？托賓的回答是，貨幣本身能創造出財富。關於這一點，他又進行了如下兩方面的解釋：

第一，由於貨幣的發現和使用，使得商品的交換更為方便，從這個意義上來說，貨幣的發明使用，就像給個人提供了價值一樣，也給一個國家提供了價值。因此說，貨幣本身對一國財富的貢獻取決於它的供應總量。

第二，追加的貨幣資產之所以會導致一國財富的增加，是因為它作為一種對症良藥，具有如下的療效：使得原來閒置的勞動和其他生產資源獲得使用，進而導致生產和消費的增加，換句話說，就是增多的貨幣使得潛在的生產能力轉變成了現實的財富。

五、費雪論通貨緊縮與債務負擔

在大蕭條期間，費雪提出的對付大蕭條的辦法是通貨膨脹（意指讓下跌的物價回升），這正好與庇古的通貨緊縮理論相對立。

之所以提出這樣的觀點，是因為費雪發現，物價下跌給債務人帶來了沉重的負擔，由此造成的工商企業的倒閉和破產只能使經濟蕭條更加強化，擴散的範圍會越來越廣。因此，他強烈主張透過擴張貨幣、外匯貶值以及提高黃金的價格的方法，來使商品的價格恢復到大蕭條以前的水準。

總之，在社會經濟的動態運行序列中，通貨緊縮會導致進一步的通貨緊縮預期，因此，貨幣需求就會增加，投資需求就會減縮，並且，由於貨幣流通速度可以無限降低，通貨緊縮本身就沒有終止之點，這就是惡性通貨緊縮。與此相對立的，是惡性通貨膨脹，在這種情況下，貨幣的流通速度的加快可以達到天文數字。

政策、預期與穩定化

一、貨幣主義和新的古典宏觀經濟學的區別

正如二十世紀三〇年代凱恩斯向經典的理論和政策提出挑戰一樣，當前，「新古典宏觀經濟學」向五〇年代和六〇年代的「新古典綜合」的理論和政策提出了挑戰。在此之前，密爾頓・弗里德曼所宣導的理論，已經開展了一場對抗「凱恩斯理論」的革命。

但是，目前論戰的分歧更大，在爭論的許多方面，「新的古典宏觀經濟學」不僅是凱恩斯宏觀經濟學的替代物，而且，也是貨幣主義的替代物。新的古典宏觀經濟學和貨幣主義的區別，主要表現在以下方面：

貨幣主義的觀點

貨幣主義者聲稱：在財政政策和貨幣政策中，只有貨幣政策才能發生作用；偏好貨幣供應量的穩定成長；贊成浮動匯率；除了政府實施的政策，其他的任何衝擊，都會使經濟在相當長時期內背離充分就業或「自然失業率」。同時，它承認凱恩斯理論的相機抉擇的微調政策在理論上可以發揮作用，但卻認為它在實踐上其實沒那麼重要，並且，進行這樣的實踐也沒有必要。

新的古典宏觀經濟學的觀點

新的古典宏觀經濟學斷言：任何宏觀經濟政策，都不能有系統地改變經濟的發展進程；任何被預見到的政策措施，它們的實際效果總是一樣的；不管採取什麼樣的匯率體制，它們所能達到的實際效果是一樣的；否認非均衡的存在，對政府能夠有助於或加速穩定化的自然進程表示懷疑。

從以上的分析可以知道，這兩種理論之間有著密切的關係，但是，在方法論和理論分析方法方面，貨幣主義宏觀經濟學和凱恩斯主義宏觀經濟學，都受到了新理論的攻擊。

二、對新的古典宏觀經濟學的批判

新的古典宏觀經濟學有兩大支柱，它們是：理性預期和連續的市場出清，而後者，對這一理論的發展產生著非常重要的作用。托賓對這一經濟理論思潮是持批判態度的，但是，卻對它們的作者們表示了極大的尊重和欽佩之意，並認為他們在分析技巧和計量方法方面，進行了強有力的的創新。正像凱恩斯理論和早期的經濟計量學激勵了一代人一樣，這一理論也對當時的人們產生了重要的影響。

對這一理論的批判，托賓是從兩方面進行的，即理性預期和連續的市場出清。

對理性預期的批判

托賓認為，未來的不確定性是客觀存在的事實，因此，理性預期的假設是不合理的。在托賓看來，經濟學家應該把精力更多地放在有關預期的實際資料上，並且要研究它們是怎樣形成的，而應該對它們是什麼以及是怎樣或應是怎樣形成的進行空洞的假設。

理性預期學派之所以能夠引起人們的興趣，是因為這些預期對政策的結果的作用，但是，在現實中，有些事例對這派是有利的，有些事例則對這一學派進行了嘲諷。**關於貨幣政策，理性預期學派假設，政府的行動只有對實際變數產生作用時，才會有實際的結果，而不管政府增加了多少貨幣，所有物品的名義價格將同比例上升，因此，它們的相對價格仍將保持不變。**在托賓看來，這一命題實質上是不正確的。這是因為，當人們預期到通貨膨脹率將日益提高時，至少有一種資產（主要指貨幣）的實際收益率將會下降，因此，它就會影響到其他資產的實際收益率，進而影響到所有物品的相對收益，並最終影響相對價格和產量。之所以說貨幣是呈中性的，是因為當改變貨幣的法定名稱時，不僅貨幣本身會得到改變，用它計價的所有的資產和負債的價值也將得到改變。

理性預期學派一個最令人注目的觀點是，斷言勞動市場總是處於供需平衡狀態。按照他們的說法，不管在什麼時刻，總是處於充分就業狀態，因此，失業率總等於自然失業率。這一觀點是不可能實現的，因為不均衡才是市場的常態，而均衡，只是市場不斷變化中的一個瞬間狀態。

對連續的市場出清的批判

在理性預期學派的兩大支柱中，連續的市場出清引起的爭議更大。托賓認為，在一般均衡模型中，瓦爾拉所構想的那個拍賣市場的喊價人，應該是一個偉大的神話式的人物。而他之所以強調「偉大的」和「神話式人物」這兩個詞，是因為這個人的任務是要完成任何塵世間的人物根本辦不到的事情。他的具體任務是：

首先，它必須收集到N個經濟主體關於M種商品的需求表格和供給表格；

其次，它還必須對由千萬個供需方式組成的聯立方式組進行求解，求出千萬個未知數，然後，報出可以使每一種商品和每一種生產要素的需求和供給處於平衡位置的價格；

最後，為了使每一種商品和生產要素的市場，連續地處於供需平衡狀態，以上的拍賣喊價過程，必須在每季或每月每天以至於每秒鐘內不斷地重複下去。但是，這一情況只能存在於一個一切靜止不變的社會中，而在現在的社會中，人們的嗜好和生產技術無時無刻不在變化，因此，這種情況是不可能存在的。

政府財政赤字與資本累積

透過以上的分析，托賓對新的古典宏觀經濟學的批判可以歸結如下：第一，非充分就業的不均衡是不存在的；第二，總需求決不會不足；第三，價格和工資會使商品市場和勞動市場的供給和需求趨於一致；第四，系統化的財政政策和貨幣政策決不可能使這些均衡點發生變化。

在這一部分，托賓對上述原理的一個特殊應用（即所謂的李嘉圖等值原理）進行了探討。在這一探討中，將涉及相互聯繫的三個問題：第一，政府的財政赤字會吸納私人儲蓄嗎？第二，公共債務會減少私人對生產性資本存量的需求嗎？第三，政府當前的經濟負擔會轉移給後代子孫嗎？對於這些古老問題的爭論，再次成為當前的一大話題。對於這些問題，「新的古典宏觀經濟學」都給出了否定的答案，他們的論據和論點，可以簡要地概述如下：

財政赤字所造成的「負擔」，完全透過實際的公共花費的數量和內容來衡量，至於這種花費所需資金，不管是來自課稅還是來自於發行公債或增發鈔票，它們的效果或者說效應都是一樣的。比如，政府的一項開支的資金來源不是課稅而是發行公債，而公眾由於認識到這些公債的利息和本金終究要靠稅收來支付，因此，為了在將來能夠擁有交納這種租稅的資金，居民就會減少當前消費以增加儲蓄，這樣做的結果是，居民的總財富會保持不變。另外，用增加貨幣的發行量來籌集資金的辦法，與發行公債一樣，會產生與課稅同樣的效果。

根據凱恩斯的宏觀經濟學理論，透過減稅或增加轉移支付的方式，可以擴大總需求，因而導致就業和產量的增加或者價格的提高，或者引起產量和價格的同時提高。對於這一效應，新古典宏觀經濟學採取了否定的措施。事實上，他們並不是對政府的實際開支會產生的效應進行否定，他們只是認為，政府開支所需資金，無論是來自課稅還是來自借債，它們所產生的效果是完全一樣的。此外，他們還認為，財政赤字是無害的，因為政府的這種花費不會「排擠」私人資本的形成或對外投資。

從長期的角度來看公債的負擔問題，那些保守的財政主義者（包括政治家、經濟學家以及經濟學之外的人）一直認為，**如果不負責任地搞赤字財政，會讓後人負擔當前的政府開支，這是不公平並且也不利於國家的發展的**。關於這一問題，有些人認為，財政赤字只是把私人資源暫時地轉讓給政府使用，這種負擔不會給後代增加負擔的。而另一些人的看法，與那些保守的財政主義者既有相同之處，又存在著區別，他們認為當前的赤字財政如果導致了後人所能繼承的資本存量（人力的和物質的）減少時，那麼，財政赤字就會增加後人的負擔。而復興的李嘉圖等值原理則斷言，這種負擔不會轉移給後人，因為資本存量不會被政府的負債所「排擠」。

托賓認為，以上討論的短期效應和長期效應是平行的。在凱恩斯主義者看來，在非充分就業的條件下，擴張性的財政政策會產生實際的效果，這是因為，財政赤字會吸納私人儲蓄，而這種儲蓄在缺乏足夠的私人投資時，會透過收入的縮減而消失。同時，他們還相信，在長期的充分就業條件下，政府的財政赤字滿足了一些人對財富的需求，但也取代了一些資本。而按照李嘉圖的觀點，赤字開支在短期內是無效的或者是無用的，但是從長期來看，它卻是無害的。

李嘉圖原理與庇古效應是不相容的，李嘉圖原理認為，當物價水準持久地下降時，如果增加政府公債的實際價值，就會同樣地伴隨著租稅負擔的實際價值的增加。而凱恩斯主義的觀點則支持庇古效應，按照這一觀點，政府債權人因財富增加所引起的消費開支的增加，會大於將來的納稅人因賦稅增加而引起的消費支出的減少，也就是說，財政赤字不會對後人造成負擔。

中央銀行在公開市場業務中收購政府債券，會消除所需支付的公債利息，並且，也會消除所應徵收的租稅。根據李嘉圖理論，在這種交易中，公眾手中的財富的增加量正好等於政府為收購公債券必須付出的貨幣量，透過這種方式來支付財政開支，其效果與增發鈔票是完全一樣的。這是因為，無論在哪一種場合，都會透過物價水準的變動將之調整到與實際的貨幣數量相同。而按照凱恩斯主義的觀點，這種公開市場操作會降低財富增益的等級，進而減少因為預期稅負的影響而減少的消費刺激，因此，公開市場業務所引起的貨幣存量的增加，會由於擴張作用和通貨膨脹效應，將小於為彌補財政赤字而增發的相同的貨幣量的效應。

透過以上的分析我們可以知道，從充分就業的長期均衡來看，透過發行公債的方式來彌補財政赤字，會對資本存量產生一定的「排擠」效應。而**在非充分就業的短期均衡的條件下，用發行公債的方式而不是用徵稅的方式來彌補財政赤字，會刺激當前的消費，進而導致實際總需求的擴大，並且會導致產量和就業的增加。**除此之外，這種方式還存在著進一步的刺激生產的機制：假如先前由於需求不足而失業的工人重新獲得就業機會，他們的事實收入和預期收入就會增加，因此，即便他們知道需要用自己未來的收入來支付當前發行的公債利息，收入流量的現值也會增加。因此，這一論斷在理性預期的假說下同樣成立。

資產選擇與資產累積

在最後這一部分，托賓主要討論了怎樣對存量和流量的問題進行處理，為了解決這一問題，就要先對時間這一問題進行處理。因此，這一部分的內容主要分為兩個大的問題，第一個問題主要涉及方法論，第二個問題試圖給出一個模型。在這裏，托賓著重強調，凱恩斯主義模型或希克思所宣導的「ＩＳ／ＬＭ」模型，儘管不是完美無缺的，但是，只要慎重地加以利用，它們仍然是迄今為止我們理解經濟以及政策措施會發生什麼樣的作用的強有力的工具。

在凱恩斯模型中，存在著儲蓄和投資等流量的概念，因此，這一模型必然會引起存量的變化。但是，凱恩斯把自己研究的問題局限於短期均衡之內，所以，流量的變動引起的存量的變動是十分微小的，可以略去不計。

為了更妥善地處理流量變化對存量的影響，托賓從方法論的觀點出發，提出了兩種方法：第一，把「IS／LM」模型解釋為靜止狀態的均衡；第二，把它理解為某一時點上的均衡或者是暫態的均衡，在這一基礎上，動態進程就可以被理解為連續的時點均衡，於是資產存量可以被作為該時點的給定（因為它是來自過去的）的狀態變數。這兩種方法實際上存在著問題，因為它們都把時間因素抽象掉了，因此，它們在對實際生活中的動態問題進行處理上，並沒有太大的現實意義。

為了解決這一問題，就需要構造一個不連續的時間結構，也就是把動態序列經歷的時間過程，區分為間隔起來的分離的時期，並且，在任一時期中，同時求解的內生變數都可被假定有唯一的解。在這個時間長度並不是無限延伸的時期內，限定的流量可以追加到前定的存量之上，本期末的存量可以成為下一時期期初的前定存量。在這樣的條件下，可以達到如下的效果：第一，本時期的儲蓄，將導致本時期末的財富的增加；第二，淨投資可以被追加到期初的資本存量；第三，政府的財政赤字會使得國債數額大於前一時期；第四，當前的對外盈餘，會使得國外淨資產的增加。因此，**經濟主體在對自己的消費、投資和對特定資產的需求進行確定之後，也就決定了期末的存量之值。**

在這一模型中，明顯地包括了各類資產的儲蓄函數，將這些儲蓄函數加總起來，就成了他們意願的總儲蓄，並且，政府預算的恆等式也被包含在模型之中，這樣，政府為了彌補財政赤字而新發行的貨幣或公債，就會在本時期所決定的利率、收入和其他變數下，剛好被儲蓄者的資產選擇所吸收。但是，我們必須得明白，這一均衡只是暫時的狀態，因為新的存量會導致下一時期的另一套均衡值。

托賓指出，上述的分離時期的分析方法，並沒有達到令人滿意的程度，因為它依然假定每一時刻所有市場的供需同時趨於平衡。而在實際生活中，有些價格是連續變動，另一些價格的變動可能是分階段的無規則的。因此，要為錯綜複雜的現實世界構造出一個模型，是一項非常艱巨的任務，並不是一個人可以完成的。

並且，用任何方法來對時間因素進行處理，都是對相互依存的現實的一種不完全和不現實的描述。但分離的時期的模型在處理實際問題時，有一個非常重要的作用，那就是在進行經驗材料的實證分析時，無論對於結構性方式還是整個宏觀模型來說，它都是一個不可避免的程序。

在本書的最後部分，托賓根據他所設計的方法，構造了一個資產累積的宏觀經濟模型。在這一模型中，托賓將國民經濟的核算體系描述為資金流量的矩陣，其中，每一橫行代表一種資產（如貨幣、公債、企業股票、銀行存款等），而每一縱列則代表了經濟的不同的部門（比如居民、企業、政府、銀行和非銀行金融仲介機構以及世界其餘地區等）。當核算體系中的一些項目變成由各個部門的行為所決定的內生變數時，該矩陣就變成了一個宏觀經濟模型，橫行代表資產市場。在這一模型中，家庭部門這一列的各項的總和代表私人儲蓄，企業部門加總的數值代表企業的總投資，政府部門的加總代表財政盈餘（或者是財政赤字，也就是收支相抵為負數的情況），而銀行和其他金融仲介機構，他們的資產與負債相抵，總和為零，並且，世界其他地區的資本專案，代表該國經濟專案的逆差。這樣，居民儲蓄就等於國內淨投資、政府赤字、對外經濟專案餘額這三項之和。

從某種意義上來說，上述模型證明了「ＩＳ／ＬＭ」分析方法是有效的，也是有用的，但是，這既不是它的主要目的更不是唯一目的。這是因為，它包含更為豐富的細節，可以用它來考察政策變數的外生衝擊會產生什麼樣的效應，其中，包括對各種金融資產的價格或數量所產生的影響。

《國際生產與跨國企業》

約翰・鄧寧：「國際生產折中理論」的提出者

如果一國具有資源上或區位上以及其他方面的優勢，資本的流入會加強這一方面的優勢，有利於充分開發本國的各種資源，進而增加出口；同時該國也應該改善其投資環境，健全其法律制度，規範其商業管道，維護競爭的公平環境。

——鄧寧

約翰・鄧寧（JohnH Dunning），英國經濟學家，雷丁大學教授，一九二七年出生於英國貝德郡桑迪。鄧寧曾先後獲得倫敦大學經濟學學士學位、南安普敦大學哲學博士學位。

畢業後，鄧寧曾擔任南安普敦大學經濟學講師以及高級講師、雷丁大學國際投資與商業研究教授、雷丁大學經濟系主任，期間，他還兼任了加利福尼亞大學伯克萊分校、波士頓大學與斯德哥爾摩經濟學院的客座教授。

由於鄧寧知識淵博，聲名遠揚，他還應邀擔任一些國際性的組織，如經濟合作組織、聯合國貿易與發展中心、世界銀行以及聯合國跨國公司中心等的經濟顧問。

約翰・鄧寧是跨國公司理論研究專家，對跨國公司理論的發展做出了巨大貢獻，他所提出的「國際生產折中理論」，也成為目前研究跨國公司的三大主要流派之一。

約翰・鄧寧的主要著作有：《國際生產與跨國企業》、《跨國企業》、《世界最大的工業企業》、《經濟分析與跨國企業》、《美國在英國的產業》、《國際生產、經濟結構和國際競爭力》等。

跨國公司的發展及其理論的演變

約翰・鄧寧在該書中，首先概述了二十世紀七〇年代以來跨國公司的發展規模，並著重指出了跨國公司在當代世界經濟中凸顯出的巨大作用，而且其重要性還有不斷增加的趨勢。目前，跨國公司的產量已占全世界總產量的五分之一，而且還在以每年大約一一%的速度成長，差不多是世界產量成長速度的二倍。另外，**在宏觀上看來，跨國公司的海外活動，已成為一國國民生產總值的重要組成部分；從微觀上看，透過國外生產，能提高一個公司或行業的銷售、利潤、資產和就業。**約翰・鄧寧用事實依據詳細地說明了跨國公司及其海外活動的重要性，並指出這種大公司對被投資國經濟發展的巨大作用與影響。這些都說明了研究跨國公司理論的重要性。

在第二章中，約翰・鄧寧回顧了國際經濟貿易理論的發展。他認為，二十世紀五〇年代以前的國際經濟理論，主要是以生產要素稟賦理論為支柱的國際貿易理論和幾種並不完善的資本移動理論。**二十世紀五〇年代以後，隨著國際經濟活動實證研究的迅速發展，其內容也有了新的變化，主要包括以下兩個方面：一是對國際貿易活動的解釋更為現實，並導入了新要素、新技術、新產品的國際貿易理論；二是重新解釋了直接投資活動，並引入了壟斷優勢、產品週期、比較優勢、防衛性寡頭戰略等**

分析。

然而，儘管如此，仍然沒有一種單一的理論能滿意的解釋國際經濟活動。二十世紀七〇年代以來，貿易理論與投資理論出現了匯合化趨勢，最先研究這種趨勢的是美國學者維農，接著是霍斯特與賀希等。他們的研究使得國際經濟活動走上了「折中主義理論」的道路。

在約翰・鄧寧看來，很有必要在國際經濟活動中，採用綜合性的研究方法。對企業來說，應該將企業的區位、所有權等特定優勢與企業市場內部化的能力結合起來，據此來研究其海外投資。

國際生產折中理論

約翰・鄧寧認為，一個國家的海外經濟活動大致有二種形式：一種是進出口製成品；另外一種是直接從事異國生產。一個國家的企業要想克服種種風險和附加成本而進行海外投資，它就必須具備更多的「所有權特定優勢」，而且還要能夠把被投資國的「區位稟賦優勢」為己所用。

鄧寧認為，對企業來說，不管是外部的區位優勢，還是內部的所有權特定優勢，都可以分為有形優勢和無形優勢兩種，有形優勢是指自然資源稟賦、資金與勞動力；無形優勢則包括發明創新能力、生產技術與工藝、金融與貨幣優勢、企業的組織管理技巧以及進入市場和獲得原材料的能力等等。

一個企業的所有權特定優勢表現為：

第一，在同一生產地點，一個公司較之另一個公司的優勢。比如：擁有競爭對手無法進入的市場和無法獲得的原材料等；該公司的規模更利於其獲得規模經濟效益；獨立性地擁有無形資產（比如專利、商標、管理技術等）。

第二，一個國際性企業的分支廠商比地方性小廠商具有比較優勢。比如：更有利於開拓新產品。這是因為，分支廠商能夠藉助母公司低成本的投入、銷售知識、統一的會計核算、先進的管理經驗、雄厚的研究和開發力量等，而地方性小廠商就無法獲得這些優勢。

第三，一個公司的跨國化程度越高，擁有的分支廠商越多，它就越能更有效地利用不同的區位優勢和不同的市場條件。

所以，約翰・鄧寧指出，海外直接投資與國際生產首先應具備這些所有權特定優勢，這是直接投資的首要條件。不僅如此，企業還必須懂得如何更有效地利用這些優勢。企業獲取所有權優勢有兩種途徑：外部化和內部化。所謂外部化，即把所有權資產或使用權出售給別國企業；內部化是指企業自己將這些優勢進行內部轉移。

在約翰・鄧寧看來，由於市場不健全，跨國公司仍有內在活動的傾向。這種市場的不健全性可以分為以下幾種情況：首先，結構性的市場不健全。比如市場的自由競爭條件易受破壞，交易成本很高，企業不能完全把握相互依賴的經濟活動等。

其次，認識上的不完全性。主要指企業不能隨意獲得有關產品和勞務的詳細資訊，進而不能完全認識相關產品和勞務；買方甚至是賣方都不能完全瞭解產品的性質、價值、價格，由此給買賣帶來諸多不便等。最後，政府的相關政策和自由競爭市場條件的欠缺，使得將來的市場條件變得不確定。對買方來說，需要透過市場內部化來避免由於市場不健全而造成的價格、基本原料供給以及交貨時間和品質的不確定；而對於賣方來上來說，則需要透過市場內部化為自身提供價格正視的機會，以便制定合適的價格，以彌補研究和開發的成本。

約翰・鄧寧指出，很多政府政策過於看重宏觀的經濟目標，進而造成資源配置上的扭曲，進而也可能導致企業進行內部化活動。所以，在約翰・鄧寧看來，過去的二十年間，企業進行內部化活動的主要動因是，加速技術創新和保留這些新技術的獨立性，但企業進行內部化活動的最有效途徑則是海外直接投資。

約翰・鄧寧還指出，所有權特定優勢和內部化理論還不能解釋為什麼跨國公司到這個國家而不到另一個國家投資的問題，所以，它也無法準確地解釋國際生產活動。也正是這個原因，另外一組吸引對外直接投資的因素有待考慮，他稱這組因素為區位特定因素，其中包括：

第一，被投資國低廉的勞動成本，這使得跨國企業可以大大降低在該地的生產成本；第二，被投資國擁有跨國企業生產所需要的原物料或其他資源；第三，被投資國存在較大的消費者需求及現實的或潛在的市場；第四，被投資國的關稅壁壘和貿易障礙較小，關稅壁壘與貿易障礙越低，貿易進入市場的可能性就越大；第五，被投資國的政治環境、經濟環境和政府政策等。安定的政治環境、良好的經濟運作態勢和政府對該行業的肯定或扶植政策都對國外投資商有極大的吸引力。

據此，約翰・鄧寧的「國際生產折中理論」認為，對外直接投資的過程，實質上是所有權特定優勢、內部化以及被投資國區位優勢三者結合的過程。這三組因素的組合狀況，既能決定一個公司是否具有直接投資的比較優勢，又能決定公司是否可以透過內部化、外部化或其他方式來更好地開拓這些優勢。

也可以這麼說，**海外直接投資企業要擁有所有權、內部化及區位這三項優勢；出口貿易則要求企業具備所有權和內部化兩項優勢；而契約性技術轉讓（技術轉移）只要求企業具備所有權特定優勢。那麼，鄧寧的理論就不僅能解釋直接投資，而且能解釋國際貿易與技術轉讓。**

因此，正像約翰・鄧寧自己所說，他之所以把研究國際生產理論的這種方法稱之為折中理論，主要有三個原因：一是因為綜合性地吸收了過去二十多年來出現的三種主要理論方法；二是因為它與各種形式的直接投資有關；三是因為能夠解釋企業進行國際經濟活動的三種主要形式（直接投資、出口貿易和技術轉移）。

一個國家的資本流動與其經濟發展水準有關

約翰・鄧寧提出了國際生產折中理論靜態分析之後，又對其進行了動態化的研究，進而建立了「投資發展週期模型」。

他首先闡述了一九六七－一九七八年間六七個國家直接投資水準與經濟發展階段之間的關係，他認為兩者之間存在著密切的關聯，並將這六七個國家分為四種類型：

第一種類型，包括二十五個最貧窮的發展中國家，每人平均國民生產總值全部在四〇〇美元以下。這些國家只有少量資本流入而沒有資本流出，除國外淨資本流動之外都是負值。

第二種類型，這種類型的國家，每人平均國民生產總值在四〇〇美元至一五〇〇美元之間，這些國家的直接投資流入雖比第一類國家有所增加，但資本的流出量仍停留在較低水準。

第三種類型，包括十一個每人平均國民生產總值在二〇〇〇美元至四七五〇美元之間的國家，這些國家對外投資態勢比較穩定，資本流出的速度快於資本流入，然而資本流動的淨值仍然是負的。

第四種類型，包括六個每人平均國民生產總值在五六〇〇美元左右的已開發國家，它們的資本流出水準都比較高，而且其成長速度快於資本流入。

由此可以看出，隨著一個國家經濟水準的發展，資本流入與資本流出也有著相應的發展變化。開始時資本流動量很小，主要是吸收外國資本，而後逐漸發展到資本流入流出旗鼓相當的水準。在經濟發展的較高階段，資本流動就達到了較高的水準，並且資本流出額明顯地高於資本流入額。

約翰・鄧寧用國際生產折中理論解釋了這種直接投資的發生週期。他認為，在經濟發展的第一階段，本國幾乎沒有所有權特定優勢，也沒有內部化優勢，更沒有能力利用外國的區位優勢。並且，由於國內市場不夠大、商業管道不暢通、法律機構不健全、政治環境不穩定以及運輸、通訊設備不完善等原因，本國的區位優勢對外國投資者幾乎沒有什麼吸引力。進而導致沒有資本流出，資本流入也比較少。

在第二階段，隨著國內市場的擴大、購買力的提高，以及為這些市場服務的成本下降，直接投資的流入開始增加。這時資本流入有兩類：一是「進口替代製造業」的投資，主要是為了替代或補充消費品和資本品的進口；二是「帶動出口型的投資」，即用流入的資本來發展本國的經濟，進而擴大出口量。在經濟發展的這一階段，吸引外資的流入是至關重要的。而要吸引外資就要創造區位上的優勢，比如，改善投資環境、健全法律制度、疏通商業管道等。

在第三階段，國內的經濟發展水準又有了新的提高，每人平均資本流入的速度開始下降，而對外直接投資發展很快，這也許是因為研究與開發使所有權特定優勢不斷發展，但原來外國投資者的優勢相對消失，或者外國市場區位優勢有很大的吸引力。經濟發展的這個階段意味著國際投資專業化的開始，即在那些比較區位優勢較強、所有權優勢較弱的地區或部門試圖吸引直接投資的流入；但在那些所有權優勢較強、比較區位優勢較弱的地區或部門發展對外投資。

在第四階段，這個國家對外直接投資的流出超過了國外直接投資的流入，這反映了這類國家擁有較強的所有權優勢和在國外內部化開拓這些優勢的能力和傾向，並且試圖利用其他區位的比較優勢，反映了在當代的國際經濟競爭中，存在一種將各種比較優勢結合起來的趨勢。**鄧寧用他的動態化的國際生產折中理論解釋了投資的發展週期，同時也證明了一個國家的投資總量和經濟發展水準有密切的關係。**

另外，在該書中還記述了約翰·鄧寧有關跨國公司的資本形成、地區戰略、市場結構以及成本收益分析等很多方面的觀點。

《成長的極限》

唐奈拉・梅多斯：「成長極限論」的提出者之一

技術的樂觀主義阻礙了人類採取有效的行動，去解決有限系統中的成長問題。但現實告訴我們，技術進步必須要與有計劃地控制成長結合起來，因為，這對人類的前途來說是非常重要的。

——梅多斯

一九六八年，由歐洲著名的義大利諮詢公司董事會奧雷利奧・佩西博士出面，邀請十多個已開發國家的三十位知名科學家、教育家、經濟學家和政治家，在羅馬的林西研究院組成了一個旨在研究人類當前和未來處境問題的非正式國際性協會——羅馬俱樂部，《成長的極限》一書，是唐奈拉・梅多斯等人於一九七〇年接受羅馬俱樂部的委託而提供的第一個研究報告。

唐奈拉・梅多斯（DonellaH Meadows），美國著名未來學家，「成長極限論」的提出者之一，麻省理工學院工程和商學教授。是電子電腦中一種記憶裝置的發明人傑伊・福里斯特的學生。曾在美國新罕布什爾州達特毛斯學院任教，後來擔任羅馬俱樂部國際問題研究小組的負責人。

梅多斯與他人合作完成了一系列有關人類處境問題的重要著作，其中主要有：《成長的極限》、《走向全球的平衡》、《有限世界的動態成長》等。

《成長的極限》在美國問世後，短短幾年內就重印了十餘次，並被譯成多種文字在許多國家出版。由於本書提出了一個關於整個人類前途命運的至為重要的問題，並從當前世界的發展趨勢中得出相當悲觀的結論，這就理所當然的在國際社會中引起了巨大的震動，導致了一場在西方社會持續至今的激烈爭論。

《成長的極限》在研究對象和分析方法方面，基本上以福里斯特一九七一年出版的《世界動態學》一書為藍本，因此，福里斯特和梅多斯等人的理論被合稱為「福里斯特—梅多斯模型」。

梅多斯等人在該書引言中指出，透過設立模型和運用電腦分析等手段，對長期的全球性問題進行研究的結果顯示，如果世界人口、工業化、污染、糧食生產以及資源消耗繼續按現有的趨勢成長，那麼經濟成長就會在一〇三年內達到極限。那時可能出現人口和工業生產能力無法控制的突然衰退或下降。但是，如果確立一種可以長期保持的生態穩定和經濟穩定的條件，那就有可能改變這種趨勢。人類爭取全球均衡的努力開始得越早，取得成功的可能性就越大。

指數成長的性質

梅多斯等人，首先介紹了線性成長、指數成長以及倍增時間的概念。當一個數量在恆定的時間內按恆定的數目成長時，它是線性的。而當一個數量在一段固定的時間內按一個固定的百分率增加時，它則是在指數地成長。當一個數量是在指數上不斷的成長時，其加大一倍的時間大約等於七〇除以成長率。指數成長有兩個特徵：一、一個數量開始時以某一個並不引人注目的百分率成長，可是經過一段時間後，就很快形成了一個巨大的數量；二、它會突然地達到一種固定的極限。

指數成長是一種動態現象。在現實的世界中，錯綜複雜、互相關聯的許多因素在同一系統中同時成長，這就使得對指數成長的原因以及這個系統未來變化趨勢的瞭解變得十分困難。傑伊・福里斯特設計的「系統動態」模型提供了解決這個問題的辦法。動態模型的理論顯示，任何指數成長的數量總在某種程度上涉及「正回饋環路」。在正回饋環路中，一種因果關係發生著連鎖作用，以致增加環路中任何一種因素，都會引起一連串的變化，結果最初變動的那種因素就會增加得更多。

梅多斯等人指出，世界人口的成長是「趨」指數的。在人口正回饋環路中，假定生育率較為穩定，人口數量就又更多。這樣的正回饋環路產生了無法控制的成長。在人口的正回饋環路中，是以平均死亡率為根據的，如果不考慮新增人口，那麼較多的死亡人數會使人口總數減少，因而下一年的死亡率將較少。更何況按世界平均來說，生育率只是略微降低，而死亡率卻大大降低，其結果是正回饋環路越來越佔優勢，人口急劇地指數性成長。

梅多斯認為，世界工業產量的增加比世界人口的成長還要快。在工業資本的正回饋環路中，資本越多，產量越多；產出中的一部分用於投資，投資越多意味著資本越多；較多的新資本存量就會生產更多的產量。在負回饋環路中，現在的資本越多，平均每年的折舊就越大，資本損耗越多，存留下一年的越少。現今世界上正回饋環路占很大的優勢，世界上的工業資本存量也就呈現出指數性地成長。

指數成長的極限

接著，梅多斯等人又具體地分析了糧食、不可再生性資源和污染三個因素對成長的約束。

目前世界上有三分之一的人口處於營養不良的狀態，這說明世界迫切需要糧食。生產糧食所必需的前提資源是土地，然而，由於人口城市化和土地腐蝕等原因，耕地面積正趨於縮小。全世界雖然有約三十二億公頃的土地可用於農業，但已耕種的約占一半。其餘一半若要進行開發，則需要投入大量的資本去開墾、灌溉和施肥。由於成本遞增規律的作用，開發更多的土地進行耕種在經濟上是不可行的。糧食生產除了受可耕地面積不斷縮減和生產成本遞增的限制外，還受到淡水流量的限制，而對淡水的需求卻呈現出一種指數增加，若要想透過淡化海水來用於灌溉，其成本是十分昂貴的，就目前來說也是不實際的。

糧食需求的成長是人口成長的結果，而糧食的供給則取決於土地和淡水，也取決於農業資本。增加農業資本可以增加用於糧食生產的資本設備，但受到不可再生性資源的約束。因此，將來糧食生產的擴大在很大程度上依賴於可以得到的不可再生性資源。

地球上不可再生性資源有限度嗎？梅多斯等人認為，世界上資源的儲量是有限的，而且資源消耗在人口成長和資本成長兩者推動下指數也不斷地成長，甚至有許多資源的使用率比人口成長得還快，他們根據已知的礦產資源儲量和消耗率，選擇了使用年限可能最久的鉻為例，對它分別按線性成長和指數成長進行分析。結果顯示，在使用率指數成長的情況下，即使把儲量擴大五倍，並假定原來儲量完全不損失，對鉻的需求也會在三五年內超過供給。因此他們得到結論：根據現今的資源消耗率以及預計這些消耗率的增高，目前重要的不可再生性資源大多數到一〇〇年後就會變得極其昂貴。

接著，**梅多斯等人利用很多實例來證明污染物也在按指數成長。很顯然，污染物直接與人口成長、農業活動和工業成長及技術進步有關。**當今工業能源的九二%來自礦物燃料，這些燃料燃燒時釋放的二氧化碳，使得大氣層中的二氧化碳含量每年以〇・二%的速度成長。即使將來用熱核動力又會產生新的污染，諸如熱污染、放射性廢物等。上述這些污染以及農業中化學殺蟲劑、工業中有害元素

（如鉛、汞等）所造成的污染，已經使得人類生活環境嚴重惡化。但生產過程中由於自然時滯造成的假象，使人不易覺察到自身處境的危險，所以當污染成害時，情況往往已經糟到不可收拾的地步了。

他們的結論意見是：地球是有限的，上述因素的成長將使人類在不久的將來陷入困境之中。**關於世界系統，梅多斯等人認為，人口、糧食、資本、不可再生性資源和污染等因素是互相影響、互相依賴的。人口成長離不開糧食的成長，糧食成長要求資本的成長，更多的資本需要更多的資源，對更多資源的利用和消耗造成更嚴重的污染，污染又反過來影響人口成長和糧食的成長。**他們把這五種因素之間的相互聯結用回饋環路構成了一個世界模型，這個模型可以用來分析世界運作的作用方式，預測世界系統中那些可變因素（如人口、污染等）隨著時間進展而變動的趨勢。

他們運用電腦將一九〇〇年起的數值輸入模型，結果顯示：一九〇〇－一九七〇年，模型變數曲線大體與歷史數值相符合。假設將來在人類行為準則方面沒有重大的改變，一九七〇－二一〇〇年曲線所顯示的世界系統的發展方式明顯的是過度發展和衰退的方式。在成長過程中，資源耗費將加快，致使資源價格上漲，這就必然要用越來越多的資本去取得資源，因而留下來可以用於未來發展的資本也就越來越少，最後投資跟不上損耗，工業基礎崩潰，連同服務業和農業一起垮臺。不僅如此，由於人口、社會、生態過程中內在的時滯，人口和污染問題還會持續一個時期。直到糧食和衛生服務事業的缺乏使死亡率上升時，人口才會趨於減少。因此，梅多斯等人得出結論：儘管目前還不能夠確定確切的時間，但是可以預言，最遲在二十一世紀，人口和工業的成長肯定會停止。

生產技術和成長的極限

考慮到技術進步的影響，梅多斯等人又對原有的世界模型進行了修正。

假定技術的發展使人類能夠發現和利用以前無法得到的物質，可以重複利用固體廢物，可以透過原子能來解決世界的資源問題。假定從一九七五年開始，由於回收和再循環把工業生產所需的新資源投入減少到目前的四分之一，那麼，資源短缺的狀況可以改變，但是人口成長卻仍然會由於日益增多的污染而受到阻止。

儘管由於技術上和經濟上的限制，目前還不可能消除一切污染。但我們可以做出理論上的假定，這樣，在「無限」資源和污染受到控制的模型中，出現了糧食短缺引起衰退的問題。因為城市工業的佔用和土地腐蝕以及高度資本化的農業使得可耕土地達到極限。人口持續成長使得每人平均糧食越來越少，當它降到最低水準時，死亡率將增高，人口成長將停止。

即使假設全世界糧食產量可以再增加一倍，並且從一九七五年就開始實行完善的節育，但由於工業產量高速成長，並由於精耕細作的農業生產方法造成的土壤腐蝕，最終仍將導致糧食短缺。而節育只是阻止了不想要的小孩出生，糧食危機僅會因此而推遲二十年左右。因此，科學技術的發展和應用，顯然能夠延長人口和工業成長的時期，但是並沒有消除這種成長的極限。

梅多斯等人認為，技術的樂觀主義阻礙了人類採取有效行動來解決有限系統中的成長問題。他們強調，技術進步必須與有計劃地控制成長結合起來，這對於人類的前途來說是非常重要的。

全球平衡狀態

最後，梅多斯等人提出了理想的世界運作模型。他們認為，世界運作的理想狀態就是全球性平衡，即人口和資本基本上穩定，人口和資本的增加或減少在精心控制的平衡中進行。

防止發展過度和衰退，光使人口或者資本的正回饋環路保持均衡是不夠的。若要達到既有相當高的生活標準，又有相當好的目標，必須採取以下措施：一、把出生率調節到和一九七五年的死亡率相等的水準，以穩定人口，讓工業資本自然地增加到一九九〇年為止，此後也加以穩定，把投資率調節到和損耗率相等；二、把每單位工業產量的資源消耗降低到一九七〇年數值的四分之一；三、社會經濟優先發展教育和衛生設施等，以減少資源消耗和污染；四、把每單位工業和農業產量所產生的污染降到一九七〇年數值的四分之一；五、把資本投入到糧食生產上，以提高每人平均糧食佔有量；六、農業資本首先用於提高土地肥力和保護土壤，以防止土壤被侵蝕；七、為了避免由於在服務設施、糧食生產、資源回收和控制污染等方面的投資消耗而導致的工業資本存量過低，就要改進設計，提高工業設備的耐久性和維修水準，以延長工業資本的平均使用壽命。

他們還認為，達到平衡狀態最低限度的必然條件有三個：一、資本設備和人口的多少都是不變的；二、各種輸入量和輸出量的比率（出生和死亡、投資和消耗）都保持在最低的限度；三、根據社會的各項數值，調整資本和人口水準以及兩者之間的比率。

最後，他們指出，人類要想創立一個完全新式的、可以世世代代維持的社會，就必須從現在開始進行一種有控制的、有條不紊的過渡，從成長走向全球平衡。

《停滯性通貨膨脹》

霍華德・謝爾曼：激進政治經濟學派的主要代表人物之一

我們能建成一個美好的社會。在這個社會中，一切產品都是免費供應的，沒有工資，每個人都為社會公益活動而貢獻自己的力量。

——謝爾曼

霍華德・謝爾曼（Howard Sherman），美國著名的經濟學家，激進政治經濟學派的主要代表人物之一，其主要研究領域是經濟週期、通貨膨脹等問題。

謝爾曼的優秀作品很多，其中主要有：《停滯性通貨膨脹》、《經濟週期》、《宏觀經濟動態學》、《經濟成長、失業和通貨膨脹導論》、《激進政治經濟學》、《激進政府經濟學的基礎》等。

《停滯性通貨膨脹》一書，是霍華德・謝爾曼論失業和通貨膨脹問題的代表作。作者試圖用激進主義的觀點，解釋二十世紀七〇年代以來一直存在於美國的停滯性通貨膨脹問題。激進派認為：失業和通貨膨脹的根源在於，美國的壟斷資本主義勢力、政府的財政和貨幣政策無法根治失業和通貨膨脹問題及其併發症，除非進行社會革命，停滯性通貨膨脹問題才能消除。

《停滯性通貨膨脹》一書除序言等以外，共分為十一章，主要討論四個方面的問題：滯脹的影響、資本主義經濟週期的原因、滯脹的原因、社會主義經濟制度是解決滯脹問題的根本經濟制度。

滯脹的影響

停滯性通貨膨脹是經濟停滯和通貨膨脹同時發生時的一種經濟現象。膨脹意味著物品的市場價格大大超過這種物品的平均價值，停滯也就是一種停止不前或衰退的經濟現象，高水準的失業是其主要標誌。

停滯性通貨膨脹是二十世紀五〇年代以後在美國出現的。失業給許多家庭帶來了痛苦和不幸，也使社會付出了巨大的代價。

通貨膨脹使每個人都身受其害。滯脹給那些貨幣收入實際下降的人帶來了沉重的負擔，尤其是給老年人和退休人員造成的損失更為嚴重。

經濟週期是資本主義固有的現象

資本主義制度造成了繁榮與破產交替循環，以及大規模失業和高比率的通貨膨脹併發的可能性。

在資本主義私人企業制度中，企業主為市場而進行生產，如果其產品沒有市場需求，生產便不能繼續進行。

為市場而生產是經濟週期出現的一個必要條件。經濟週期出現的另一個必要條件是貨幣在交換中的經常使用，如果貨幣持有者使貨幣退出流通，那麼商品就有可能找不到買主，發生生產過剩。

資本主義經濟週期發生的第三個必要條件是生產原物料私有制的存在和為私人利潤而進行生產。如果生產總量大於有效需求的總量，則會發生產品銷售問題，進而產生生產停滯和工人失業。

激進派認為，保守主義者、自由主義者、凱恩斯主義及其追隨者對資本主義經濟週期形成原因的看法，都是有爭議的。

在激進派看來，蕭條不光起因於需求有限（也就是消費不足），還起因於成本過高（或者說是投資過剩），擴張和蕭條的交替出現在資本主義條件下是不可避免的。

產品的需求由消費和投資構成，產品成本由工資、設備和材料的成本構成。產品價格與成本之間的差額就是利潤。正是利潤的變動導致經濟週期的發生。

在擴張初期，消費需求緩慢成長引起價格緩慢上升，同時，生產率迅速提高引起成本下降，因而利潤大幅度成長。

而在擴張中期，成本下降較慢或開始上升，最後在擴張後期上升得相當可觀，因為這個時期成本（主要是非勞動成本）因生產率下降而上升得相當快。同時，價格上升速度加快，而後達到頂點上升減慢，因為需求減弱了。

這樣，利潤在擴張中期便開始減少，並通常下降直至擴張結束。利潤下降導致投資下降，又引致收入最終下降，然後引致需求的進一步下降，直至造成生產低落和失業。在收縮期，利潤最初縮減到很糟糕的程度，稍後才開始有所緩和。

在收縮期，價格下降，但成本沒有上升，且在蕭條低點事實上有所下降。由於利潤率最後停止下降，資本家便開始擴大投資，增加生產，於是開始了復甦。

對週期性波動產生增強作用的還有其他因素，比如：經濟中的壟斷剛性，無理想的樂觀主義和悲觀主義，外貿和投資，重要發明和創新的遲延和加強，折舊和更新週期，金融恐慌和擴張，政府干預，存貨週期等。

停滯性通貨膨脹的原因

美國經濟現在已經形成壟斷佔優勢的生產形勢，壟斷企業控制著許多行業的大廠商。在壟斷情況下，價格可以達到很高程度。壟斷企業可以透過多種途徑獲取高額壟斷利潤。在壟斷勢力增強的同時，工會勢力在削弱，不能認為通貨膨脹是由工會勢力引起的。

事實上，在歷次的蕭條或衰退期間，實際工資都是下降的，且在大多數擴張階段，單位勞動成本也是下降的。故勞動成本的變動不能用來解釋通貨膨脹的原因。

壟斷容易造成失業和通貨膨脹並存。壟斷部門實行的是按成本加價的定價方法，即按一個利潤差額來定價，這個利潤差額可以滿足它們對成長和發展的預期的需要。雖然，在擴張階段壟斷性大公司的價格上漲沒有競爭性小公司的價格上漲得快，但在衰退期，為了獲取足以達到其目標利潤的收入，壟斷企業會採取減少生產的辦法，來維持較高的價格，進而保證獲得足夠的利潤。

同時，為保持一定的生產效率，壟斷性大公司還會大幅度裁員，進而造成比類似的競爭性行業中多得多的工人失業。因此，**一個高度壟斷的經濟比較容易在每次衰退中引起高失業率。總而言之，集中的壟斷勢力造成了衰退中發生通貨膨脹的現象。**

在謝爾曼看來，除壟斷勢力以外，造成停滯性通貨膨脹的主要因素還有以下兩點：

一、美國政府的經濟政策。政府的稅收政策、福利計劃、農業津貼計劃、教育計劃都加劇了經濟上的不平等。政府反托拉斯法實際上增強了壟斷勢力。

政府建立的許多調節機構使大企業合法地獲得了更多的壟斷權力。政府支出方向被壟斷勢力所控制，服務於壟斷勢力的利益。總量財政政策不能醫治或阻止利潤推進型通貨膨脹和失業，貨幣政策也是如此，工資和物價管制的效果更糟。

二、國際壟斷勢力的擴張所引起的美國在國家競爭中的不利地位。造成滯脹的國際因素具體包括以下幾個方面：一、國際集中超過多國公司實現的程度；二、多國公司從發達的和不發達的資本主義國家獲取的利潤；三、美國優勢地位的削弱；四、國際收支的惡化；五、國際金融危機的加劇；六、食品、燃料等的國際短缺等。

第一個國際因素對美國滯脹的影響尤其大，這是因為多國公司透過稅款向稅率較低的國家的轉移，使財政政策可能不產生作用，多國公司與各子公司之間的貨幣流動使貨幣政策效力大減。

以社會主義經濟制度取代資本主義經濟制度

由於資本主義停滯性通貨膨脹的根本原因，是資本主義壟斷勢力在國內外的存在和發展，因此，要消除滯脹，就必須進行激烈的變革，消滅資本主義經濟制度。

從短期來看，激進派主張在某些部門（如石油部門）實現公有制。從長期來看，激進派主張建立一個民主的社會主義制度。在美國，將一〇〇〇家最大公司收歸國家所有，就可以在很大程度上實現社會主義。在企業國有化以後，其大部分管理權應交給選舉出來的民主政府。企業內部也要實行工人管理。

也許，在不久遠的以後，我們能建成一個美好的社會。在這個社會中，一切產品都是免費供應的，沒有工資，每個人都為社會公益活動而貢獻自己的力量。為了實現這個目標，我們現在就應注意充分就業的立法、石油工業的國有化和免費的公共保健，以及繼續反對種族歧視。正如社會主義運動的擴展一樣，這也能擴展到由消費者去控制所有的壟斷企業。只有透過這樣的方式，我們才能消滅失業和通貨膨脹，永遠消除滯脹的弊病。

《家庭論》

加里・貝克爾：一九九二年諾貝爾經濟學獎得主

正如市場上利己主義有高效率一樣，家庭內的利他主義也有高效率。

——貝克爾

加里・貝克爾（Galy Stanley Becker），生於一九三〇年，美國著名經濟學家，一九九二年諾貝爾經濟學獎得主。長期任芝加哥大學經濟系教授、主任。在微觀經濟學領域提出了一連串新概念、新理論，如時間經濟學、歧視經濟學、家庭經濟學、教育經濟學、人力資本等，被稱為是二戰後微觀經濟學的新突破。尤其是人力資本理論在當代經濟學中，佔有十分重要的地位，貝克爾由於在這方面開創性的貢獻而被稱為「人力資本主義」。

貝克爾的代表作有：《家庭論》、《人力資本》、《生育率的經濟分析》、《歧視經濟學》等。

《家庭論》作為家庭經濟行為分析的代表作，受到了經濟學界的廣泛重視。《家庭論》一書，除「前言」與「導言」外，分為十一章。該書運用微觀經濟學的成本收益法，分析各種家庭行為。

「前言」說明本書「試圖用研究人類行為物質方面工具和結構去分析結婚、生育、離婚、居民戶內的分工、聲望和其他非物質方面」，或者說是「用有關行為最大化，穩定的偏好，或隱或顯的市場均衡假設，對家庭進行一種有系統的分析」。「導言」是對全書內容的概述。

第一章是「單個人居民戶」，介紹了本書分析的理論基礎：家庭生產消費均衡和人力資本理論。貝克爾指出，家庭投入時間和商品生產出效用，根據各種投入（家庭能力、人力資本等）的影子價格和效用（孩子、聲望和尊嚴、健康等）可以列出家庭生產與消費的均衡條件。

此外，根據人力資本理論，由於工資率由人力資本存量決定，在時間價值比較低廉的青少年階段，投資較多，最佳人力資本存量以一種遞減比率上升，並達到最高。這種投資還會隨年齡下降，因為在老年時，餘下來接受收益的年限少了。這些是本書分析的出發點。

第二章是「居民戶和家庭內的勞動分工」，說明人力資本投資取決於投資效率。如果家庭內各個不同成員供給的商品，是完全可以互相替代的，就會產生專業化。一般而言，男性在市場活動的人力資本投資較多，女性在家庭活動的人力資本投資較多。這種區別不僅成為市場工資率差別、家庭內分工的基礎，也成為婚姻產生的基礎。

第三章是「婚姻上的一夫多妻制和一夫一妻制」，論述了分析婚姻狀況的市場模型，說明在自由競爭和自願交換下，各種婚姻形式的相對收益是市場均衡的惟一標準。**貝克爾指出，假如進入婚姻的男女是同質的，而且只考慮一夫一妻的情況，則制約婦女婚姻供給的因素是婦女的婚姻收入，制約對婦女的婚姻需求的是男人的婚姻收入。**這樣，婚姻的均衡將取決於男人與女人的數量。如果男人人數少於婦女人數，所有婦女的收入均等，則男性得到了已婚婦女產出和單身婦女收入之間的差額。

相反的分析亦成立。如果允許一夫多妻制存在，對妻子的需求是一條向下遞減的曲線。每個已婚婦女或單身婦女的收入是相同的，但整個婚姻的狀況隨婦女收入的不同而不同。

如果放棄男人同質性假設，設定有A、B兩類男人，由於婦女總是得到同樣收入，所以男人的婚姻狀況取決於，他是否有能力向妻子提供這樣的收入。如果A型男人向他的第二個妻子提供的邊際收入高於B型男人能向他的第一個妻子提供的收入，則A型男人有兩個妻子，B型男人獨身。一夫多妻制的發生和男人與婦女對家庭生產的邊際貢獻相關。當男人邊際貢獻提高時，一夫多妻會減少。在一夫多妻上，能力低的男子不能結婚，因為他們妻子的邊際生產將很低。

第四章是「婚姻上的相稱婚配」，分析婚姻上的相稱婚配。貝克爾指出，如果男女的異性僅展現為數量特徵，而且男女的能力在家庭生產消費中是互補的，則相稱婚姻——能力相當的男女婚配，是最佳的。從現實來看，由於在配偶的智力、男人的市場能力和女人的家庭能力這些主要方面，男女的能力是互補的，所以，相稱婚配在婚姻中占了更大的比重。

第五章是「對孩子的需求」，分析決定生養孩子數量的因素。**貝克爾指出，對人類而言，對孩子數量的決定主要是文化經濟因素，而不是生物因素。對孩子的需求主要由養育孩子的成本及收益決定的。**在落後的經濟中，對孩子的需求主要是數量的。由於孩子很小就幹農活，並較早成為一個近乎標準的勞動力，養育孩子的淨成本是低的。

隨著經濟發展，數量考慮讓位於品質考慮。這時生產和哺育孩子的成本上升，進而生產率下降。主要因素是：高品質的孩子要求進行高額的人力資本投資，生孩子的時間的價值隨收入和婦女勞動市場工資率上升而提高等。養育孩子品質的提高必然給數量以負的效應。**生育率的變化產生於經濟因素，而不是「避孕革命」。**

第六章是「家庭背景和孩子的機會」，說明孩子前途與家庭背景的關係。**貝克爾指出，父母的效用由他們的消費及孩子成年後的財產決定，孩子的財產由在他們身上的投資、他們的資產捐贈及資本盈利決定。**資產捐贈是孩子接受由其家庭、家庭姻親和聲望決定的資本捐贈物，即由一種特殊的家庭文化獲得的學問、技術和目標。

由於這一因素，孩子的前途會受到家庭背景的影響。孩子的獲得和資本分為人力資本和非人力資本。假定由父母籌措全部人力資本，非人力資本的市場收益率是相同的，則父母是否在非人力資本上投資取決於父母的偏好和非人力資本的收益率。如果父母的收入超過某一界線，孩子將繼承人力資本和非人力資本。

如果父母的收入低於這一界線，孩子僅繼承人力資本。界線的確定取決於以上的兩個因素。從美國的經驗證據來看，這一論斷是正確的，當孩子不繼承非人力資本時，他們的教育和繼承非人力資本相比，更加依賴於父母的收入。父母對各個孩子的不同態度顯示，更多的人力資本投資於某一孩子，不是因為情感因素，而且因為能力大的孩子其人力資本收益率較高。

但如果父母在孩子身上進行人力資本和非人力資本投資，那麼，所有孩子的邊際收益是相同的，都等於非人力資本的市場收益率，所有孩子的收入也是一樣的。中立的父母會充分補助他們較不幸的孩子。

平等與效率之爭只在較貧窮的家庭中存在。富裕家庭和貧窮家庭的投資方式有不同特點：在把非人力資本貢獻給所有孩子的富裕家庭裏，人力資本投資量只取決於一個孩子自己的特徵，與其兄弟數量及能力沒有直接關係；在貧窮家庭中，人力資本的投資量取決於兄弟的能力，因為父母要在投資效率與平等之間作出選擇。

第七章是「不平等和世代之間的變動」，分析各代家庭之間收入的變動。**根據資產捐贈概念，任何一代人某個家庭的收入，只用該代人和該家庭所有以前各代人的運氣概念來表達，而且市場運氣對不平等的影響由於父母對預期負擔的作用而變小，也就是說，在某一代人的資產決定中，捐贈運氣的係數大於市場運氣的係數。**

除非投資偏好接近於一，否則世代之間的變動將是巨大的。根據上述理論，一種累進所得稅不僅由於不鼓勵投資而降低效率，而且會擴大實際收入的不平等。鼓勵貧窮家庭把財產投放資本市場，以籌措人力資本投資有利於減少不平等。

第八章是「家庭裏的利己主義」，分析家庭行為中的利他主義。每一個受益者，無論他如何自私，都要使受益者的家庭收入最大化，這就使他的行為對其他受益者的影響內在化。根據這個理論，在家庭中如果存在一個利他主義的家長，一個自私者的行為假如損害了整個家庭的利益，家長將透過減少其利益的方法來對付損失，進而使該人受害，這樣他就不會採取有損家庭收入的行為。

家庭內的利他主義可以提高家庭收入，並使一個自私的家庭成員也自動地為家庭的福利著想。正如市場上利己主義有高效率一樣，家庭內的利他主義也有高效率。這就是兩種不同態度在兩類不同場合占主導地位的原因。

第九章是「人類以外的動物群體的家庭」，用以前發展的分析框架分析動物家庭行為，這種分析成立的基礎是遺傳基因複製最大化和效用最大化之間相互匹配的特點。

第十章是「資訊不完全、結婚和離婚」，分析離婚的原因。**資訊不完全是婚姻的固有特徵，並且也是離婚的主要原因。**從離婚中獲得的收益是可以重新開始一次或許能有更高產出的婚姻，但其成本隨著孩子問題和離婚所蒙受的恥辱而制約這種收益。

第十一章是「家庭的演變」，分析家庭的發展與變化。**在傳統社會中，一個親屬集團就是一個很**

有效力的「保險公司」。

在這個集團內，通行利他主義，而且透過制約與文化的潛移默化，而使每個人接受這種態度。在現代社會中，家庭聲望的作用明顯下降，個人的前途主要取決於，個人同社會提供的能力和人力資本的證明。家庭重要性的降低，成為家庭形式變革的原因。

《投資策略》

華倫・巴菲特：最偉大的投資者

在進行投資前，應該先進行仔細的分析，在此基礎上決定想進入哪一個行業，然後，在一個能獲利的適當價格時買進。

——巴菲特

華倫・巴菲特（Warren Buffett），美國著名的經濟學家，當今世界最偉大的投資者，一九三〇年出生於內布拉斯加州。巴菲特的父親是當地一個著名的股票經紀人和共和黨國會議員，家內藏書甚豐。從八歲開始，巴菲特就開始閱讀父親收藏的股市書籍，十一歲時，在父親擔任經紀人的公司記錄股價的變動，就在這一年，巴菲特買進了自己的第一支股票。

在大學二年級時，巴菲特讀了班傑明・格雷厄姆的經典著作《聰明的投資人》一書，感悟頗深，因此，他在二十五歲時，以一百美元起家，與別人合夥建立了一家投資公司。數年後，由他領導的柏克夏公司，投資業績曾在美國《富比士》雜誌排行榜上名列榜首。

巴菲特創造了一套獨特的投資策略。在這個策略中，巴菲特拒絕投機行為，不做短線進出、不理會每日股價漲跌、不擔心經濟形勢等因素，只以簡單的投資策略與原則，妥善管理手上的投資組合，以期在這些穩定的組合中，獲得最大的利潤。

巴菲特的主要貢獻是撰寫了《投資策略》，雖然著書不多，但他卻以實際行動，向世人證實了自己的實力。

在《投資策略》中，巴菲特認為，全面收購一個企業與購買這個企業的股票，基本上是相同的。就巴菲特本人而言，比較傾向於擁有整個企業，因為這樣一來，他就可以在公司中處於高層的地位，能夠直接參與像資本分配這些重要決策。如果收購這條路行不通，他就會選擇購買該公司普通股的方式來佔有公司股份。

無論是收購整個企業，還是持有該企業部分的股份，巴菲特都遵守相同的投資策略原則：他會尋找那些自己瞭解並熟悉的、有利於長期投資的公司。同時，該公司的管理階層必須要有管理才能，能夠坦誠面對股民，當然，更重要的是，股票的價格一定要足夠誘人。

巴菲特認為，在進行投資時，一定要遵循如下四個原則：企業原則、經營原則、財務原則以及市場原則。

企業原則

巴菲特指出，在投資時，投資者要將自己看成是企業分析家，而不是市場分析師或總體經濟分析師，更不是有價證券分析師。換句話說，就是在評估一項潛在交易或是買進股票時，投資者應從企業主的角度出發，對公司經營體系中的所有問題進行衡量，以期找到對自己最有利的方案。

在巴菲特看來，股票只是一個抽象的概念，因此，人們的投資行為應該與企業的實際經營狀況緊密相連，而不能只盯著股價的漲跌。他認為，如果人們在進行投資時，沒有全面瞭解企業的經營活動，那麼，他們很容易被出現的小狀況嚇跑，其結果一定會賠錢。巴菲特建議投資者，在決定要進行投資時，應將注意力集中在收集企業的相關資料上，而這些資料，主要分為以下三個方面：

一、全面瞭解企業的經營狀況

投資人要想取得成功，就需要對自己所做投資的企業進行全面的瞭解。根據這一原則，可以將投

資人分為兩大類，第一類投資人以企業的走向作為選股的依據，第二類投資人自己不作判斷，只跟著莊家買進賣出，以圖僥倖獲利。顯然，第一種人是真正的投資者，而第二種人只能被稱為投機家，事實情況卻是，第二種人占了一大部分。

二、穩定的經營史

不要招惹那些出現問題的企業，比如那些正因面臨難題而苦惱，或者因為先前的計劃失敗而打算改變營運方針的企業，對於這些企業，一定要躲得遠遠的。**巴菲特認為，報酬率高的公司，通常是那些長期以來持續提供穩定的商品和服務的企業。**如果突然之間改變公司的主要業務，勢必會增加經營風險，其未來的發展就不可預測了。

雖然，重大的變革和高額報酬率是沒有直接關係的，但是，基於某些不可理喻的原因，投資人往往會被一些假象所迷惑，認為那些發生重大改變的企業將來一定會有好的發展，而不去考慮企業目前的狀況。

在多年從事經營與投資工作的基礎上，巴菲特認為，鹹魚大翻身的可能性很小，因此，投資者應該把精力與資金花在購買經營狀況良好的企業的股票上，而不是冒著風險去買那些經營出現困難的公司的股票。

三、持續長久的經濟優勢

巴菲特把經濟市場分為兩部分，一部分是一小群有特許權的團體，另一部分是一個較大的商品企業團體，其中，較大的商品企業團體中的大多數是不值得投資的。巴菲特將那些擁有特許權的團體，定義成是提供商品和服務的企業，這些商品和服務的突出特點是有消費需求、無近似替代性產品和不受法律規範的。由於這些特色，使得有特許權的經銷商可以任意提高其產品和服務的價格，而不會失去市場佔有率或者降低產品銷售量。

那些有特許權的經銷商，在產品供過於求，或者產品未完全利用的情況下，也能提高商品的價格，因此，他們往往能夠獲得較高的資本投資報酬率。另外，**有特許權的經銷商，商譽一般較好，因此，他們能夠承受通貨膨脹所帶來的壓力，渡過經濟危難時期。**

經營原則

作為一個優秀的管理人員，就要以公司負責人的態度，作為其行事與思考的準則，只有這樣，他才不會忘記公司最主要的目標——增加股東持股的價值。巴菲特認為，在收購企業時，一定要對管理階層的品格進行考慮，以確保他們是誠實而且幹練的。至於如何評價管理階層的品格，在巴菲特看來，可以對以下幾個因素進行考慮：

一、管理層一定要理智

對公司的資本進行分配，是管理人員最重要的職務。這是因為，資本的分配將決定股東股權的價值。巴菲特認為，如何處理公司盈餘的問題（是轉投資還是以股利的形式分配給股東），是一個需要用邏輯與理性進行思考的課題。這一點，在巴菲特身上展現得尤為明顯，理性，正是他經營柏克夏公司的一個與眾不同的特質。

巴菲特認為，如果將剩餘資金用在內部轉投資上，能夠獲得平均水準以上的股東權益報酬率，也即收益高於成本時，那麼，管理層就應該保留所有的剩餘資金，用作轉投資，以獲得更大的收益。相反的，就應該將剩餘資金以股利的形式轉讓給股東。

通常，管理階層認為報酬率過低只是暫時的情況，因此，他們會選擇繼續做轉投資。他們總是相信以自己的本領，一定可以幫公司賺錢，而股東們也被管理層所描繪的美好前景所迷惑。如果公司對這個問題一直不管不問，那麼，現金將被逐漸閒置，股價也會隨之下跌。而一個經濟報酬率低、現金過剩、股價偏低的公司，就會引來入侵者，這一現象的出現，通常意味著經營權的喪失。此時，為了保障自身的利益，主管人員一般會收購其他成長中的企業，以帶動本公司的成長。

在巴菲特看來，那些剩餘資金不斷增加，卻無法創造平均水準以上的轉投資報酬率的公司，惟一

的出路是將盈餘資金返還給股東。當然，這一辦法可以透過提高股利或買回股票這兩種方式來實現。

如果股東手上有閒置資金，那麼，他很有可能會尋找那些報酬率較高的企業進行投資。從表面上看，來這似乎是個不錯的辦法，但正是受這種情況的影響，許多投資人把股利增加作為公司營運良好的指標。而實際情況是，只有投資人拿著返還的股利所作的投資，比公司保留盈餘轉投資的報酬率要高時，對他們來說，才是一件好事。

二、管理層要坦誠面對股民

管理人員要把公司的運營狀況定期地向投資人作彙報，並且，彙報的內容要完整、清楚、詳實。管理者不應該根據社會上普遍公認的會計原則，隱瞞公司的營運狀況。並且，他們要與股民分享成功，勇於承擔責任、改正錯誤，也就是說，管理者應該永遠以坦誠的態度面向股東，不能對股東有所隱瞞或欺騙。

三、管理層要拒絕機構跟風做法

機構跟風做法，也稱為「盲從法人機構」。巴菲特指出，一旦盲從法人機構開始發酵，理性通常會大打折扣。巴菲特認為，盲從法人機構的行為，大致有以下幾種情況：

第一，管理層拒絕改變本機構目前的運作方向。

第二，如同擴大工作量將占滿所有可利用的時間一樣，併購計劃與行為過多，也會消耗大量的可用資金。

第三，領導者的任何行動計劃（不管有多愚蠢多可笑），都會迅速獲得下屬的支援。並且，這些下屬們將提出詳細的報酬率及策略研究，作為對上級工作的支持。

第四，在公司中處於同一級別的管理者，不管他們在做什麼（比如擴張、收購、制定主管人員的薪資或者是其他的什麼事），他們的行為都會被人毫不猶豫地效仿。

在那些「旅鼠型」公司明顯地自取滅亡，卻仍然能夠不時出現盈餘的情況下，大多數的管理階層不願意冒險，因為他們怕一旦失敗就會使自己看起來很愚蠢，還要讓公司因自己而承受損失。所以，在他們看來，改變公司的運用方針是件很困難的事情，而跟在其他公司的後邊，即使錯了，自己也無需承擔太大的責任，因為失敗了，大家將一起改變公司的方針，對未來重新做出規劃，這樣做，比自己一個人做起來要容易得多。巴菲特認為，公司中出現盲從法人機構的現象，通常與股東沒有太大的關係，責任主要歸咎於管理階層，因為是他們不願意接受公司基本方針的改變。有的公司甚至到了不改變就倒閉的地步，但是，即便在這種情況下，管理階層也不願採取措施進行改變，因為，對於其中的大多數人來說，實施改革計劃實在是太困難了。有些管理者寧願收購新的公司以補充本公司的活力，也不願解決眼前的財務問題。

財務原則

巴菲特認為，不要只重視一年的營運績效，而應該把焦點放在每四年或每五年的平均值上，這樣的指標才是穩定可靠的指標。他認為，一個會計人員若想為公司做出巨大貢獻，就需要遵循以下幾個原則：

一、股東權益報酬率

在本書中，股東權益報酬率被巴菲特視為評估投資成敗的指標。每股盈餘只是一個短暫的現象，不足為作為評價公司運營狀況的依據。並且，在現實中，大多數公司都會保留部分上年度盈餘，以此來增加公司本年度的股東權益的，在這種情況下，所謂的平均每股盈餘，只是一個表面的資料，不代表實際的意義。如果一個企業的每股盈餘增加一〇%，而它的股東權益也增加了一〇%，那這就不是什麼好狀況了，因為這和把錢存在銀行沒什麼兩樣。

所謂的商譽，是指企業有能力從再投資的資金獲得高報酬時，企業的實際價值對帳面價值的溢價。如果一個企業的長期股東權益報酬率為一〇%，那麼，在市場利率較低時，股價就可能表現為溢價。但是，利率是不斷變化的，所以，這個溢價可能會很快消失。為了解決這一情況，巴菲特認為，投資者應該尋找那些股東權益報酬率比較突出的企業，這樣，就能保證投資所得的報酬率遠遠超越一般債券的利息率或現金報酬率。

對於那些會影響企業營業盈餘的各種不尋常因素，投資者必須有能力對其進行控制。**巴菲特主張，投資策略成功的經濟績效，是獲得較高的股東權益報酬率，而不是每股盈餘的持續增加。**因此，評估公司年度表現的依據，是股東權益報酬率，即營業盈餘與股東權益之間的比例。

為了能夠有效地使用股東權益報酬率，投資者需要作以下三個方面的調整：

第一，所有可出售的有價證券，應該以其原始成本計算，而不是以市價來計算。這是因為，股票市場的價格，可以對特定企業的股東權益報酬率產生很大的影響。

第二，在負債較少或無負債的情況下，企業能達到良好的股東權益報酬率，當然，這種措施也有其不合理性。

第三，對於那些成長中的企業，它們有機會把自己的大部分盈餘進行再投資，以期獲得更高的報酬，因此，這樣的企業最能創造商譽。

股東權益報酬率的最大貢獻在於，它可以讓我們適當地預估企業盈餘再投資的成效。如果一個企業的長期股東權益報酬率二○%，那麼，這一企業不僅可以為投資者提供收益率高於其他企業一倍的股票和債券，而且，也可以進行再投資，使投資者能夠源源不斷地得到二○%的報酬。因此，最理想

的企業應該能以這樣的速度增值：他們把企業的盈餘進行再投資，使投資者原本的資金以二〇%的複利增值。

二、股東盈餘

每一個投資人都應該瞭解，會計上的每股盈餘，只是評估企業經濟價值的起點，而不是終點。並且，並不是所有的盈餘都代表相同的經濟意義，這是因為，那些必須依賴高資產以實現獲利的企業，都傾向於虛報公司盈餘。而那些資產高的企業，肯定要受到通貨膨脹的影響，因此，這些企業所謂的盈餘，通常只是海市蜃樓般的虛幻。從本質上說，會計盈餘只是分析師用來估計現金流量的工具，不代表投資者的實際利益。

即便是現金流量，也不是度量價值的完美工具，相反的，它常常會對投資者造成誤導。現金流量通常適合衡量這樣的企業：這種企業初期需要投入大量的資金，隨後卻只有小幅的支出，比如房地產公司、油田公司以及有線電視公司等。而那些製造業公司，需要不斷地支出資金，因此，使用現金流量進行評估時，效果就不會太理想。

在會計上，所謂的現金流量是以下項目的綜合：稅後的淨所得、折舊費用、損耗費用、分期攤還的費用以及其他的非現金支出項目。在巴菲特看來，這個定義存在著問題，因為它遺漏了一個重要的經濟因素，那就是資本支出。公司必須拿出一定比例的年度盈餘，用來購置新的設備，創建新的專案，或者是降低單位產品的成本等。公司的這些支出可以延遲一段時間，但是，如果將這些支出一拖再拖的話，公司的運營必然會受到影響，交易也會減少。

三、尋找利率較高的公司

如果管理者無法將銷售額轉換成利潤，那麼，再好的投資也是枉然。在巴菲特的經驗裏，在那些需要靠高成本營運的企業中，管理者會不斷地增加經常性支出，相反的，在那些只需要低成本就可以營運的企業中，管理者則會設法將開銷減到最低點。

在巴菲特眼裏，那些不斷增加開銷的管理者，是很沒有頭腦的。為了維持企業的正常運營，這些管理者們經常提出改善計劃，以縮減開支，但結果證明，他們也經常失敗。當一個企業宣佈要縮減開支時，那就說明這個企業的開支已經過大了，這家企業的管理者們並不瞭解所謂的開銷對於股東們的意義。**巴菲特認為，真正優秀的管理者，不會只在早上醒來時才決定要縮減開支，就像他不會早上醒來才決定呼吸一樣。**

四、一美元的假設

企業的經營目標是：使一美元的保留盈餘，至少能夠增加一倍的價值。如果一個公司的經營者，長期以來一直能將公司的資金做最佳的投資，那麼，這一公司將會很快地突顯出其優異的報酬率。如果投資者能夠把所有的保留盈餘都投資在這樣的公司中，勢必會得到高於平均水準的報酬，公司股票的市場價值也將成正比大幅上漲。企業除了在經濟價值上吸引投資者之外，還會透過其管理經營能力，來完成「創造股東持股的價值」這樣一個大目標。如果巴菲特選擇公司時，以公司能夠長期發展、遠景看好為標準，並且公司的管理者有很強的經營能力，能夠以股東利益為重，那麼，它的發展將會被市場所證明。

從長期來看，股票市場會與企業的實際價值相符合，雖然在某段時間裏，股票價格可能因各種原因而劇烈波動。

關於這一點，巴菲特解釋說，對於保留盈餘，也應該用這樣的觀點去理解。如果公司不能夠有效地安排自己的保留盈餘，那麼，該公司的股票在股市中就不會有好的表現。相反的，如果公司因增資而使股東報酬超過平均水準時，那麼，股票的價值也會隨之日益增加。巴菲特發明了一種方法，可以對這種情況進行快速的檢驗。檢驗結果顯示，股票市場價值的增加，至少應該與保留盈餘的金額相符合，當然，如果增加的比保留盈餘還要高，效果會更好。在這種公開拍賣的超大型競技場所（也就是股票交易所內），我們的主要工作，就是選擇那些可將每一塊錢的保留盈餘，確實轉換成至少有一塊錢市場價值的經濟特性的公司。

市場原則

股票的價格是由股市決定的，至於股票的價值，則是由分析師來決定的，他們在對公司的各種營運情況、經營管理方針以及財務特性等方面進行認真深入地分析後，做出判斷，為股票制定出一個科學合理的價值。

因此，股票的價格與其價值並不總是相等。在那些效率較高的股票市場中，股票價格應該能夠立即反映出各種有利的資訊，以給投資者提供決策的依據。當然，現實狀況並非如此，這是因為，證券的價格會受各種因素的影響，進而在股票的真實價值附近上下波動，而且，並不是所有的漲跌都合乎邏輯。隨著公司的發展，分析師會依照各階段的特性，以市場價格為比較基準，對公司股票的價值進行重新的評估，並以此來建議投資者是買進還是賣出股票。

在巴菲特看來，一個理性的投資，應該具有以下兩個要素：

一、企業的實質價值

在現實中，投資人對那些對他們很有利的市場不感興趣，卻偏偏對那些不易獲利的市場情有獨錘。我們都知道，對於那些股價下跌的股票，很多人都不會喜歡，而那些一路上漲的股票則會受到人們的青睞。道理很簡單，每個走進股票市場的人都想賺錢，而高價買進低價賣出賺不了錢，人們自然不會喜歡。但是，如果你期望自己這一生都要繼續買進股票，那麼，你就應該學會這種在股價下跌時趁機加碼的方式。

巴菲特相信，即使市場的走向可能會暫時忽視公司的經濟狀況，但是，公司的實際狀況終究會反映到市場上，也終究會被投資者所瞭解。這樣的情況，對於那些投資前不願花功夫對公司進行財務分析，只管股市中股價漲跌的投資者來說，是件很令人心痛的事情。從這裏，我們也可以知道，在股市中為什麼有些人老是不能獲利。正是因為摒除了把股票市場的漲跌作為最後的判斷依據的觀念，巴菲特才能夠打破股票價格和價值的迷思，創造出驚人的投資業績。

在巴菲特看來，所謂的股票市場其實並不存在，它只是一個讓我們看看是否有人正在那裏做著傻事的場所罷了。

因為巴菲特做的都是長期投資，所以，短期的市場波動對他的影響不大。對於大多數人來說，股價下跌是件令人難以忍受的事情，但巴菲特對此卻滿懷信心，因為他相信自己對一個公司真正價值的評估，比市場的判斷更為準確。因此，巴菲特有資格說：如果你做不到這一點，那麼，你就不配玩這個遊戲。

二、理想價位買進

在投資前，你要問自己兩個問題，那就是「買什麼股票」和「用什麼價格買」，如果你能肯定地回答出這些問題，那麼恭喜你，你將獲得成功。但是，華爾街的那些投資銀行家和經紀人，與為傭金而工作的推銷員一樣，盡可能地將股票的價格定得很高，這樣，發行公司就可以憑著股票的發行而獲得很多的金錢，投資的銀行也能收到很多的傭金。在這種情況下，投資者很少有機會買到價格低廉的股票。

如果股票經紀人正試圖把一項新發行的股票賣給你，那就表示投資銀行尚未對其確定價格，而你也不會從中得到任何好處。但是，如果股票經紀人正在竭力向你推薦其研究部門所支持的股票時，你也應該小心，因為這顯示，你正在跟隨群眾心理。這是因為，只有當股票價格向上爬升時，經紀人的熱忱才會這麼高漲。

當股票經紀人試圖將價格有上揚前景的股票賣給你時，你就要提高謹慎。在這種情況下，值得反覆詢問的不是正在上揚的股票價格，而是所投資的行業是否能夠賺錢，如果是，能賺多少。只要把這些數字確定了，持有股票所能得到的利潤就能計算出來。

在巴菲特看來，那些將注意力集中在容易瞭解的事務上，具有持久的經濟力量基礎，並且總是把股東利益放在第一位的管理者所管理的公司中，並不是總會取得成功。這是因為：首先，投資者必須以合理的價格購買；其次，公司必須改變策略，以符合投資者對企業的期望。

巴菲特的主要意思是，投資者不僅要辨認出哪些公司的平均收益會高於一般水準，並且能夠在價格遠低於其實質價值時購買這些企業。為了達到這一目的，巴菲特通常使用安全邊際的原則，透過這一原則，他可以得到以下兩點好處：

第一，避免受到價格上的風險。巴菲特認為，如果計算出來的股票價值，只是稍微高於它的每股價格時，就不要購買這種股票。這是因為，如果公司的實質價值並不像分析師們評估的那麼高，那麼，股票價格就肯定會跌下來，甚至使得投資者血本無歸。但是，如果股票的價格遠低於它的實際價值，投資者獲利的空間就比較大，賺錢的機會也比較多。

第二，可能獲得極佳的股票報酬率。**現在先選定一個股票價格較低但實力很強的公司，購買它的股票。那麼，經過一段時間後，公司將會逐漸顯示出自己的實力，股價也會穩定的攀升，投資者就會從中獲得一大筆收益。**從這個意義上來說，股東權益報酬率持續維持在一五％的公司，它的股價上漲程度，將會超過那些股東權益報酬率一〇％的公司。

在巴菲特看來，股票交易市場就像上帝一樣，幫助那些自助者；但和上帝不同的是，對於那些不知道自己在做什麼的人，交易市場是不會手下留情的。

最後，巴菲特對我們提出了以下的忠告：在進行投資前，應該先進行仔細的分析，在此基礎上決定想進入哪一個行業，然後，在一個能獲利的適當價格時買進。

成功講座 385

一口氣讀完30本經濟學經典

海鴿文化出版圖書有限公司
Seadove Publishing Company Ltd.

作者　宋學軍
美術構成　騾賴耙工作室
封面設計　九角文化設計
發行人　羅清維
企畫執行　林義傑、張緯倫
責任行政　陳淑貞

出版　海鴿文化出版圖書有限公司
出版登記　行政院新聞局局版北市業字第780號
發行部　台北市信義區林口街54-4號1樓
電話　02-27273008
傳真　02-27270603
e - mail　seadove.book@msa.hinet.net

總經銷　創智文化有限公司
住址　新北市土城區忠承路89號6樓
電話　02-22683489
傳真　02-22696560
網址　www.booknews.com.tw

香港總經銷　和平圖書有限公司
住址　香港柴灣嘉業街12號百樂門大廈17樓
電話　（852）2804-6687
傳真　（852）2804-6409

CVS總代理　美璟文化有限公司
電話　02-27239968　e - mail：net@uth.com.tw

出版日期　2022年08月01日　四版一刷

定價　380元
郵政劃撥　18989626　戶名：海鴿文化出版圖書有限公司

國家圖書館出版品預行編目資料

一口氣讀完30本經濟學經典／宋學軍作.--
四版，--臺北市 ： 海鴿文化，2022.08
面 ；　公分. ——（成功講座；385）
ISBN 978-986-392-462-3（平裝）

1. 經濟學

550　111010249